AtV

Angeline Bauer, Jahrgang 1952, war ausgebildete Tänzerin, bevor sie freie Autorin wurde. Von ihr erschien u. a. »Die Nacht der Mondfrauen – Märchen von starken und mutigen Frauen«.

Mélanie d'Hervilly-Gohier ist Malerin und lebt in Paris. Sie ist extravagant, selbstbewußt und unabhängig, doch trotz ihres freizügigen Lebens und ihres großen Bekanntenkreises ist sie einsam. Der Tod einiger Freunde stößt sie in eine Sinneskrise und läßt sie auch körperlich krank werden. Die Ärzte können ihr nicht helfen. Da entdeckt sie ein Buch – geschrieben von Samuel Hahnemann, einem deutschen Arzt, der eine neue Heilmethode entwickelt hat: die Homöopathie. Entschlossen reist sie ins deutsche Köthen, wo Hahnemann mit seinen beiden jüngsten Töchtern lebt. Mélanie konsultiert ihn, und obschon sie fünfundvierzig Jahre jünger ist als er, verliebt sie sich sofort in diesen Mann.

Eine schicksalhafte Liebesgeschichte beginnt. Obwohl alle Welt sie anfeindet, wird Mélanie zur größten und wichtigsten Kämpferin für die Homöopathie.

Angeline Bauer

Hahnemanns Frau

Roman

Aufbau Taschenbuch Verlag

ISBN 3-7466-1778-2

1. Auflage 2005
© Aufbau Taschenbuch Verlag GmbH, Berlin 2005
Umschlaggestaltung Mediabureau Di Stefano, Berlin
unter Verwendung des Gemäldes »Isolde«
von William Gale & Gaele, Bridgeman
Druck und Binden Druckerei C. H. Beck, Nördlingen
Printed in Germany

www.aufbau-taschenbuch.de

Für René

Ach alles ereignet sich einmal nur,
aber einmal muß alles geschehen
(Michael Ende)

Erstes Buch

Januar 1847

Das Pochen drängte sich in Mélanies Traum. Dreimal kurz und hart. Sie zuckte zusammen und schlug die Augen auf.

»Madame Hahnemann, bitte öffnen Sie!«

Mélanie setzte sich mühsam auf. Die Nächte brachten ihr seit Samuels Tod keine Entspannung mehr. Der Nacken tat ihr weh, der Schmerz zog bis in den Kopf hinauf.

Sie hörte Schritte, dann leises Klopfen an der Tür. Es war Rose, ihre Haushälterin.

»Madame Hahnemann – was soll ich nur tun? Draußen sind Gendarmen, und noch ein Herr ist in ihrer Begleitung.«

Mélanie stand auf und schlüpfte in ihr Hauskleid. »Öffne, Rose«, rief sie durch die Tür. »Ich komme gleich.«

Roses Schritte verklangen auf der Treppe. Mélanie ging zum Spiegel und ordnete ihr Haar. »Mein Gott, wie du aussiehst!« Sie starrte das blasse Gesicht mit den müden blauen Augen an, das ihr aus dem Spiegel entgegensah. »Nur noch ein Gespenst deiner selbst bist du!«

Als sie auf den Flur trat, standen dort zwei Gendarmen und ein Herr im Gibun, einem grauen Überrock nach neuester Mode.

Einer der Gendarmen wollte nach ihrem Arm greifen, aber der Herr hielt den Mann zurück. »Lassen Sie das!« Und zu Mélanie sagte er: »Madame, mein Name ist Mény. Ich bin Commissaire und soll sie zu Monsieur Orfila begleiten. Er erwartet Sie auf der Hauptwache.«

»Sie sollen mich zu Monsieur Orfila begleiten – das klingt nach einem Ausflug.« Mélanie sah ihn kühl an. Ihre Bemerkung war ironisch gemeint. Natürlich war ihr klar, daß dies kein Ausflug werden würde.

Sie wußte seit mehr als zwei Jahren, daß dieser Moment früher oder später einmal kommen mußte und sie verhaftet werden würde. Sie wußte außerdem, daß Monsieur Orfila nicht unbedingt ein Mensch war, dem gesellige Ausflüge viel bedeuteten. Er war Dekan der Medizinischen Fakultät der Universität von Paris und hatte sich zum Ankläger von Ärzten erhoben, die mit, wie er es nannte, unorthodoxen medizinischen Verfahren arbeiteten.

Schon damals, als sie und Samuel nach Paris gekommen waren, hatte Orfila versucht, Samuel am Praktizieren zu hindern. Es war ihm auf die Dauer nicht gelungen, und inzwischen konnte Orfila gegen die Homöopathie nicht mehr wirklich etwas unternehmen, denn sie hatte zu viele Anhänger unter prominenten Personen gewonnen. Politiker, Künstler, Adelige und Bürger zählten zu den Patienten, aber um sich gegen sie zu erheben, eine Frau, die sich erdreistete, zu behandeln und sich damit gegen das Gesetz zu stellen, reichte seine Macht noch aus.

»Ist es möglich zu erfahren, was Monsieur Orfila mir vorzuwerfen hat?« fragte sie mit spitzem Unterton.

Mény hob die rechte Augenbraue, sein übriges Gesicht blieb bewegungslos: »Sie führen auf Ihrer Visitenkarte den Titel *Docteur en Médicine*, wozu Sie nicht berechtigt sind, Madame. Ferner werden Sie beschuldigt, sowohl die Medizin als auch die Pharmazie illegal auszuüben.«

Mélanie öffnete den Mund zu einer Entgegnung, schloß ihn aber sofort wieder. Eine Weile starrten sie und Mény sich an, dann sagte sie betont ruhig: »Gut. Gedulden Sie sich einen Moment, Messieurs, bis ich mich angekleidet habe. Rose wird Sie in den Salon führen.«

Wieder in ihrem Schlafzimmer, sah Mélanie auf die Uhr, die auf ihrem Toilettentisch lag. Es war eine von Samuels vielen Uhren; eine mit einem Zifferblatt aus Perlmutt, die Zeiger und Ziffern waren aus Gold.

»Ach, Samuel, mein Liebster!« Sie seufzte, strich zärtlich

über das wertvolle Stück, so als ob sie ihren Mann selbst berührte. Er hatte Uhren geliebt und gesammelt. Apparate, um die Zeit einzufangen, hatte er sie genannt und mit seinem verschmitzten Lächeln angefügt: »Als ob sich Zeit je einfangen ließe!« Dabei hatte er Mélanie angesehen, hatte seine um fünfundvierzig Jahre jüngere Frau mit Blicken liebkost.

Ein trauriges, sehnsuchtsvolles Lächeln huschte über ihr Gesicht, dann war es wieder so starr und kalt wie zuvor.

»Noch nicht einmal sieben Uhr!« sagte sie laut und sehr ungehalten, und plötzlich war ihre Wut zu spüren. Wut auf diese Ignoranz, mit der man ihr und damit auch Samuel begegnete. Ihm, *le grand homme* – einem Mann, dem die Welt eigentlich danken müßte!

Sie ging zum Schrank, wählte mit fahrigen Fingern ein Kleid aus blauem Wollstoff, zog es heraus, hängte es aber wieder zurück. Sie hatte es auf ihrem letzten Spaziergang mit Samuel getragen. Es nun bei einer Vernehmung in irgendeinem dunklen Pariser Amtszimmer derart zu entweihen, täte ihr im Herzen weh.

Plötzlich stand Rose neben ihr. »Vielleicht das«, sagte sie und griff nach einem tiefgrünen Jäckchen mit Chemisette, dazu einem grauen Rock aus Wollstoff.

Mélanie sah sie dankbar an. Es war schlicht, gab ihr Würde, ohne sie zu schmücken. Sie hatte es erst nach Samuels Tod nähen lassen.

»Ja, du hast recht, Rose, dies ist dem Anlaß gemäß.« Bitter klang das, voller Hohn.

Während sie Wasser in die Schüssel goß, um sich frisch zu machen, holte Rose Wäsche, Unterröcke und Strümpfe, Schuhe, Handschuhe und die graue Mantille mit dem schwarzen Pelzbesatz. Dann half sie Mélanie beim Anziehen. Alles geschah schweigend, nur ein gelegentliches Schniefen Roses war zu hören.

»Nun weine doch nicht!« Mélanie versuchte streng zu wirken, aber ihre Rührung und auch ihre Angst konnte sie nicht ganz verbergen. Rose war seit sechzehn Jahren bei ihr. Sie hatte alles mit erlebt, was Mélanies Leben in dieser Zeit bestimmt hatte. Ihre Abreise nach Deutschland, ihre Rückkehr mit Samuel und wie sie beide gekämpft hatten um seine Anerkennung. Die Liebe, die Fehlschläge, den Erfolg. Zeiten von Reichtum und Zeiten von Not ... und am Ende Samuels Tod, der immer noch bleischwer in ihrem Herzen wütete.

»Daß man Sie abholt wie eine Verbrecherin!« Rose schluchzte auf, nun war es mit ihrer Beherrschung vorbei.

»Nicht ganz so schlimm«, schränkte Mélanie ein. »Man hat immerhin eine Kutsche gewählt, keinen Schinderkarren.« Ihr Ton war voller Sarkasmus.

»Ach, Madame!« Rose nahm Mélanies Hand und drückte sie an ihre verweinten Wangen. »Wenn Monsieur Hahnemann das erlebt hätte – zum Glück ist es ihm erspart geblieben.«

Mélanie schloß die Verschnürung ihrer Schuhe, setzte den Hut auf, den Rose ihr reichte, und warf sich die Mantille über.

»Führe das Haus wie gewöhnlich weiter. Ich komme bald wieder, spätestens zum Abendessen bin ich zurück. Mach dir keine Sorgen!« Sie ging zur Tür, hielt plötzlich inne. »Nur wenn du Charles benachrichtigen könntest. Und Sébastien.«

Sofort quollen wieder Tränen aus Roses Augen und liefen ihr in kleinen Bächen über die Wangen. »Ja, natürlich, Madame Hahnemann.« Dann lagen sich die Frauen in den Armen und hielten sich für einen kurzen Moment fest.

»Und meinen Patienten für heute mußt du absagen.« Mélanie hatte es Rose ins Ohren geflüstert, dann ging sie hinaus und öffnete die Tür zum Salon.

»Ich bin soweit, Messieurs.«

Mény verbeugte sich mit bewegungslosem Gesicht. Es war ihm nicht anzusehen, was er in diesem Moment fühlte.

Doch als Mélanie in der Kutsche saß und einer der beiden Gendarmen abfällig bemerkte, daß sie die Nase schon bald nicht mehr so hoch tragen würde, wies er ihn scharf zurecht: »Sie mag stolz sein, aber es ist kein hochmütiger Stolz. Es ist ein Stolz, wie Gott ihn nur Menschen schenkt, mit denen er etwas mehr vor hat als das, was wir alle tagein und tagaus tun.« Dann setzte er sich zu ihr in den Wagen, und obwohl sie ihren Blick auf die Straße gerichtet hatte, spürte sie, daß er sie musterte.

Sie versuchte sich vorzustellen, wie er sie sah. Sie war groß und schlank, hatte blondes Haar und helle blaue Augen. Sie wußte, daß sie trotz der vom Weinen geröteten Lider, der vom Kummer fahlen Haut und der dunklen Ringe unter den Augen jünger aussah, als sie war. Doch wahrscheinlich kannte er ihr wahres Alter aus den Akten. In wenigen Wochen würde sie siebenundvierzig Jahre alt werden – bereits der vierte Geburtstag seit Samuels Tod.

Als die Kutsche wenig später über das holprige Kopfsteinpflaster rollte, das mit einer feinen, glänzenden Schicht aus Eis überzogen war, wanderten Mélanies Gedanken zurück zu einer anderen Kutschfahrt. Damals war es September, und man schrieb das Jahr 1834.

Die Reise nach Köthen

»Kutscher!« Es war eine Männerstimme, die hinter ihnen herrief. »Kutscher – halten Sie an!«

Die Postkutsche verringerte das Tempo. Mélanie beugte sich aus dem Fenster, um zu sehen, was los war. Als sie Dr. Pierre Doyen auf einem eleganten braunen Reitpferd erkannte, erschrak sie. Er war noch dreißig oder vierzig Meter entfernt, holte langsam auf.

Hastig zog sie sich vom Fenster zurück. Doyen hier! Was sollte das?

»So halten Sie doch an, Kutscher!« rief er nochmals.

Brust und Maul des Braunen schäumten vom schnellen Ritt.

Jetzt, wo die Kutsche fast stand, holte Doyen auf und parierte direkt neben ihr durch. Zweifellos war es Mélanie, nach der er suchte. Sie haßte es, daß er sich immer wieder in ihr Leben drängte und versuchte, ihr Schicksal zu bestimmen. Nun würde er in die Kutsche sehen, und natürlich würde er sie erkennen – trotz der Männerkleidung und der Perücke, die sie trug!

Um ihm zuvorzukommen, beugte sie sich ein zweites Mal aus dem Fenster, sah Doyen finster an. »Warum sind Sie mir nachgereist! Ich werde kein Wort mit Ihnen wechseln – nicht jetzt und nicht hier. Wenn Sie etwas von mir wollen, warten Sie, bis wir in Lagny sind und Rast machen.«

Ein paar Sekunden starrte er sie verblüfft an. Seine dunklen Augen blitzten, die Kälte, die er ausstrahlte, ließ Mélanie schaudern. »Gut«, sagte er schließlich. »Ich werde voraus reiten und Sie erwarten.« Er gab dem Braunen die Sporen und ritt in gemäßigtem Galopp davon.

Aufatmend ließ sich Mélanie zurücksinken. Fürs erste war sie ihn los. Aber was würde folgen? Weshalb war er ihr nachgekommen?

Mélanie saß nicht allein in der Kutsche. Ein Ehepaar reiste mit ihr. Der abweisende Blick des Mannes streifte sie. Vermutlich hatte er erkannt, daß sie eine Frau war, die sich in Männerkleidern versteckte, aber er wahrte die Form und nannte sie Monsieur Gohier; so hatte sie sich ihm und seiner Begleiterin vorgestellt.

Die Frau hieß Sabine, ihr Gatte Charles Delacroix. Sie war vielleicht sechsundzwanzig, er mußte mindestens zehn, vielleicht zwölf Jahre älter sein. Das Gesicht, die ganze Gestalt der jungen Frau war schmal und blaß, ihre Augen waren seltsam glanzlos, und der Blick schien nach innen gerichtet.

So sehen nur Menschen aus, die ein großes Leid mit sich tragen und sich aufgegeben haben, dachte Mélanie bei sich. Kein Wunder an der Seite eines Mannes wie dieses Delacroix! Er war ein Tyrann, schikanierte seine Frau herum. Er hatte kein freundliches Wort für sie übrig, keine Geste der Achtung und Zuneigung.

Zwanzig Minuten später hielt der Kutscher vor der Poststation. Er hatte sein Signal auf dem Horn gespielt, jetzt rief er »Lagny!« vom Kutschbock herunter. »Sie können sich hier die Beine vertreten und sich im Gasthaus erfrischen!«

Delacroix zog eine Uhr aus seiner Westentasche, warf einen Blick darauf. »Ich gebe Ihnen fünfzehn Minuten, Madame«, sagte er, ohne seine Frau anzusehen. Er stieg aus, sie kletterte ihm nach. Er half ihr nicht, obwohl ihre Röcke sie behinderten.

»Warten Sie, Madame!« Mélanie sprang aus der Kutsche und reichte ihr die Hand.

»Danke.« Der Hauch eines Lächelns zeigte sich auf dem kränklichen Gesicht der Frau.

Während Sabine Delacroix ins Gasthaus ging, blickte Mélanie sich nach Doyen um. Zuerst entdeckte sie den

Braunen, er wurde von einem Knecht versorgt. Dann sah sie Dr. Doyen ein Stück abseits an einem Baum lehnen. Er trank aus einem Krug und schaute zu ihr herüber.

Mélanie ging auf ihn zu, schob dabei die Daumen in die kleinen Taschen ihrer Hose. Sie hatte diesen und noch einen anderen Anzug vom Schneider ihres Bruders fertigen lassen. Er war nach der neuesten Mode entworfen. Der dunkelgrüne Gehrock leicht tailliert und mit langem Schoß, darunter zwei Westen in hellem Gelb, die Handschuhe etwa in derselben Farbe. Kragen und Halsbinde waren weiß, die Hosen, in hellem Grau, waren wie zur Zeit üblich etwas enger geschnitten. Dazu ein schwarzer Zylinder und schwarze Schuhe aus feinstem Leder. Und noch etwas trug Mélanie bei sich, etwas, das niemand sehen konnte, das ihr aber eine gewisse Sicherheit verlieh – ein Messer. Sie hielt es so unter dem Gehrock verborgen, daß sie schnell und unauffällig danach greifen konnte.

Dr. Pierre Doyen hatte sie abfällig gemustert. Als sie nun vor ihm stehenblieb, sagte er: »Ich finde es abstoßend, ja lächerlich, daß Sie sich wie ein Mann kleiden!«

»Ich hatte Sie nicht um Ihr Urteil gebeten, Monsieur.«

»Nein, das hatten Sie nicht. Trotzdem.«

»Darf ich wissen, weshalb Sie mir gefolgt sind?«

»Um Sie vor einem großen Fehler zu bewahren. Ich habe von Ihrer Haushälterin erfahren, daß sie nach Deutschland zu diesem Dr. Hahnemann unterwegs sind. Ich bin entsetzt, Madame! Wie kommen Sie nur auf den Gedanken, dieser ... dieser Scharlatan könnte Ihnen ernsthaft helfen?«

»Nun, ich habe seine Bücher gelesen. Sein *Organon*, und ebenso *Die chronischen Krankheiten*. Seien Sie versichert, er ist alles andere als ein Scharlatan.«

»Papier ist geduldig.« Doyen lachte abfällig.

»Aber ich nicht, Monsieur. Wenn Sie wirklich nur hier sind, um mich zum Umkehren zu bewegen – vergessen Sie es. Ich bin fest entschlossen.«

»Aber Madame!« Er packte sie an beiden Armen, so als wolle er sie durchschütteln.

»Lassen Sie mich los! Und nennen Sie mich gefälligst nicht Madame! Ich reise als Monsieur Gohier!«

»Ah, Sie bedienen sich also des Namens Ihres Freundes.« Er betonte das abfällig. Sein Grinsen brachte Mélanie nur noch mehr in Rage. »Hätte Ihnen d'Hervilly nicht besser zu Gesicht gestanden?«

Sie antwortete nicht. Statt dessen drehte sie sich um, wollte gehen. Da griff er nach ihrer Hand, zog sie zu sich zurück. »Ich bitte Sie, Madame, seien Sie doch vernünftig. Sie können so nicht reisen! Und dann auch noch in einer Postkutsche! Kommen Sie mit mir nach Paris zurück! Als Ihr Arzt rate ich Ihnen zu einer Behandlung mit Blutegeln. Das hat bei Nervenstörungen noch immer gute Wirkung gezeigt. Und als Mann – nun, als Mann werde ich über Ihren ablehnenden Brief hinwegsehen und meine Bitte wiederholen: Heiraten Sie mich! Und ich bin sicher, Madame, die Schmerzen im Unterbauch werden Sie nicht länger quälen!«

Mélanie starrte ihn an. Sein schmieriges Lächeln und der Gedanke daran, was dahintersteckte … Diese Vorstellung, mit ihm in einem Bett liegen und die Nähe seines Körpers ertragen zu müssen … es schnürte ihr die Kehle zu.

»Nein, ganz gewiß nicht.« Es kostete sie Mühe, sich zu beherrschen. »Ich hatte Ihnen geschrieben und mich in aller Freundlichkeit für Ihren Antrag bedankt. Ich habe Ihnen auch erklärt, weshalb ich ihn ablehnen muß. Daß Sie meine Entscheidung nicht akzeptieren wollen und mich behandeln wie ein unmündiges Kind, bestärkt mich nur noch mehr in meinem Entschluß. Ich habe nicht vor, zu heiraten und mich einer fremden Meinung unterzuordnen. Ich werde meine Freiheit nicht für ein vages Vergnügen im Bett eines Mannes hingeben. Ich will das nicht, Monsieur, und Sie sind der letzte, der mich umzustimmen vermag.« Mélanie hätte es vorgezogen, wenn er ihr und sich selbst diese Unhöflichkeit erspart hätte, doch es schien, als brauchte er ein deutliches Wort, um endlich zu verstehen, daß sie ihn weder heiraten wollte noch sich seinen zweifelhaften ärztlichen Künsten unterwerfen.

»Wie Sie meinen.« Er ließ sie los. Seine Augen verengten sich. Sein Körper richtete sich zu ganzer Größe auf.

Zugegeben, dieser Mann war der Natur gut gelungen, und andere Frauen mochten ihn anziehend finden, aber Mélanie fröstelte es, wenn sie ihn ansah. Die Kälte in seinen dunklen, bohrenden Augen, seine Art, sie beherrschen zu wollen, wirkten geradezu abschreckend auf sie.

Sie sahen sich an. Lange und ohne ein Wort zu sprechen. Es war ein stiller Kampf, den Mélanie gewann. Dr. Pierre Doyen wandte sich als erster ab und ging. Eine weitere Demütigung, die er ihr nicht verzeihen würde.

Als sie weiterreisten, stieg noch ein junges Mädchen zu ihnen in die Kutsche, vielleicht fünfzehn Jahre alt. Sie saß neben Mélanie, hatte einen Korb zwischen sich und den vermeintlichen Mann gestellt. Schüchtern starrte sie auf ihre Hände, die sie im Schoß hielt und deren Finger verkrüppelt und nach innen gekrümmt waren. Als ihr das Tuch, das sie sich über die Knie gelegt hatte, auf den Boden gerutscht war, versuchte sie es wieder aufzuheben, dabei stieß sie gegen Delacroix, was den Mann veranlaßte, sie scharf zurechtzuweisen.

Mélanie bückte sich, hob das Tuch auf und reichte es dem Mädchen. Sie hätte es der Kleinen gerne auf die Knie gelegt und sie aufmunternd angelächelt, aber das geziemte sich nicht – sie war nun »ein Mann« und mußte sich an die Regeln des Anstandes halten.

Zum ersten Mal bereute sie es, nicht in der eigenen Kutsche gefahren zu sein. Allerdings hatte man ihr dringend davon abgeraten. In Hessen und in den Thüringer Wäldern gab es wieder Überfälle von Räuberbanden. Privatkutschen kamen, wenn überhaupt, nur mit einer Eskorte oder einigen bewaffneten Bedienten unbehelligt durch. Postkutschen wurden, wenn nötig, von Schutzbeamten begleitet, und das schreckte die Banden einigermaßen ab. Ganz sicher war man in der Postkutsche jedoch auch nicht.

Als sie in Meaux ankamen, war es bereits spät und dunkel. Das Licht der Laternen, die der Kutscher angezündet hatte, reichte nicht viel weiter als bis zu den Nüstern der Pferde, die sie zogen.

Delacroix stieg als erster aus und kümmerte sich um sein Gepäck. Mélanie folgte ihm, half seiner Frau, dann dem Mädchen aus der Kutsche. Sie spürte ihr Sitzfleisch und war froh, sich endlich strecken zu können.

»Au revoir«, sagte das Mädchen leise und verschwand in der Dunkelheit.

»Au revoir.« Mélanie sah ihr nach. Am Zaun stand ein Mann, der sie erwartete und hinter ihr herging, ohne ein Wort mit ihr zu wechseln oder ihr zumindest den Korb aus den verkrüppelten Händen zu nehmen.

»Danke, Monsieur.«

Mélanie drehte sich um und sah Sabine ins Gesicht. »Wofür?« fragte sie.

»Für Ihre Hilfe.« Die Frauen sahen sich in die Augen.

»Sie brauchen sich nicht zu bedanken. Wenn ich Ihnen wirklich einmal helfen kann, lassen Sie es mich wissen.«

Sabine nickte. »Und wohin reisen Sie?«

»Nach Köthen, eine Stadt in Deutschland, in der Nähe von Leipzig. Etwa fünfzehn Tagesreisen von Paris entfernt.«

»Ich habe nie davon gehört, das heißt von Leipzig natürlich schon. Wir reisen nach Frankfurt. Eine Erbschaftsangelegenheit ...«

»Sabine! Nun komm doch endlich!« Die Stimme Delacroix' klang schneidend.

Die junge Frau zuckte zusammen. »Entschuldigen Sie, Monsieur.« Sie ging zu ihrem Mann, der ungeduldig mit seinem Gehstock auf die Handfläche schlug.

Mélanie atmete tief durch. Es war eine kalte, klare Nacht. Aus der Schenke, die zur Poststation gehörte, drangen Gelächter und Musik. Jemand spielte auf einer Flöte, und ein anderer sang dazu.

Mélanie hatte Hunger und Durst, aber sie wollte nicht in die Gaststube gehen. Ein Junge kam aus der Poststation, um sich um ihr Gepäck zu kümmern. Er schulterte einen der Koffer und ging voraus. Sie folgte ihm, wurde in ein kleines, sauberes Zimmer gebracht. Dort gab es einen Kamin, in dem ein wärmendes Feuer brannte.

»Kannst du dafür sorgen, daß man mir ein Glas Wein und ein warmes Essen heraufbringt?« Sie steckte dem Jungen eine Münze zu.

»Oui, Monsieur, sofort!« Der Junge ließ die Münze in der Hosentasche verschwinden und nickte eifrig, dann zog er die Tür hinter sich zu.

Mélanie zog die Schuhe aus und legte sich seufzend aufs Bett. Sie hatte wieder diese Schmerzen in der rechten Unterbauchseite, die Dr. Doyen als Nervenstörungen abtat und durch Ansetzen von Blutegeln heilen wollte, aber Mélanie war weder hysterisch, noch glaubte sie, daß sich durch Aussaugen von Blut etwas an ihrem gesundheitlichen Zustand verändern würde. Zu viele ihrer Freunde waren an ihren Krankheiten gestorben, als daß sie noch an die Methoden der Ärzte glauben und ihnen vertrauen könnte. Jetzt galt ihre ganze Hoffnung dem Mann, zu dem sie reiste. Nein, dieser Dr. Hahnemann, dessen Bücher sie aufmerksam studiert hatte, war keineswegs ein Scharlatan! Sie war überzeugt, wenn überhaupt einer ihr helfen konnte, dann war er es.

Es klopfte, eine Magd brachte das Essen. Als sie gegangen war, zog Mélanie sich aus, hängte den Gehrock und die Westen über den Stuhl. Dann wickelte sie die Binden ab, mit denen sie ihre Brüste schnürte, und streckte sich.

Draußen knallte eine Peitsche; Rufe waren zu hören. Es schien noch eine zweite Postkutsche angekommen zu sein.

Sie ging zum Fenster und sah hinunter in den Kutschhof. Vier Braune wurden ausgespannt und in den Stall gebracht, die Kutsche abgeladen.

Es kam ihr vor, als sei sie schon eine Ewigkeit unterwegs – dabei war sie doch erst eine Tagesreise von Paris entfernt.

Tod einer Freundin

Seit ihrem letzten Halt reisten sie zu sechst. Ein alter Mann und sein zahnloses Weib saßen Mélanie gegenüber. Die beiden stanken nach Alkohol, Knoblauch, Schweiß und Urin. Dieser Gestank war geradezu bestialisch! Immer wieder mußte sie gegen Übelkeit und ein Würgen im Magen ankämpfen, und auch Sabine hielt sich angewidert ein Taschentuch vor Mund und Nase. Delacroix und Henry Michelon – er war der sechste Fahrgast und gab an, nach Erfurt zu reisen – starrten schweigend vor sich hin.

Mélanie betrachtete besorgt das blasse Gesicht Sabines. Sie waren nun fast eine Woche unterwegs, und von Stunde zu Stunde verschlechterte sich der gesundheitliche Zustand der jungen Frau. Ihre eigenen Unterleibsschmerzen, ein Gefühl, als würde ihr jemand, plötzlich und ohne Vorwarnung, mit eiserner Faust an den Eingeweiden zerren, traten über die Sorgen um Madame Delacroix in den Hintergrund.

Als die Kutsche auf eine Anhöhe gelangte, tat sich vor ihnen ein tiefes Tal auf, das von einer steinernen Brücke überspannt war, und hinter dieser Brücke erhoben sich die Mauern der Stadt, in der sie diese Nacht verbringen würden – Luxembourg. Doch es dauerte noch fast eine Stunde, bis sie vor der Posthalterei ankamen.

Inzwischen war es bereits dunkel. Die ersten Sterne funkelten am Himmel. Die Nacht war klar und würde kühl werden, der Sommer hatte sich endgültig verabschiedet.

Zwei junge Kerle, Knechte aus dem Wirtshaus, kümmerten sich um das Gepäck der Reisenden, und eine Magd machte Feuer in den Zimmern, die Mélanie, Henry Michelon und das Ehepaar Delacroix bezogen. Das Mädchen war hübsch und drall und warf »dem jungen Herren«, für den sie Mélanie hielt, kecke Blicke zu.

Auf der Treppe hörte Mélanie, wie Delacroix zu seiner Frau sagte: »Ich habe für heute abend eine Verabredung mit einem Geschäftspartner – Monsieur Pesin, Sie kennen ihn nicht. Ich werde veranlassen, daß man Ihnen ein Abendessen aufs Zimmer bringt. Sicher sind Sie müde und werden sich bald zu Bett legen?«

»Ja, gehen Sie nur, Monsieur, ich komme allein zurecht. Und bitte bestellen Sie nicht mehr als eine Tasse Brühe mit etwas Hühnerfleisch – und vielleicht ein kleines Glas trokkenen Rotwein. Mehr brauche ich nicht.«

Auch Mélanie hatte keine Lust auf eine Table d'hôte, wie das Herumreichen der Schüssel am Tisch in der Gaststube genannt wurde, und bestellte ebenfalls ein Abendessen und ein Glas Wein auf ihr Zimmer.

Als das Mädchen serviert hatte und wieder gegangen war, aß sie etwas von der geräucherten Zunge und dem frischen Salat. Danach zog sie sich um und beschloß, Sabine aufzusuchen.

Mélanie hatte soeben den letzten Schluck Wein getrunken, als sie Delacroix auf der Treppe hörte. Sie wartete noch, bis sie sicher sein konnte, daß er das Gasthaus verlassen hatte, dann ging sie über den Flur und klopfte an Sabines Tür.

»Wer ist da?«

Mélanie fühlte, daß Sabine hinter der Tür stand, und sie spürte ihre Angst. »Ich bin es!« rief sie leise. »Bitte, öffnen Sie, ich muß mit Ihnen reden.«

»Monsieur Gohier?«

»Ja«, antwortete Mélanie.

Als Sabine öffnete und Mélanie in einem dunkelblauen Hauskleid vor ihr stand, riß sie den Mund auf, sagte jedoch nichts. Mélanie drängte sich an ihr vorbei ins Zimmer und schloß hastig die Tür.

»Monsieur ... ich meine ...«

»Nennen Sie mich einfach Mélanie.« Sie lächelte, drückte Sabine auf einen Stuhl und setzte sich neben sie. »Und ich nenne Sie Sabine – natürlich nur, wenn wir allein sind.«

Sabine gewann langsam ihre Fassung zurück. »Ich hatte nicht damit gerechnet, Sie so zu sehen. Ich meine, als Frau.«

»Nun, ich hatte auch nicht vorgehabt, mich jemandem so zu zeigen, aber ich konnte nun mal schlecht als Mann zu Ihnen aufs Zimmer kommen.« Sie legte Sabine eine Hand auf den Arm und sah ihr in die vom vielen Weinen verschwollenen Augen. »Sie sind einsam, ich bin es auch. Zumindest auf dieser Fahrt. Ich dachte, uns beiden ist gedient, wenn wir uns ein wenig näher kennenlernen.«

Sabine biß sich auf die Unterlippe. Ihr Kinn kräuselte sich, die Augen füllten sich mit Tränen. »Einsam«, flüsterte sie. »Ja, das bin ich.«

»Und krank«, fügte Mélanie an. »Ich mache mir große Sorgen um Sie.«

»Es ist ...« Sabine stockte. »Es sind nur die Nerven.«

»Die Nerven! Mon Dieu!« rief Mélanie aus. »Die Nerven – das sagen sie immer, die Ärzte, wenn eine Frau erkrankt und sie nicht wissen, woran. Und dann lassen sie einen zur Ader!«

Sabine nickte. »Eine Woche vor Abfahrt bereits zum achten Mal – aber leider hilft es nicht.«

»Achtmal!« Mélanie und schlug die Hände zusammen.

»Viermal während der Schwangerschaft, viermal danach.«

»Während der Schwangerschaft?« Mélanie starrte sie an. »Ja, haben Sie denn ein Kind?«

Die junge Frau ließ das Kinn auf die Brust sinken. Ein paar Tränen fielen auf den mit hellroten Ornamenten bedruckten Musselin, aus dem ihr Hauskleid gefertigt war. »Ich hatte ein Kind. Es starb kurz nach der Geburt.«

Mélanie griff nach Sabines Hand. Sie war kalt und kraftlos. »Und wie lange ist das her?« fragte sie ahnungsvoll.

»Nun beinahe vier Wochen.«

Fassungslos starrte Mélanie die junge Frau an. Sie verstand plötzlich, warum Sabine so blutleer, so ausgelaugt, so kraftlos wirkte. Achtmal zur Ader gelassen in nur ein paar Monaten, und das, obwohl sie schwanger war und danach ihr Kind verloren hatte.

»Warum ließ Ihr Gatte Sie nicht zu Hause, damit Sie Zeit haben, wieder zu Kräften zu kommen? Mußten Sie ihn unbedingt auf so eine beschwerliche Reise begleiten?« In Mélanies Stimme schwang Unverständnis mit.

»Er braucht mich, es geht um eine Erbschaft, die ich antreten soll. Meine Tante starb vor einigen Wochen und vermachte mir ein Haus in Frankfurt. Ein Stadthaus mit drei Etagen, ganz in der Nähe der Straße, in der Herr von Goethe, der große Dichter, geboren wurde. Darauf war sie so stolz. Sie erzählte immer wieder, daß sie ihn kannte und oft sah, wie er als ›Herrenbübchen‹ mit silbernem Degen und seidenen Strümpfen durch die Gassen spazierte.«

Sabine lächelte still in sich hinein, aber dann wurde sie wieder ganz ernst. »Und jetzt ist sie an einer Lungenentzündung gestorben, wie man mir schrieb. Ihr Mann und ihre beiden Söhne sind schon lang vor ihr gegangen ... und dann, zu allem Unglück, auch meine Kleine, mein geliebtes, mein einziges Kind.« Die letzten Worte waren kaum noch zu hören.

»Wie hieß Ihre Kleine?« fragte Mélanie, denn sie spürte, wie gerne Sabine über das Kind sprechen wollte, das sie zur Welt gebracht und gleich wieder verloren hatte.

»Wir konnten sie nicht taufen. Sie ist nur drei Stunden alt geworden, aber in meinem Herzen nenne ich sie Augustine, nach ebendieser Tante. Ich hoffe, die beiden sind jetzt zusammen – wo auch immer. Ob ich an einen Gott und den Himmel glauben soll, weiß ich nicht. An eine Hölle will ich schon gleich gar nicht glauben, die haben wir doch bereits hier auf Erden.«

Wieder hatte Sabine sehr leise gesprochen, ihre Worte waren kaum noch zu hören gewesen. Mélanie nahm sie in die Arme und hielt sie eine Weile fest. So ausgezehrt war der kranke Körper, daß sie selbst durch den schweren Stoff ihrer beider Kleider jede von Sabines Rippe spüren konnte.

Als Mélanie sich umwandte, sah sie eine Schale Suppe auf dem Tisch stehen. Sie war unberührt. »Aber Ihre Suppe *müssen* Sie essen!« Mélanie griff danach.

»Nein, bitte ...« Sabine schob die Schale angewidert von sich. »Mein Mann hat Medizin hineingegeben, und wenn ich sie nehme, geht es mir immer so schlecht.«

»Medizin?«

Sabine nickte. »Kalomel – ich nehme es seit einigen Wochen, aber es macht mein Herz so unruhig, mir ist, als würde mir die Brust zerspringen. Und dann, sehen Sie nur ...« Sie griff sich in die Haare und zog ein Büschel heraus. »Ich bin sicher, das kommt von dieser Medizin!«

Mit ungläubigem Blick starrte Mélanie auf die Haare, die Sabine in der Hand hielt. Plötzlich sprang sie auf, griff nach der Schale, öffnete das Fenster und schüttete den Inhalt hinaus. Zitternd vor Wut, schlug sie das Fenster wieder zu, wandte sich um und sagte: »Ich werde Essen für Sie besorgen. Sie müssen zu Kräften kommen. Und ich werde ...«

Sie brach ab, wußte nicht, was sie würde, denn plötzlich war ihr bewußt, daß sie nicht helfen konnte. Es sei denn, sie würde dieses Ungeheuer von einem Ehemann über den Jordan schicken und mit ihm die ganzen verdammten Quacksalber, die giftige Medikamente verabreichten und kranken Frauen das Blut abzapften.

Mélanie ging in ihr Zimmer, holte einige Francs, kam zurück und klingelte nach Margie, dem Wirtsmädchen, das sie schon zuvor bedient hatte. Als es klopfte, öffnete sie die Tür nur einen Spalt breit, damit Margie sie nicht sehen konnte, drückte ihr das Geld in die Hand und bestellte noch einmal

Brühe mit Hühnerfleisch, Brot und etwas von der geräucherten Zunge.

Wenig später brachte das Mädchen das Gewünschte. Während Sabine ihr das Tablett abnahm, versteckte Mélanie sich hinter der Tür, und als das Mädchen gegangen war, deckte sie den Tisch und drückte Sabine den Löffel in die Hand. »Essen Sie!«

Schon nach ein paar Happen legte Sabine das Besteck wieder beiseite und schüttelte den Kopf. »Ich kann nicht, ich habe keinen Appetit.«

»Sie müssen essen!« Mélanie fütterte sie wie ein kleines Kind. »Sie müssen unbedingt zu Kräften kommen.«

»Aber warum? Das ist doch kein Leben. Glauben Sie mir, nichts wäre mir lieber, als zu sterben.«

Später, als Mélanie sich hingelegt und das schwere Federbett über sich gezogen hatte, sah sie noch lange Sabines Bild vor sich. Blaß und zerbrechlich, die Haut fast durchsichtig, ein Büschel Haare in der Hand – und plötzlich wußte sie, ganz tief im Herzen, daß es zu spät war und die junge Frau nicht mehr lange leben würde.

Mélanies Ahnung wurde schon am Tag darauf Gewißheit. In einem kleinen Ort, an einem Flüßchen, das von den Leuten Sauer genannt wurde, hielten sie vor einer Poststation. Während der Kutscher umspannte, setzte sich Sabine auf eine Holzbank und starrte blicklos ins Wasser. Mélanie, nun wieder in Männerkleidung, ging zu ihr und reichte ihr die Hand.

»Es ist hier draußen zu kalt für Sie, Madame. Ich begleite Sie in die Gaststube. Etwas heißer Tee wird Ihnen guttun.«

Sabine folgte ihr willenlos, aber an der Tür brach sie plötzlich zusammen. Man trug sie in ein kleines Nebenzimmer. Die Wirtin brachte ein Glas heiße Milch, zur Hälfte mit dem Saft vom Holunder vermischt, und versuchte es der Kranken einzuflößen.

Delacroix stand blaß daneben. »Wir brauchen einen Arzt«, rief er.

Die Wirtin schüttelte den Kopf. »Einen Arzt gibt es hier nicht. Wir sind Leute vom Land, wer von uns könnte sich solche Dienste schon leisten.« Sie richtete sich auf und sah Delacroix an. »Aber glauben Sie einer erfahrenen Frau und Mutter von neun Kindern, ein Arzt könnte da auch nicht mehr helfen.«

»Ich habe Sie nicht um Ihre Meinung gebeten«, wies er sie grob zurecht und verließ das Zimmer. Draußen rief er nach dem Kutscher, damit der sich mit dem Anspannen beeilte. »In Trier«, hörte Mélanie ihn schimpfen, »wird es doch einen Arzt geben!«

Bisher war sie in dem kleinen, dunklen Raum abseits gestanden. Nun ging sie zu der Bank, auf die man Sabine gebettet hatte, und schickte die Wirtin mit einem Vorwand hinaus. Dann nahm sie das Gesicht Sabines in beide Hände und küßte deren kalte Stirn.

»Sie sind doch noch so jung – viel zu jung, um zu sterben.«

Sabine schlug die Augen auf und sah Mélanie mit einem verklärten Lächeln an. »Ich habe keine Angst. Hier bin ich allein, aber dort habe ich mein Kind, meine Eltern, alle, die ich liebe. Nur eines bedauere ich – ich hätte Sie gerne früher kennengelernt. Immer habe ich mir eine Schwester gewünscht. Eine, die mutig und stark ist wie Sie und mich ein wenig beschützen kann.«

»Ja, ich bedauere es auch.« Mélanie drückte Sabines Hand an ihre Wange. »Ich hätte ganz sicher auf Sie achtgegeben, wie man es von einer älteren Schwester erwarten kann.« Sie zog Sabine in ihre Arme und sang leise ein Lied vom Sterben:

»Liebe Eltern, gute Nacht!
Ich soll wieder von euch scheiden,
Kaum war ich zur Welt gebracht,

Hab genossen keine Freuden.
Ich, das kleinste eurer Glieder,
Geh schon fort, doch nicht allein,
Eltern, Schwestern und die Brüder,
Werden auch bald bei mir sein,
Weil sie wünschen, bitten, weinen,
Daß ihr Tag mag bald erscheinen ...«

Und als sie den letzten Ton gesungen hatte, lag Sabine schon tot in ihren Armen.

Ein fremdes Land

Delacroix blieb mit dem Leichnam seiner Frau in dem Dorf zurück. Man würde eine Totenkutsche aus Luxembourg kommen lassen und Sabine in ein paar Tagen dort begraben. Mélanie war bis zur Weiterfahrt bei der Toten geblieben, hatte in ihr Reisetagebuch ein Porträt von ihr gezeichnet und darunter *Ma petite sœur* geschrieben.

Nun, wieder am Fenster der Kutsche sitzend, starrte sie auf die Weinberge entlang der Mosel. Es war eine fröhliche Landschaft. Das Laub fing bereits an, sich in allen Rot- und Gelbtönen zu verfärben. Noch am Vormittag hatte es geregnet, doch jetzt tanzten die Strahlen der Sonne zwischen den Blättern und ließen die Tropfen glitzern und wie Edelsteine erscheinen. Zur Ernte, schon in ein paar Wochen, würden alle mithelfen. Die Nachbarn, die Verwandten, die Kinder und Greise. Junge Frauen würden mit nackten Füßen die Trauben einstampfen und dazu derbe Lieder vom Wein und von der Liebe singen. Wie schade nur, daß Sabine das alles nicht mehr sehen konnte …

»Monsieur!«

Mélanie schrak aus ihren Gedanken und sah Henry Michelon an. Er war groß, hager und dunkelhaarig. Sein Anzug war neu und von teurer Qualität, aber seine Fingernägel waren schmutzig, und sein Blick und sein Grinsen wirkten abstoßend und feist.

Er saß ihr schräg gegenüber, dort, wo am Morgen noch Delacroix gesessen hatte, und hielt ihr eine Schnupftabakdose hin. »Lust auf eine Prise?«

Mélanie schüttelte den Kopf. »Vielen Dank, Monsieur.«

Seit er in Longuyon zugestiegen war, war er für sich geblieben und hatte kaum ein Wort mit jemandem gewechselt. Aber nun, wo nur sie beide in der Kutsche saßen, starrte er sie unentwegt an, und sie begann sich unwohl zu fühlen.

»Und wohin reisen Sie?« fragte er.

»Nach Köthen, in der Nähe von Leipzig.«

Er nickte. »Ich kenne Leipzig. Geschäfte führen mich hierhin und dahin, manchmal auch in diese Gegend. Und wozu reisen Sie nach Köthen? Haben Sie Freunde oder Familie dort?«

»Nein.« Sie zögerte. Ihre Krankheit ging ihn nichts an. Deshalb behauptete sie: »Ebenfalls Geschäfte.«

Sie sah wieder aus dem Fenster, in der Hoffnung, das Gespräch auf diese Weise beenden zu können.

Henry Michelon nahm eine zweite Prise Schnupftabak, schob dann die Dose in seine Tasche zurück. »Seit neuestem ist ja das Rauchen von Stumpen in Mode gekommen. In Enningloh gibt es jetzt sogar eine Zigarrenfabrik. Aber Sie rauchen wohl nicht, Monsieur?«

»Nein«, sagte Mélanie.

»Nicht rauchen, nicht schnupfen – da haben Sie wohl gar keine Laster!« Plötzlich setzte er sich neben sie und legte seine schmutzige Hand auf ihren Schenkel. »Aber das macht sich für eine feine Dame auch nicht so gut – nicht wahr, Monsieur?« Das Wort »Monsieur« betonte er sarkastisch.

Mélanie sah ihn an. Es war klar, worauf diese Unterhaltung hinauslaufen sollte. Er hatte sie als Frau erkannt und wollte sich Freiheiten herausnehmen. Einen kurzen Moment wog sie ab, ob sie nach dem Kutscher rufen sollte, aber da drückte ihr Michelon auch schon seine ekelhaften Lippen auf den Mund und fuhr ihr mit der Hand zwischen die Beine.

Blitzschnell reagierte sie, griff nach dem Messer, das sie unter ihrem Frack verborgen hatte, und hielt es dem Kerl an die Kehle.

Er hatte nicht damit gerechnet. Verdutzt zog er sich zurück und starrte sie mit haßerfülltem Blick an. Doch plötzlich lachte er wieder. »Nun, Monsieur, ich sehe, auch diesem Laster sind Sie nicht zugetan – wenigstens nicht im Moment. Aber wir haben ja noch eine lange Reise vor uns.«

Mélanie antwortete nicht. Sie prüfte mit einem Griff den Sitz ihrer Perücke und setzte sich wieder gerade hin. Das Messer behielt sie vorsorglich in der Hand. Bis Trier sprachen sie beide kein Wort mehr.

Es war höchst unwahrscheinlich, daß in Trier niemand zusteigen würde und Mélanie in die Verlegenheit käme, weiterhin alleine mit diesem Michelon unterwegs zu sein. Trotzdem beschloß sie, ihre Reise in dieser Stadt für ein oder zwei Tage zu unterbrechen und eine andere Postkutsche zu nehmen oder, falls es keinen freien Platz gäbe, bis Frankfurt eine Extrapost zu mieten. Nur so konnte sie sicher sein, nicht noch einmal von diesem Kerl angefallen zu werden.

Die Posthalterei lag nicht weit von der Stadtmauer im Südosten der Stadt. Nach Ankunft ging Mélanie sofort in das Büro des Posthalters, um sich zu erkundigen, zu welchem anderen Zeitpunkt sie weiterreisen konnte.

Er schüttelte den Kopf. »Tut mir leid, Monsieur, für eine Extrapost fehlen mir die Pferde, und für morgen sind bereits alle Plätze belegt. Aber übermorgen geht eine Postkutsche bis Frankfurt, da ist noch ein Platz zu haben, den kann ich für Sie frei halten.«

Mélanie ließ das Billett ausstellen und erkundigte sich, wo sie sich für diese zwei Tage anmelden mußte und wo sie einen Geldwechsler finden konnte.

»Geben Sie mir Ihren Paß, Monsieur. Ich lasse ihn zum Rathaus bringen«, bot der Posthalter an.

Mélanie bedankte sich höflich. »Das ist sehr freundlich von ihnen, doch ich bin froh, wenn ich mich nach der langen Fahrt ein wenig bewegen kann, und gehe lieber selbst hin.« In Wahrheit wollte sie nicht, daß er oder seine Dienstboten etwas über ihre wahre Identität erfuhren.

Der Mann rief nach einem Jungen. »Bring den Monsieur

ins Rathaus, und zeig ihm die Judengasse«, herrschte er ihn an. Dann wieder zu Mélanie: »In der Judengasse finden Sie Geldwechsler. Selbstverständlich können Sie das Abendessen bei mir am Tisch einnehmen.«

Sie hatte schon sehr viel Schlechtes über das Essen in deutschen Poststationen gehört und wußte, daß es ratsam war, so eine Einladung anzunehmen, denn am Tisch des Wirtes gab es meist etwas Besseres. Doch weil sie sich endlich ihrer Perücke und der Brustbinde entledigen wollte, schob sie Müdigkeit vor und bestellte eine Kleinigkeit auf ihr Zimmer. Hätte sie allerdings gewußt, was sie erwartete, hätte sie sich gewiß anders entschieden.

Als sie vom Geldwechsler zurückkehrte, brachte man sie in eine winzige, dunkle Kammer ohne Kamin. Die Wände waren feucht und mit Blut verschmiert – ein Zeichen, daß es Wanzen und anderes Ungeziefer im Zimmer gab, das die Leute für gewöhnlich mit ihren Schuhen an den Wänden erschlugen. Zudem stank es nach Schimmel, Erbrochenem und Urin.

Sie ging zum Fenster und riß es auf, doch der Knecht, der im selben Moment mit ihrem Gepäck hereinkam, warnte sie. »Das sollten Sie nicht tun, mein Herr. Der Wind steht ungünstig, da weht vom Weberbach ein recht übler Gestank herüber.«

Er hatte recht. Angeekelt schloß sie das Fenster wieder, und als der Mann gegangen war, sank sie wie erschlagen auf das kratzige, unbequeme Bett. Ein Schmerz fuhr ihr so plötzlich in den Unterleib, daß sie aufseufzte und sich in die schmutzigen Kissen fallen ließ. So lag sie eine Weile da und sah sich mit Tränen in den Augen um. Es wäre besser, sie würde sich ein Zimmer in einem anderen Gasthaus suchen, aber ihr fehlte dazu einfach die Kraft.

Der Gestank erinnerte sie an die beiden Alten in der Kutsche, und als sie an die Kutsche dachte, fiel ihr auch Sabine wieder ein. Sie sah sie vor sich – aufgebahrt in einer kleinen

Scheune hinter dem Wirtshaus an einem Flüßchen namens Sauer. Sabines Tod, die Zudringlichkeiten Michelons in der Kutsche, ihre Schmerzen und dieses abscheuliche Zimmer … vielleicht hatten Doyen und all die anderen mit ihren Unkenrufen ja doch recht gehabt, vielleicht hatte sie sich mit dieser Reise zu viel zugemutet. Trauer, Wut und Zweifel schnürten ihr das Herz zu, und plötzlich brach sie in haltloses Schluchzen aus.

Mélanie hatte äußerst unruhig geschlafen. Am frühen Morgen erwachte sie durch die derben Flüche eines Mannes unten im Kutschhof. Sie ging zum Fenster und sah hinunter. Ein Postillion spannte zwei Braune ein, die bei jeder seiner heftigen Bewegungen erschrocken den Kopf aufwarfen und zurückwichen. Es waren junge, unerfahrene Pferde und sicher nicht geeignet für so grobe Hände.

Zwei Männer halfen dem Kutscher beim Beladen. Den braunen Reisekoffer, den der eine von ihnen geschultert hatte, erkannte sie als den von Michelon.

Kurz darauf erschien Henry Michelon selbst. Er begutachtete die Körbe, Taschen und Koffer, es schien, als würde er etwas suchen. Nach einem Wortwechsel mit dem Kutscher sah er sich plötzlich um und suchend an der Fassade des Hauses hinauf. Mélanie wich sofort zurück, war aber nicht schnell genug. Er hatte sie entdeckt und schien verblüfft – offensichtlich hatte er nicht mit der Möglichkeit gerechnet, daß sie nicht weiterreisen würde.

Es dauerte noch eine halbe Stunde, bis die Kutsche abfuhr. So lange hielt sich Mélanie am Fenster auf. Sie wollte ganz sicher sein, daß Henry Michelon die Stadt verließ. Erst als sie ihn einsteigen und abfahren sah, atmete sie auf.

Nachdem sie sich frisch gemacht und etwas zu sich genommen hatte, sah sie sich Trier an. Kaum zu glauben, daß diese kleine Stadt im römischen Reich einmal von so großer Bedeutung gewesen sein sollte.

Am Hauptmarkt herrschte reges Treiben. Da waren große Fuhrwerke mit Fässern beladen, in denen Wein oder Bier, gepökeltes Fleisch, Fisch aus den umliegenden Flüssen oder eingelegtes Kraut transportiert wurden. Da waren Holzfuhrwerke, bepackt mit Schindeln oder anderen Baumaterialien oder Karren voller Hausrat, der auf dem Markt verkauft werden sollte. Und in der Mitte des Platzes stand ein Fuhrwerk, beinahe haushoch beladen mit Heu für die Pferde und Ochsen, die all diese Kutschen und Karren zogen und gefüttert werden mußten.

An der Westseite des Marktes befanden sich die Steipe und das Rote Haus. Mélanie betrachtete die beiden Gebäude und sah dann hinauf zum riesigen schmucklosen Turm der Gangolfskirche, von dem die Feuerwächter weit über die Stadt blicken konnten, um im Fall eines Brandes Alarm zu schlagen. Doch jetzt war es ruhig dort oben, nur einige Tauben hockten auf dem Sims und gurrten sich an.

Ein paar Schritte die Straße hinauf kam sie am Dreikönigen-Haus vorbei, einer Art Turmhaus: ein festlich-wehrhafter Bau, weiß getüncht, die Einfassungen der Bogenfenster in Ochsenblutrot und in Ockergelb bemalt. Es war ein seltsames und schönes Haus, das Mélanie als Ganzes und in Details in ihr Tagebuch zeichnete.

Noch ein paar Schritte weiter im Norden stand das bekannte Stadttor, dunkel und mächtig, fast angsterregend klobig. Ein Relikt aus der Zeit der Römer, wie sie nachgelesen hatte. Später hatte man es zu einer Klosterkirche umgebaut – nein, eigentlich waren es zwei übereinanderliegende Kirchen gewesen. Davon sah man allerdings nun nichts mehr, denn auf Befehl Kaiser Napoleons war das Tor vor einigen Jahren von allen nichtrömischen Verunstaltungen befreit worden.

Mélanie spazierte am Dom vorbei zur römischen Basilika, in deren Ostwand ein großes Loch klaffte, und kehrte dann in einem Gasthaus ein, wo sie ein warmes Mittagessen zu sich nahm. In der Poststation würde sie jedenfalls nicht mehr essen und dieses schreckliche Zimmer so lange meiden wie nur irgend möglich.

Später mietete sie sich ein Pferd und ritt über die Brücke auf die andere Seite der Mosel und dort den Hang hinauf. Von hier oben hatte sie eine wunderbare Aussicht über die Stadt und das Hinterland. Sie nahm ihr Reisetagebuch, fertigte einige Skizzen an und schrieb ihre Eindrücke hinein. Dann legte sie sich zurück und genoß die letzten Stunden des warmen Herbstnachmittages.

Der Überfall

Der Wald lichtete sich. Nur noch vereinzelt standen buntbelaubte Buchen neben verkrüppelten Fichten oder hochgewachsenen Tannen. Zuvor hatte es nach feuchtem Moos, Pilzen und verrottetem Holz gerochen, doch plötzlich trug ihnen der Wind einen Duft von aufgeworfener Erde und faulenden Holzäpfeln entgegen. Kein unangenehmer Geruch. Schwer und süßlich, ein Herbstgeruch, der Mélanie etwas melancholisch werden ließ.

Sie lehnte sich in der Kutsche zurück. Daß sie endlich die Anhöhen des Thüringer Waldes hinter sich gelassen hatten, ließ sie erleichtert aufseufzen. Zwei Wochen war sie nun schon unterwegs, und die Reise war mehr als beschwerlich gewesen. Kälte, Regen, dazu die unnötig langen Aufenthalte an den Poststationen, damit man gezwungen war, Geld auszugeben. Schlechtes Essen, schmutzige Zimmer, und immer wieder hatte man das Postgut nicht nur im hinteren Teil des Wagens, sondern bis unter die Sitze gestapelt, von wo aus es den Passagieren zwischen die Füße rutschte. Sie hatten zwei Radbrüche gehabt und wären beinahe in einen Überfall geraten, der nur vereitelt werden konnte, weil ihnen zufällig eine Gruppe von Reitern entgegenkam. Einem der Mitreisenden wurde an einer der Poststationen eine Tasche gestohlen, und mehrmals hatten sie und die anderen Passagiere aussteigen und die Kutsche aus dem Morast schieben müssen.

Nur in Frankfurt war alles zu Mélanies Zufriedenheit gewesen. Dort war sie im *Englischen Hof* am Roßmarkt abgestiegen und hatte in einem wunderschönen Zimmer mit einem frisch bezogenen Bett geschlafen und zum ersten Mal seit langem wieder à la carte gegessen.

Nun lagen noch einmal zwei oder drei Tagesreisen vor ihr, bis sie bei Dr. Hahnemann ankommen würde. Mélanie war erschöpft. Sie hatte geplant, von Köthen aus Richtung Süden weiterzureisen – vielleicht nach Wien oder Budapest oder sogar bis Italien. Aber die Lust dazu war ihr fürs erste vergangen.

Es dauerte nicht mehr lange, und die Kutsche erreichte Erfurt, wo die Reisenden die kommende Nacht verbringen würden. Nach dem langen Durchqueren des finsteren Waldes und den geradezu unheimlichen Unterkünften der letzten Tage, genoß sie es, daß sich diese Stadt so hell, freundlich und gesellig zeigte.

Mélanie sehnte sich nach etwas Besserem als einer Poststation, gleichgültig, wie immer sie auch aussehen mochte. Sie wollte einmal wieder in einem guten Haus absteigen und war bereit, die Mühe auf sich zu nehmen, nach einem entsprechenden Quartier zu suchen. Sie fragte den Kutscher, ob er ihr etwas empfehlen konnte, und der sagte, sie solle sich zum Roten Ochsen bringen lassen. Sie fand auch gleich einen Träger, der ihr das Gepäck hinkarrte.

Froh, sich strecken und ein paar Schritte gehen zu können, folgte sie dem Mann und besah sich dabei die Häuser und Gassen der Stadt. Auch die Frauen, die unter der Brücke am »Breitstrom« Wasser schöpften, um damit einen Trog zu säubern, erweckten ihr Interesse. Nur den Mann, der unter den Schaulustigen an der Poststation gewesen war und sie seitdem verfolgte, nahm sie nicht wahr.

Das Gasthaus *Zum roten Ochsen* befand sich in einem reich geschmückten Renaissancebau und war durchaus gepflegt. Zufrieden packte Mélanie ihren kleinen Reisekoffer aus und entledigte sich der Männerkleider, die vom Schieben der Kutsche aus dem Morast bis oben hin verschmutzt waren. Sie rief nach dem Mädchen und steckte ihr ein großzügiges Trinkgeld zu.

»Bitte reinige diese Sachen und die Schuhe. Im übrigen

erwarte ich Stillschweigen darüber, was du hier siehst.« Mélanie deutete auf das Kleid, das sie inzwischen trug. »Kann man hier à la carte essen, und kannst du es mir aufs Zimmer bringen?«

»Wenn Sie mir sagen, was Sie wünschen, kann ich es vielleicht besorgen«, antwortete das Mädchen.

»Ich hätte Lust auf Huhn oder frischen Fisch mit etwas Gemüse, nur leicht angedünstet, nicht zu Brei verkocht.«

»Ich werde nachfragen.«

»Und wie heißt du?«

»Kathi«, gnädige Frau.

Das Mädchen kam bald wieder. »Die Wirtin könnte einen frischen Fisch holen lassen, eine Karausche vielleicht. Vom Gemüse hat sie nur Kartoffeln, Blumenkohl oder Rotkohl, aber es gibt noch wilden Blattsalat. Und Fischpastete hat sie auch.«

»Dann die Kartoffeln, etwas Blumenkohl, den Fisch mit zerlaufener Butter und Salat. Ich möchte hier auf dem Zimmer essen, sagen wir in zwei Stunden. Inzwischen werde ich ausgehen und mir die Stadt ansehen.«

»Aber es wird doch schon dunkel!« Kathi sah sie erstaunt an. »Haben Sie denn gar keine Angst ohne männliche Begleitung?«

Mélanie antwortete mit einer Gegenfrage. »Hast du männliche Begleitung, wenn du abends noch losgeschickt wirst – zum Beispiel, um für einen hungrigen Gast einen Fisch zu besorgen?«

»Nein, gnädige Frau, ich bin allerdings auch bloß eine Magd.« Das Mädchen machte einen Knicks. »Bei mir gibt es nichts zu holen, außer vielleicht …« Sie brach ab. »Na ja, eben daß ich eine Frau bin, Sie wissen schon.«

Mélanie nickte. Ja, sie wußte schon, und vielleicht hatte Kathi ja auch recht, doch das Mädchen wußte schließlich nicht, wie es sich anfühlte, wochenlang in einer Kutsche zu reisen, mit Schmerzen im Unterleib auf schlecht gefederten Sitzen durchgeschüttelt zu werden, bis einem auch noch der Rükken schmerzte und die Glieder steif wurden. Und dazu eingeklemmt zwischen übelriechenden Leuten und abhängig von der Willkür eines Postillions. Nein, Mélanie brauchte frische Luft und ein bißchen Bewegungsfreiheit. Sie wollte weit ausschreiten und Boden unter den Füßen spüren.

»Sie könnten zur Abendmesse in den Dom gehen«, sagte das Mädchen. »Oder vielleicht über die Krämerbrücke spazieren. Dort sind auch jetzt noch viele Leute unterwegs. Es ist nicht weit. Sie müssen nur vor auf die Marktstraße, und dann geht es links zum Dom, und zur Brücke biegt man nach rechts ab.«

Mélanie bedankte sich bei Kathi und bat sie, das Essen um acht Uhr zu servieren. Dann warf sie sich ein langes Cape über, setzte eine Schute auf und verließ das Haus über die Hintertreppe.

Der Mann, der dort stand und wartete, grinste zufrieden, als er sie entdeckte. Er erkannte sie an der geraden Nase und den schönen blauen Augen. Er hatte dieses verdammte Frauenzimmer richtig eingeschätzt! Henry Michelon, hatte er zu sich gesagt, die wird heute noch ausgehen! Sich die Füße vertreten. Und dann wirst du es ihr besorgen, diesem Pariser Miststück!

Nun schlich er ihr nach. Ihm war klar, daß er nicht lange zaudern durfte. War sie einmal auf der Brücke oder auf dem Domplatz, würde es zu viele Menschen geben, die ihr zu Hilfe eilen konnten. Nur ein paar Schritte weiter gab es jedoch einen Hinterhof mit einer Treppe, die in ein Kellergewölbe führte. Seit der Laden, der dazu gehörte, ausgebrannt war, stand es leer. Dort konnte er ungestört an ihr vollenden, was er damals in den Weinbergen an der Mosel begonnen hatte.

Der Kadaver einer toten Katze lag auf der Straße. Mélanie hob den Rock an, wollte über sie hinweg steigen, als plötzlich wie aus dem Nichts ein Schatten neben ihr auftauchte. Noch bevor sie einen Gedanken fassen konnte, sagte ihr Instinkt, daß sie sich in Gefahr befand. Blitzschnell griff sie unter das Cape, wo sie ihr Messer verborgen hatte – aber diesmal hatte Michelon damit gerechnet. Mit schnellem Griff packte er ihr Handgelenk und drehte ihr den Arm auf den Rücken. Mit der anderen Hand hielt er ihr den Mund zu, damit sie nicht schreien konnte. So zog er sie in den Hinterhof zur Treppe.

Mélanie versuchte sich zu wehren, aber immer wenn sie sich aufbäumte, verstärkte er seinen Griff, und ein wahnsinniger, nicht auszuhaltender Schmerz fuhr ihr durch den Arm in die Schulter.

Niemals hätte sie diesem Griff entkommen können, wenn nicht gerade, als sie bei der Treppe waren, oben ein Fenster aufgegangen wäre und jemand sein Nachtgeschirr ausgekippt hätte. Ein Schwall stinkenden Urins entleerte sich über Mélanie und ihren Angreifer. Sie nützte diesen Moment, in dem Michelon sich vor Ekel mit dem Ärmel übers Gesicht fuhr, und krallte sich mit festem Griff in seine Männlichkeit. Vor Schmerz aufschreiend, ließ er sie los und beugte sich vornüber. Mélanie fuhr im selben Moment herum – und da erkannte sie ihren Angreifer.

»Sie!« schrie sie, faßte aber schon im nächsten Moment in ihre Röcke und stürzte hinaus auf die Straße. Dort trat sie mit dem Fuß auf etwas, das klirrend über den Boden schlitterte. Es war ihr Messer. Geistesgegenwärtig bückte sie sich danach und rannte dann, von Todesangst getrieben, weiter.

Als der Schmerz nachließ, folgte Michelon dem verdammten Weibsstück. Mit seinen langen Beinen, die im Ausschreiten nicht von einem Rock behindert wurden, gelang es ihm schon bald, Mélanie einzuholen. Als er sie aber an den Schultern packte, blitzte plötzlich etwas vor ihm auf und traf ihn an der rechten Wange. Verdutzt griff er sich ins Gesicht – Blut sickerte über sein Kinn und den Hals hinunter auf die Brust. Mélanie hatte ihm mit dem Messer eine klaffende Wunde beigebracht.

Sekundenlang starrten sie sich an. Dann fuhr Mélanie herum und hetzte weiter, verfolgt von seinen Flüchen, die ihr auf ewig Rache schworen!

Sie erreichte das Gasthaus und stürzte über die Hintertreppe nach oben in ihr Zimmer. Dort schlug sie die Tür hinter sich zu und schob mit zitternden Händen den Riegel vor.

Kurze Zeit später klopfte es. »Hier ist Kathi«, hörte Mélanie das Mädchen sagen. »Ich habe gesehen, daß sie zurückgekommen sind. Sie waren so aufgebracht – kann ich Ihnen helfen?«

Mélanie öffnete und ließ sie eintreten.

»Himmel!« Kathi schlug die Hände vor den Mund, um nicht aufzuschreien. »Wie sehen Sie denn aus!«

»Du hattest recht – ich wäre besser zu Hause geblieben.« Mélanie nahm die Schute ab und hielt sie voller Ekel von sich. »Glaubst du, du kannst sie reinigen?«

»Ich werde es versuchen.«

»Und das Cape?« Sie zog es sich von der Schulter und reichte es Kathi.

»Ja, gnädige Frau.« Das Mädchen ging zur Tür.

»Und bringe mir bitte ein Viertelmaß Wein.«

»Wir haben nur fränkischen, gnädige Frau. Der ist ziemlich sauer.«

»Hole ihn trotzdem.«

Erschöpft ließ sich Mélanie nieder. »Mon Dieu«, flüsterte sie, »was für eine Reise!«

Ankunft in Köthen

6. Oktober 1834

Es war später Nachmittag, als die Postkutsche, in der Mélanie saß, in Köthen einfuhr. Obwohl er Residenzstadt des Fürstentums Anhalt-Köthen war, zählte der Ort nicht mehr als sechstausend Einwohner und war für eine Pariserin eher als Dorf denn als Stadt zu bezeichnen.

Mélanie war erschöpft und vollkommen am Ende ihrer Kraft. Die Leute, die sich neugierig um die Postkutsche drängten, um zu sehen, wer ankam und ob für den einen oder anderen vielleicht ein Brief oder eine Paketsendung dabei war, starrten sie an. Ein junger Mann, der so modisch und elegant gekleidet war, sprang nicht alle Tage aus der Kutsche und gab dann Anweisungen, man möge sein Gepäck ins Gasthaus *Zum bunten Fasan* bringen.

»Der Herr kommt aus Paris!« antwortete der Kutscher, als eine Dienstmagd ihn fragte. »Das ist die Hauptstadt von Frankreich, falls dir das überhaupt etwas sagt.« Er schob sie grob zur Seite.

Die Magd schlug die Hand vor den Mund. Paris – doch ja, davon hatte sie gehört. Aus Paris kam alles Schlechte! Kaiser Napoleon zum Beispiel, der vor fünfundzwanzig Jahren mit seinen Soldaten durchs Land gezogen war und nichts als Verwüstung, Hunger und Armut zurückgelassen hatte. Die Franzosenkrankheit kam aus Paris und, wie man hörte, auch der Verfall der Sitten schlechthin.

Das Mädchen faßte sich in die Röcke und rannte los. Voraus zum Gasthof, um anzukündigen, was den Wirtsleuten ins Haus stand. Als Mélanie schließlich in der Gaststube an den Tresen trat, war man bereits dabei, ein Zimmer für sie herzurichten.

Es war einfach, aber überraschend sauber. Mélanie legte eine Hand auf das blütenweiße Kissen. »Sogar frisch bezogen«, stellte sie erleichtert fest.

»Natürlich ist es frisch bezogen!« Der Wirt verbeugte sich beflissen. »Bestimmt will der junge Herr zu Dr. Hahnemann, und der besteht darauf, daß seine Gäste aufs vorzüglichste bedient werden.«

»Ja, zu Dr. Hahnemann will ich in der Tat.« Mélanie nickte. »Ein junger Herr bin ich indes nicht. Wenn Sie morgen eine Dame das Haus verlassen sehen, die Sie nicht zu kennen glauben, dann wundern Sie sich nicht weiter.«

Der Mann hob die Augenbrauen und sah Mélanie forschend an. »Ich verstehe. Sie haben sich verkleidet.«

»So ist es. Das Reisen ist gefährlich, wie Sie ja wissen, vor allem für eine Frau ohne männliche Begleitung.«

»Natürlich, gnädige Frau.«

»Wann kann ich das Mädchen schicken, Dr. Hahnemann zu holen?«

»Mit Verlaub – Dr. Hahnemann kommt nicht zu seinen Patienten. Sie müssen sich selbst zu seinem Haus an der Wallstraße bemühen. Es hat die Nummer 270.«

»Ach?« Einen Moment war Mélanie verdutzt. »In Paris kommen die Ärzte zu den Patienten, nicht umgekehrt.«

»Bei uns auch, gnädiger ... gnädige Frau, aber Dr. Hahnemann ist ...« Er zögerte, bevor er den Satz zu Ende sprach. »Nun, er ist eben anders als die anderen Doktoren.«

»Na gut. Es macht mir nichts aus, zu ihm hinzugehen – gibt es noch etwas zu essen und kann man es mir aufs Zimmer bringen?«

»Ich werde in der Küche Bescheid sagen.«

Mélanie bedankte sich, schloß die Tür hinter dem Mann und ging zum Fenster, um in die Dämmerung hinauszusehen. Gegenüber war eine Häuserzeile mit zwei, manchmal auch drei Stockwerken. Eine Schusterwerkstätte, einen Wagner konnte sie im fahlen Dämmerlicht erkennen, und dort drüben befand sich ein Krämerladen.

Das Gasthaus lag an einer Kreuzung. Mélanie hatte das Eckzimmer im oberen Stock und somit Ausblick auf beide Straßen. Sie ging zum anderen Fenster und sah nach rechts hinaus. Dort machte sie eine Reihe von Bäumen aus, dahinter eine Scheune oder eine Lagerhalle.

Das also war Köthen! Ein Marktplatz, einige kleinere Handwerksbetriebe, ein paar Kirchen, zwei Wehrtürme – und all das inmitten einer Landschaft, die so flach war, daß sich der Blick am Horizont verloren hätte, gäbe es da nicht all diese Obstbäume, welche die Stadt wie Soldaten umzingelten, und die zahlreichen Windmühlen, deren Flügel sich behende im Wind drehten.

Dann war da noch das Schloß am Rande der Stadt, ein großes Gebäude mit drei seltsamen Türmen, die runde Kuppen hatten, welche an ausgestreckte Finger erinnerten – Finger, die mahnend in den Himmel zeigten.

»Dort residiert der Herzog von Sachsen-Anhalt-Köthen«, hatte ihr ein Mitreisender erklärt. »Seit im August vor vier Jahren Herzog Ferdinand verstarb, ist es sein Bruder Heinrich. Die große Kirche davor heißt St. Jakob, und dort drüben, die kleinere mit dem Dachreiter, das ist die Agnus-Kirche.«

Mélanie seufzte, nahm die Perücke ab, schlüpfte aus Frack und Westen und fing an, ihre Koffer auszupacken. Sie hätte dazu ein Mädchen kommen lassen können, aber sie wollte sich zuerst der Männerkleider entledigen.

Es war kühl, deshalb wählte sie das dunkelblaue Hauskleid aus Samt, das sie am Abend vor Sabines Tod getragen hatte. Sabine – nun lag ihre unglückliche junge Freundin schon so viele Tage unter der Erde. Mélanie hoffte, daß sich Sabines Traum erfüllt hatte und es ein Leben mit ihren Lieben in einer anderen, besseren Welt für sie gab!

Als Mélanie umgekleidet war, klingelte sie nach dem Mädchen. Die junge Frau, die hereinkam, hieß Magdalena und trug ihr rotes Haar unter einer blütenweißen Haube. Mélanie steckte ihr ein gutes Trinkgeld zu, gab ihr einige Kleidungsstücke, die sie säubern sollte, und ließ sie das vorbestellte Essen holen. Während Magdalena Teller, Schüsseln und ein Glas mit weißem, saurem Wein auftrug, fragte Mélanie: »Sag mir, was erzählen sich die Leute über Dr. Hahnemann?«

Das Mädchen wollte nicht so recht mit der Sprache herausrücken, aber schließlich antwortete sie: »Die einen sagen, daß er ein guter Arzt ist, besser als alle anderen Doktoren. Die anderen behaupten, er sei ein Hexenmeister. Als er vor etwa dreizehn Jahren nach Köthen kam, erzählten sich die Leute die schlimmsten Dinge über ihn, und es passierte einige Male, daß ein Stein durchs Fenster in sein Zimmer flog. Seine Frau – Gott hab sie selig, denn sie ist vor vier Jahren gestorben – und seine Töchter sind nur selten ausgegangen, höchstens zum Markt oder ab und zu in die Kirche. Manchmal besuchten sie auch einige hohe Herrschaften im Ort, oder sie gingen ins Schloß zu einer der Feierlichkeiten, wenn sie dort eingeladen waren. Aber seit seine Frau nicht mehr lebt, verläßt der Herr Geheimrat Dr. Hahnemann sein Haus und den Garten dahinter so gut wie nie. Manche nennen ihn deshalb den Einsiedler. Ja, so reden die Leute, aber ich denke ...«

Sie brach ab und sah verlegen zu Boden. Mélanie mußte sie drängen, um zu erfahren, was sie selbst dachte.

»Ich denke, wenn sich doch der Herzog Ferdinand, Gott hab ihn selig, von ihm hat behandeln lassen, dann muß ja alles mit rechten Dingen zugehen. Bestimmt hätte unser Herzog Ferdinand niemals einen Hexenmeister nach Köthen geholt!«

Mélanie nickte. »Du hast ein kluges Köpfchen, Magdalena, das gefällt mir. Bestimmt kann ich mich auch darauf verlassen, daß du über mich nicht klatschen und tratschen wirst.«

»Ganz sicher nicht, gnädige Frau.« Sie machte einen Knicks, dann wandte sie sich ab, um zu gehen.

»Und Magdalena!«

Die Magd drehte sich an der Tür noch einmal um. »Ja, gnädige Frau?«

»Bitte klopfe morgen früh gegen acht Uhr an meine Tür, damit ich keinesfalls verschlafe. Und bring mir Brot, Butter, ein gebratenes Ei, Obst und Kaffee zum Frühstück.«

»Wir haben nur Malzkaffee, gnädige Frau.« Die Magd biß sich auf die Lippen und fügte leise an: »Der echte Kaffee ist hier nur für die ganz feinen Leute, die von Adel sind und in den Schlössern wohnen.«

»Nun ...« Mélanie seufzte. Von Adel war sie ja, doch sie mußte zugeben, daß diese Kammer hier nicht gerade einem Schloß entsprach. »Dann bring mir eben Malzkaffee.«

Nur zehn Minuten war Mélanie gegangen, und dabei hatte sie sich Zeit gelassen und alles genau angesehen. Nun stand sie auf der Wallstraße vor Haus Nummer 270 und betrachtete das Gebäude, in dem der Mann lebte, auf den sie so neugierig war und von dem sie sich endlich Heilung erhoffte.

Es war ein kleines hellgelbes Haus mit Fensterläden im Erdgeschoß. Mélanie dachte daran, was Magdalena ihr erzählt hatte: Die Leute hielten Dr. Hahnemann für einen Hexenmeister, und es passierte einige Male, daß ein Stein durch das Fenster in sein Zimmer flog! Die Läden waren wohl ans Haus gekommen, um ihn vor solchen Zugriffen zu schützen – wenigstens abends und nachts.

Mélanie überquerte die Straße und klopfte an die Tür. Es dauerte eine Weile, bis geöffnet wurde. Eine Frau, dunkelblond und Ende Zwanzig, fragte nach ihren Wünschen.

Mélanie reichte der Frau ihre Visitenkarte und bat um ein Gespräch mit Dr. Hahnemann.

Die Frau, wohl eine von Hahnemanns Töchtern, ließ sie eintreten, schloß die Tür und verschwand für kurze Zeit in einem der Zimmer. Bald kam sie wieder und forderte Mélanie auf, ihr zu folgen.

Sie betraten einen Raum, in dem ein einfacher Schreibtisch stand, ein bequemer Lehnstuhl dahinter, ein Schrank, drei Stühle, einige Uhren, die Dr. Hahnemann offensichtlich sammelte, und Regale, angefüllt mit Büchern. Der Mann, der ihr entgegenblickte, war klein, seine Stirn war kahl, auf dem Kopf trug er ein schwarzes rundes Samtkäppchen, und darunter kamen lange weiße Locken hervor, die vorne seine Stirn umspielten und ihm hinten bis in den Nacken fielen. Gekleidet war er mit einem bunt geblümten Hausrock, in der Hand hielt er eine lange Meerschaumpfeife.

Er war neunundsiebzig Jahre alt, wie Mélanie aus den Berichten wußte, die sie über ihn gelesen hatte, aber wäre nicht sein weißes Haar gewesen, hätte man ihm dieses hohe Alter nicht angesehen. Seine Gesichtsfarbe war blühend frisch, sein Körper wirkte jung, seine Bewegungen waren rasch und geschmeidig, ganz wie bei einem Mann, der mitten im Leben stand. Aus seinen dunklen, tief liegenden Augen, deren Pupillen von einem leuchtenden, hellen Kranz umgeben waren, sprühte das Feuer jener Menschen, die nach etwas forschten und von etwas getrieben waren, das ergründet werden mußte und ihrem Leben einen Sinn gab. Dieser Mann, das spürte Mélanie, machte nichts halb – ja, selbst das, was er ließ, ließ er wirklich und ganz! Bestimmt war er ein Idealist, und vielleicht war er sogar stolz und exzentrisch, wie in manchen Zeitungsartikeln von ihm behauptet wurde, doch darüber hinaus strahlte er ein Wärme und Güte aus, die Mélanie sofort berührte.

Nachdem er sie lange und schweigend betrachtet hatte, nahm er ihre Visitenkarte vom Schreibtisch auf und las laut, so als ob er sicherstellen wollte, daß auch Mélanie selbst erfuhr, wer sie war: »Marquise Marie Mélanie d'Hervilly Gohier aus Paris – Malerin und Dichterin.«

»Oui, Dr. Hahnemann, alles ist so, wie es da steht.«

Sie lächelte, und er lächelte zurück, nahm die Hand, die sie ihm reichte, und beugte sich in einem angedeuteten Kuß darüber.

»Ihr Brief, in dem Sie mir Ihre Ankunft ankündigten, kam erst vor vier Tagen – und nun sind Sie selbst schon da. Sie haben eine weite Reise auf sich genommen, Madame, um mich zu konsultieren.«

Mélanie nickte. »Ich war achtzehn Tage unterwegs. Den Brief hatte ich allerdings bereits vor vier Wochen abgeschickt.«

»Wo sind Sie und Monsieur d'Hervilly untergekommen?«

»Ich logiere im Gasthaus *Zum bunten Fasan* – allein, denn einen Monsieur d'Hervilly gibt es nicht. Ich trage meinen Mädchennamen und bin ganz auf mich selbst gestellt.«

Dr. Samuel Hahnemann sah sie verwundert an. Soweit er wußte, war es auch in Frankreich für eine alleinstehende Frau äußerst schwierig, einen eigenen Haushalt zu führen, und im allgemeinen war das auch gar nicht von Interesse für die Damen der Gesellschaft, denn sie definierten sich über einen Ehemann. »Sie sind nicht verheiratet?« fragte er deshalb mit erstauntem Unterton. »Und Sie sind alleine gereist? Von Paris bis hierher? Achtzehn Tage lang?«

Wieder nickte Mélanie. »Allerdings hatte ich mich als Mann verkleidet.«

»Ach!« Er lachte und schüttelte den Kopf. »Sie müssen eine mutige, starke und kluge Frau sein – und was führt Sie zu mir?« Er rückte einen der Stühle an den Schreibtisch und bat sie, sich zu setzen.

»Ich verspüre immer wieder einen scharfen stechenden Schmerz in der rechten Unterbauchseite. Es dauert nie lange, aber zuweilen ist der Schmerz so heftig, daß es mir unmöglich ist, mich auf den Beinen zu halten und meine Arbeit zu tun. Hinzu kommt, daß ich manchmal unter Schwermut leide, mich zu nichts aufraffen kann. Seit drei Jahren habe ich kein Bild mehr gemalt. Mein Arzt, Dr. Doyen, wollte meine Krankheit als Nervenstörungen abtun und durch Ansetzen von Blutegeln heilen. Ich selbst möchte mich allerdings weder als hysterisch bezeichnen, noch kann ich mir vorstellen, daß sich durch Aussaugen von Blut etwas an meinem gesundheitlichen Zustand verändern würde. Außerdem habe ich zu viele meiner Freunde in der Obhut ihrer Ärzte sterben sehen, als daß ich noch bereit sein könnte, mich in solch zweifelhafte Behandlung zu begeben.«

Mélanies Lippen begannen zu zittern, einen kurzen Moment schien sie die Trauer zu überwältigen, aber dann faßte sie sich wieder und schluckte alle Tränen hinunter.

»Zuletzt verlor ich einen lieben Menschen auf der Reise hierher – eine junge Frau, die an Kummer, Einsamkeit und dem endlosen Abzapfen ihres Blutes starb. Viermal wurde sie zur Ader gelassen, während sie krank und schwanger war, noch weitere viermal nach der Geburt und dem Tod ihres neugeborenen Kindes. Zudem nötigte man sie zur Einnahme schädlicher Medikamente und zwang sie bei allem auch noch wegen einer Erbschaft, diese anstrengende Reise zu unternehmen. Jetzt liegt sie in Luxembourg begraben.«

Dr. Hahnemann hatte ihr aufmerksam zugehört, hin und wieder genickt und dabei an seiner Pfeife gezogen. Sie war ausgegangen, aber das schien ihn nicht sonderlich zu stören.

»Ich sehe, es gab genug Gründe für Sie, diese weite Reise zu wagen – und wer hat mich Ihnen empfohlen?«

»Sie selbst.« Mélanie lächelte. »Ich habe zwei Ihrer Bücher aufmerksam studiert. Das Werk über *Die chronischen Krankheiten* und das *Organon*. Als ich es gelesen hatte, war mir, als sei die Sonne am Himmel der Medizin aufgegangen, und ich bin zu der Überzeugung gekommen, daß, wenn überhaupt, dann nur Sie mir helfen können.«

Nun sank seine Hand, die, in der er die Pfeife hielt, in seinen Schoß, und er sah die junge Frau in maßlosem Erstaunen an. »Sie haben tatsächlich *beide* Bücher gelesen?«

»Sonst würde ich es nicht sagen.«

Er schüttelte den Kopf. »Natürlich nicht. Verzeihen Sie meine Verwunderung, aber ... nun ja, zwar erwarte ich von meinen Patienten, vorausgesetzt, sie sind gebildet genug, daß sie sich auf eine Behandlung bei mir vorbereiten, indem sie das *Organon* lesen. Für gewöhnlich aber studiert keiner von ihnen auch noch freiwillig *Die Chronischen Krankheiten*.«

»Nun, es fiel mir nicht schwer, wäre ich doch allzu gerne selbst Arzt geworden, wenn es die Gesetze erlauben würden.« Mélanies Stimme klang bitter. »Schon als Kind träumte ich davon, Lebewesen zu heilen. Mit acht Jahren sezierte ich zum Entsetzen meiner Mutter tote Vögel, um das Innere ihres Körpers zu sehen. Meinem Vater lag ich beständig in den Ohren, er solle mir die Funktion der Organe erklären. Als ich zwölf war, rettete ich das Leben eines Freundes meines Vaters, der durch Opium vergiftet worden war. Während der Arzt ihn auf eine Magenverstimmung hin behandelte und dann ein Tuch über den Schädel seines Patienten warf – mit der Begründung, er sterbe an Blutandrang nach dem Kopf! –, kochte ich einen Absud aus Lattich, den ich dem Kranken einflößte und der ihn langsam wieder ins Leben zurückholte.« Mélanie seufzte. »Aber was helfen mir solche Ambitionen und eine gewisse Begabung! Leider bin ich eine Frau!«

»Ich fände es allerdings schade, wenn aus so einem reizenden Geschöpf ein Mann geworden wäre«, sagte Dr. Hahnemann mit einem Lächeln.

Einen Moment sah sie ihn erstaunt an. Er machte ihr den Hof! Oder nahm er sie nicht ernst?

Er lehnte sich zurück, zündete seine Pfeife an und zog einige Male daran. Sofort war er in dicke Rauchschwaden gehüllt, wogegen er mit einigen fahrigen Handbewegungen ankämpfte. »Man müßte rauchen können, ohne Qualm zu verursachen«, sagte er und zwinkerte ihr zu.

Nun war sie es, die lachte. »Vielleicht gelingt es, wenn Sie es beim Rauchen einmal mit homöopathischen Dosen versuchen!«

»Schlagfertig sind Sie auch noch!« Schmunzelnd hielt er seine Pfeife hoch und betrachtete das gute Stück, als würde er es zum ersten Mal sehen. Dann sagte er: »Ich esse mäßig und anspruchslos, ich trinke nur Wasser, Milch und Weißbier. Kleidung, Einrichtung oder anderes, wofür man Geld ausgeben könnte, interessieren mich wenig – der Pfeifentabak ist das einzige, was ich mir gönne. Zum Leidwesen meiner Töchter übrigens. Sie möchten es mir verbieten, aber ich bin nun einmal ein eigensinniger Mensch. Verbieten lasse ich mir gar nichts!«

Trotzdem stellte er sein gutes Stück nun zu einer Ansammlung anderer Pfeifen in den Pfeifenständer. Dann nahm er Papier und eine Schreibfeder und begann mit einer ausführlichen Befragung.

Die Fragen nach ihren körperlichen Symptomen beantwortete Mélanie zielgerichtet und ohne verwirrende Ausschmückungen. Wann schwitzen Sie? Wie sieht der Urin aus? Wann treten die Schmerzen auf? Wie fühlen diese sich an? – Gleichgültig, was auch immer Dr. Hahnemann wissen wollte, sie gab präzise und sachlich Auskunft.

Den Fragen nach Gemütssymptomen versuchte sie anfänglich jedoch auszuweichen. Nach und nach aber stellte sich eine Vertrautheit zwischen ihr und Dr. Hahnemann ein, die sie ihre Zurückhaltung vergessen ließ, und sie erzählte ihm von den Dingen, die sie sonst nur selten einem Menschen anvertraute.

»Sie fragten nach meinem Verhältnis zur Mutter, Monsieur – nun, meinem Vater stand ich stets näher! Ich bewunderte ihn und war ihm dankbar dafür, daß er mir, ganz gegen Mamas Willen, Bildung zukommen ließ. Er war mein erster Lehrer, und sein Unterricht bestand viel eher in Lob als in Belehrungen. Von Kindheit an brachte er mir und meinem Bruder bei, die Wahrheit der Dinge zu suchen, indem er den Finger auf Irrtümer legte. Rousseau war sein Vorbild. Vernunft und Philosophie, Liberalität, Individualität und Selbstbewußtsein waren ihm ganz in dessen Sinne besonders wichtig.«

Ihre Augen glänzten, als sie von ihrem Vater erzählte. Doch plötzlich kehrte sich ihr Blick nach innen, und ein trauriger Zug lag auf ihrem Gesicht.

»Ganz anders verhielt es sich mit meiner Mutter. Sie war eine wunderschöne Frau, aber sie hatte die kleinliche Erziehung des Klosters erhalten, und darum war ihr Verstand im Alltäglichen steckengeblieben. Sie glaubte, daß es für ein Mädchen nicht schicklich sei, sich zuviel Bildung und Charakter anzueignen, und hätte es lieber gesehen, wenn mein Vater meinem Wissensdurst nicht nachgegeben hätte.«

Mélanie schlug die Augen nieder, Dr. Hahnemann sollte die aufkommenden Tränen nicht bemerken. Sie atmete tief durch, dann fuhr sie fort: »Einmal brachte mein Vater ein Märchenbuch von einer Reise nach Hannover mit. Eines der Märchen hielt mich besonders gefangen. Es war die Geschichte von Schneewittchen. Ich weiß, daß dieses Märchen inzwischen bearbeitet und geschönt wurde, damit es den Kindern nicht gar so grausam erscheint. Damals aber, als ich es las, hatte sich der König ein schönes Kind gewünscht und bald darauf eines am Wegrand gefunden. Er hatte es mit nach Hause genommen und dort an seine Frau übergeben. Doch weil das Mädchen so schön war, hat sie es mit ihrem Haß verfolgt und ihm nach dem Leben getrachtet. Ich hatte Angst vor diesem Märchen, und doch las ich es wieder und immer wieder.«

Nun hob Mélanie den Blick und sah Dr. Hahnemann unverwandt an. »Je älter ich wurde, desto schwieriger wurde mein Verhältnis zu meiner Mutter. Es war ganz ähnlich wie in diesem Märchen. Ich stand ihrem Wunsch, für alle die Schönste zu sein, im Weg. Ihre schlechte Laune hielt sich immer an mich. Auch wenn ich an etwas vollkommen unschuldig war, erfuhr ich ihre Strafe.«

»Haben Sie Ihre Mutter gehaßt?«

»Nein – ich betete sie an! Darum wollte ich ihr gefallen und versuchte immer, es ihr recht zu machen. Um ihre Eifersucht und ihren Neid nicht weiter zu wecken, bemühte ich mich stets um Zurückhaltung. Meinen jungen, von der Natur ziemlich wohl ausgestatteten Körper versteckte ich unter sehr einfacher, unauffälliger Kleidung. Ich schmückte mich nicht, ich betrug mich in jeder Weise vorbildlich, aber wie sehr ich mich auch bemühte, ich wurde von ihr zurückgestoßen, und sie tyrannisierte mich mehr und mehr.«

Dr. Hahnemann war aufgestanden und hatte Mélanie ein Glas Wasser eingeschenkt. Er reichte es ihr nun und setzte sich wieder. Sie trank einen Schluck, bevor sie fortfuhr.

»Weil man mich einlud und weil sie nicht nein zu sagen wagte, führte sie mich auf Bälle, aber am folgenden Morgen strafte sie mich dann für den Erfolg, den ich gehabt hatte, weil ich zum Beispiel eine gute Tänzerin war oder weil man mich für meine Klugheit oder Bescheidenheit lobte. Nach und nach geriet sie in eine solche Erregung gegen mich, daß sie fast wahnsinnig wurde. In ihren Wutanfällen, die ich ganz sicher nie provoziert habe, riß sie mir oft ganze Büschel Haare aus. Sie schlug mich grün und blau und zerkratzte mir das Gesicht mit ihren Nägeln, weil sie meinte, ich sei schöner als sie, und weil sie mich um meine Intelligenz beneidete.«

Mélanie hob plötzlich wie beschwichtigend die Hände. »Aber bitte, Monsieur, glauben Sie nicht, daß ich das Andenken meiner Mutter nicht hochhalte. Ich erkenne auch die Not ihres Herzens. Sie hat sehr jung geheiratet, und sie sah sich neben ihrer etwas frühreifen, für ihren Geschmack viel zu schönen Tochter und ihrem heranwachsenden, gutaussehenden Sohn schnell altern. Das war schwierig für sie. Mein guter, verständiger, aber schwacher Vater hatte es zugelassen, daß sie die Herrschaft innerhalb der Familie völlig an sich riß. Zwar beklagte er die Torheit seiner Frau, doch ihm fehlte die Kraft, sie zur Vernunft zu bringen.«

»Griff er denn überhaupt nicht ein?«

»Anfänglich schon. Alles, was er jedoch tat, um mir hilfreich zur Seite zu stehen, reizte meine Mutter nur noch mehr, bis ihr Haß auf mich keine Grenzen mehr kannte. Da ließ er sie, aus Angst, mir noch mehr zu schaden, schließlich seufzend gewähren. Und weil auch ich ihn schonen wollte, wagte ich irgendwann nicht einmal mehr, mich bei ihm zu beschweren. Ich wußte, er schämte sich seiner Schwäche. Weil er sie aber nicht zugeben konnte, sagte er immer nur: ›Geh, ich will meinen Frieden haben!‹«

Noch einmal nahm Mélanie einen Schluck Wasser, dann fuhr sie fort: »Eines furchtbaren Tages war ich mit meiner Mutter auf dem Lande, mein Vater blieb in Paris zurück. Meine Mutter geriet aus einem Grund, an den ich mich nicht einmal mehr erinnere, in solche Wut, daß sie ein langes, scharfes Messer ergriff und sich auf mich stürzte, um mich zu erstechen. Dazu schrie sie: ›Ich muß dich umbringen!‹«

Mélanie faßte in ihren Ärmel und zog ein Taschentuch hervor. Hastig wischte sie sich damit über die Wangen.

Dr. Hahnemann seufzte leise. »Armes Kind«, sagte er, griff dann über den Schreibtisch nach ihrer Hand und fragte: »Und wie alt waren Sie damals?«

»Ich war fünfzehn.«

Er notierte einiges, sah sie dann wieder an.

»Ich war fünfzehn und versagte ihr in diesem schrecklichen Moment zum ersten Mal den Respekt. Ich warf mich auf sie und kämpfte mit ihr, um mein Leben zu retten. Das Messer verwundete mich an mehreren Stellen.« Wie zum Beweis hielt sie Hahnemann den rechten Arm hin und schob den Ärmel ein Stück hoch, so daß eine etwa fünf Zentimeter lange, dünne weiße Narbe zu sehen war. »Doch ich schaffte es schließlich, ihr das Mordwerkzeug zu entreißen, und floh nach Paris.«

»Allein?«

»Ja – und es war mitten in der Nacht! Ich hatte mir den Mantel meines Bruders übergeworfen und ein Pferd gesattelt. Von Blut und Schweiß verklebt, die Augen vom Weinen verschwollen, abgehetzt und vollkommen verzweifelt – so stand ich schließlich vor meinem Vater. Da sah er endlich ein, daß er nicht länger tatenlos zusehen konnte. Aus Furcht um mein Leben beschloß er, mich, sein geliebtes Kind, in die Obhut einer anderen Familie zu geben. So kam es, daß ich ab meinem fünfzehnten Lebensjahr bei Monsieur Lethière ... Guillaume Guillon-Lethière, meinem Kunstlehrer, und seiner Familie lebte.«

Samuel Hahnemann notierte etwas, lehnte sich dann zurück und sah Mélanie eine Weile still an. »Man hat Sie also weggegeben?« Die Frage klang rhetorisch, eher wie eine Feststellung.

»Weggegeben – ja. Doch ich war froh darüber und einverstanden mit diesem Schritt, obwohl auch mein neues Leben im Hause meines Lehrers nicht einfach war. Zwar war Monsieur Lethière selbst von Adel und ein berühmter Maler, der einst große Erfolge feiern durfte, aber aufgrund des veränderten Geschmacks in der Kunst und eines gewissen Unvermögens, mit Geld umzugehen, war die Familie in wirtschaftliche Not geraten. Wir litten manchmal sogar Hunger. Und doch ... konnte ich mich nun endlich geborgen fühlen! Trotzdem schmerzte mich die Trennung von meinem über alles geliebten Vater und meinem jüngeren Bruder unsäglich. Ich behielt es jedoch für mich und ließ es mir nicht anmerken.«

»Und Sie blieben bei dieser Familie?«

»Ja, ich blieb. Wir konnten behaupten, ich sei da, um Malerei zu studieren, was ja auch tatsächlich der Fall war. Von

Monsieur und Madame Lethière wurde ich so sehr geliebt, als wäre ich ein Familienmitglied. Das gab dann allerdings wieder böses Blut bei ihren eigenen Kindern. Sie waren ja schon eifersüchtig untereinander, und nun war auch ich noch da und wurde ihnen gleichgestellt.«

Dr. Hahnemann nickte. Daß es mit Kindern und der Armut nicht immer einfach war, wußte er aus eigener Erfahrung. Seine Frau Henriette und er hatten selbst elf Kinder in die Welt gesetzt, von denen sie neun großziehen konnten und dabei oft genug am Hungertuch genagt hatten.

»Aber man brauchte auch das Geld, das mein Vater für mich bezahlte, und schließlich versuchten wir alle, das Beste aus den Umständen zu machen. Obwohl ich erst sechzehn Jahre alt war, hatte ich Geschäftssinn – was man von den Lethières nicht behaupten konnte. Ich übernahm deshalb die Finanzen der Familie, und es gelang mir mehrmals, sie vor dem endgültigen Ruin zu bewahren.«

»Sie scheinen eine mutige und entschlossene junge Dame gewesen zu sein und früh gelernt zu haben, Verantwortung zu übernehmen«, bemerkte Hahnemann.

»Es blieb mir nichts anderes übrig. Ich wolle überleben. Und zudem liebte ich diese Familie. Ganz besonders Madame, die einundzwanzig Jahre jünger war als ihr Gatte – für mich war sie wie eine liebe, große Schwester –, aber auch Monsieur selbst, dem ich Respekt zollte und einen großen Teil meines Könnens als Malerin zu verdanken habe. Auch mit Éa und Charles, Guillaume Lethières Enkelkindern, war ich besonders verbunden. Kurz vor seinem Tod gab er sie mir dann in Obhut, damit sie nicht in ein Waisenhaus mußten. Einige Jahre wohnten sie alle beide bei mir. Doch Éa hat schließlich geheiratet und zog fort; Charles, der jüngere, ist mir geblieben. Wir leben zusammen in meiner Wohnung in Paris wie Mutter und Sohn oder wie Geschwister, wenn Sie so wollen.«

Hahnemann hatte sich während des Gespräches fortwährend Notizen gemacht und nun das letzte Blatt Papier beschrieben. »Bitte, entschuldigen Sie, Madame!« Er legte die Schreibfeder hin, ordnete die bereits beschriebenen Blätter, stand dann auf und ging zu seinem Bücherschrank. Dort fand er in einer Schublade einen dicken Packen neuen Papiers und trug ihn zum Schreibtisch. Ohne Hast verstaute er einen Großteil davon im Seitenfach seines Schreibtisches, den Rest legte er neben sich zurecht. Dann forderte er Mélanie auf, weiterzuerzählen. Er sagte: »Mein liebes Kind!« Sein Blick und sein Lächeln waren indes alles andere als väterlich, was Mélanie keineswegs entging.

Sie erinnerte sich, wo sie stehengeblieben war. Ach ja – bei Charles, aber sie wollte noch von Andrieux und Gohiere erzählen.

»Es gab drei liebe Freunde, die mich ganz besonders unterstützten und meine Mentoren waren. Von meinem Ziehvater Guillaume Lethière habe ich ja bereits berichtet. François Andrieux war mein Lehrer auf dem Gebiet der Literatur. Er war nicht nur Politiker, Anwalt und Mitglied des Rates der Fünfhundert, sondern vor allem ein glänzender Dramaturg und Dichter. Als Mitbegründer der Zeitschrift *La Décade* hatte er sich einen Namen gemacht. Auch und vor allem aber hatte er so wunderbare und berühmte Werke geschrieben wie das Epos *Le Meunier de Sans-Souci*. Dann war da noch mein lieber Freund und langjähriger Wegbegleiter Louis-Jérôme Gohier, dessen Namen ich neben meinem Mädchennamen mit Stolz und Achtung trage. Als ich ihn kennenlernte, war ich zweiundzwanzig, er bereits achtundsiebzig Jahre alt. Er schrieb damals seine Memoiren, denn er hatte ein bewegtes Leben als Politiker hinter sich. Er war Justizminister gewesen, hatte sich an der Revolution beteiligt, war nach Robespierres Sturz nur knapp der Guillotine entkommen und hatte in späteren Jahren lange Zeit im Ausland gelebt. Außerdem war er auch Verfasser einiger scharfzüngiger, politisch radikaler Theaterstücke. Sie können sich vorstellen, Monsieur, daß mich seine Persönlichkeit fesselte. Er erinnerte mich in vieler Hinsicht an meinen Vater. Er hatte klare Grundsätze, war liberal gesinnt, literarisch interessiert und gebildet. Doch im Gegensatz zu Papa konnte er sich durchsetzen, war nicht schwach, sondern auf eine gute, mir imponierende Art streng und bereit, der Welt die Stirn zu bieten. Ich habe ihn sehr verehrt ... aber ich habe ihn nicht geliebt und war auch nicht in gewisser Weise mit ihm verbunden, wie manche böse Zungen behaupteten.«

»Aber wie kommt es, daß Sie seinen Namen tragen?« Doktor Hahnemann legte seine Schreibfeder weg, lehnte sich in seinem Sessel zurück und griff sich eine seiner geliebten Pfeifen. Während er Mélanies Ausführungen lauschte, stopfte er sie und zündete sie an.

»Er hat ihn mir vermacht. In seinem Testament verfügte er, daß ich mich um seine Bestattung kümmern sollte. Er vermachte mir Geld ... ja, und eben seinen Namen. Er schrieb, er wäre stolz darauf gewesen, wenn er mich hätte adoptieren können, aber da er das Glück hatte, Vater zu sein, war es nicht zulässig. Er hätte mir seine Hand angetragen, wenn meine Neigung zur Kunst, der einzigen Leidenschaft, die ich so glücklich beherrschte, es mir gestattet hätte, sie anzunehmen. So blieb ihm nur ein Weg: Er hinterließ mir als Zeichen seiner besonderen Hochachtung seinen Namen.«

Mélanie lächelte in Erinnerung an ihren guten alten Freund. »Selbstverständlich achtete ich seinen Letzten Willen. Ich nahm seinen Namen an und war stolz, ihn tragen zu dürfen. Das finanzielle Erbe schlug ich allerdings zugunsten seiner Verwandtschaft aus.«

Wieder senkte sie den Blick, um ihre Tränen zu verstecken. »Ich beerdigte ihn in meiner Gruft und litt unsagbar unter seinem Verlust. Aber das schlimmste war: Schon bald folgten ihm mein Ziehvater Lethière, den ich ebenfalls in meiner Gruft bestattete, und schließlich auch François Andrieux. Innerhalb von vier Jahren verlor ich meine drei Mentoren und besten Freunde. Daß sie alt waren, konnte mich dabei nicht trösten. Ich war voller Trauer und Schwermut und wurde krank. Damals begannen die Schmerzen, derentwegen ich nun hier sitze, Monsieur.«

Die Glocke der Agnus-Kirche schlug bereits elf Uhr, als Mélanie mit ihrem Bericht endete. Geheimrat Dr. Hahnemann lehnte sich zurück und sagte: »Nun, beginnen wir mit Sulfur. An den Symptomen, die sich dann zeigen, werden wir sehen, ob sich meine Vermutung bestätigt und ich Ihnen Natrium verabreichen muß.«

»Und wie lautet Ihre Diagnose?« fragte Mélanie.

»Ach, wissen Sie, liebes Kind, Diagnosen sind mir längst nicht mehr wichtig. Abgesehen davon, daß sie höchst unzuverlässig sind, verleiten sie uns dazu, die Krankheit auszumalen und daran festzuhalten. Viel wichtiger ist die Summe der Symptome, die sich aufgrund ihres gesamtes Befindens einstellen. Danach richtet sich die Medikamentengabe, und wir können, so hoffe ich wenigstens, die Heilung in Gang setzen.«

Er stand auf, ging zu seinem Medizinschrank, nahm ein frisches Glas und schenkte ein paar Fingerbreit Wasser aus einer bereitstehenden Karaffe ein. Dann wählte er aus einer Unzahl kleiner brauner Fläschchen eines aus, schlug es mehrmals hart gegen den Handballen und ließ schließlich drei der Globuli aus dem Fläschchen in das Wasser gleiten.

Plötzlich drehte er sich zu Mélanie um. »Sie würden mir eine große Freude machen, wenn Sie heute abend unser Gast sein wollten. Sagen wir, so gegen sieben zu einem warmen Nachtmahl? Ich bin sicher, auch meine beiden Töchter würden sich über ein bißchen Abwechslung freuen.«

Ein Strahlen erhellte Mélanies Gesicht. »Ja, sehr gerne!« sagte sie.

Samuel Hahnemann reichte seiner Patientin das Glas. »Bitte nehmen Sie einen kleinen Schluck davon und behalten Sie ihn eine Weile im Mund.«

Sie folgte seinen Anweisungen, dann gab sie ihm das Glas zurück, und er schlug vor: »Am besten hole ich Sie ab. Ein kleiner Spaziergang wird mir guttun! Ich erwarte Sie um sieben vor dem Gasthaus.«

»Ich werde pünktlich sein.« Lächelnd reichte sie ihm die Hand. Sie sahen sich in die Augen, lange und tief. Dabei machte Mélanies Herz einen Satz und stand ein paar Atemzüge lang still. Welche Kraft dieser Mann ausstrahlte, was für ein Charisma!

Hahnemanns Töchter

Langsam spazierten sie die Bernburger Straße entlang. Es war kühl und bereits dunkel, die Nacht war klar, und der Himmel hing voller Sterne. Mélanie legte den Kopf in den Nacken und betrachtete den Mond, der schon am Nachmittag aufgegangen war und nun hoch über ihnen als schmale Sichel auf dem Rücken lag. Er sah aus wie eine Schale, und plötzlich war ihr, als brauchte sie nur die Hand auszustrecken und hinaufzugreifen, und dann könnte sie alles, was sie sich wünschte, aus dieser Schale herausholen. Liebe und Glück, tausend Küsse, Gesundheit und ein langes Leben – was auch immer sie begehrte, es war schon in der Welt und lag für sie bereit.

Bevor sie auf die andere Seite wechselten, reichte Dr. Hahnemann ihr den Arm. Sie hängte sich bei ihm ein und ließ auch nicht los, als sie drüben angekommen waren. Zu gut fühlte es sich an, ihm so nahe zu sein, so beruhigend, so warm und geborgen.

Sie sprachen kein Wort, vielleicht, weil sie Angst hatten, die wunderbare Stimmung zu vertreiben, vielleicht, weil sie nichts zu sagen brauchten, um sich zu verstehen. Es lag ein seltsames Einverständnis zwischen ihnen, das Worte in solchen Momenten überflüssig sein ließ. Diese Erkenntnis erstaunte Mélanie und auch wieder nicht. Sie wußte, wenn es je einen Mann für sie geben würde, dann mußte sich das Zusammensein mit ihm genau so anfühlen.

Vor Haus Nr. 270 angekommen, legte Samuel kurz seine Hand auf ihre, dann öffnete er die Tür und ließ ihr den Vortritt.

Es war Luise, die ihnen im Flur entgegenkam. Samuel nahm seinem Gast die Mantille mit dem Pelzbesatz ab und legte sie über einen Stuhl. Darunter kam ein Kleid aus weinroter Seide mit geschnürter Taille und weitem Rock zum Vorschein. Der Besatz, der das schulterfreie Dekolleté umspielte und spitz gegen die Taille zulief, war aus weißem, in feine Biesen gelegtem Georgette. In die Mitte des Besatzes hatte Mélanie eine Brosche aus in Gold gefaßten Granaten gesteckt, die farblich genau mit dem Kleid harmonierte und wunderbar zu ihren blonden Haaren und blauen Augen paßte.

Fasziniert starrte Luise diese Frau aus Paris an. Sie schien hin und her gerissen zwischen einem leisen Entsetzen und Begeisterung. Ein Kleid, schulterfrei und mit geschnürter Taille! Niemals würde sich in Köthen eine Dame so kleiden! Doch wie elegant, wie schön diese Frau war! Dagegen mußte sie selbst sich in ihrem dunkelblauen Kleid, das unterm Busen gerafft war und dann in Falten bis zum Boden fiel, armselig und unscheinbar vorkommen.

»Das ist meine Tochter Luise«, stellte Dr. Hahnemann vor, »und das Marquise Marie Mélanie d'Hervilly Gohier, meine Patientin aus Paris.«

Die beiden Frauen begrüßten sich.

»Ich freue mich, daß ich heute Ihr Gast sein darf.«

»Die Freude ist ganz auf unserer Seite. Es kommt nicht oft vor, daß Vater ...«, Luise warf ihm einen schnellen Seitenblick zu, »nun ja, daß er jemanden in unser Haus bittet.«

»Dann ist die Ehre ja ganz besonders groß!« Mélanie schenkte Dr. Hahnemann ein Lächeln.

»Ja, das kann man so sagen.« Der kratzige Unterton in Luises Stimme ließ Mélanie aufhorchen.

»Aber so kommen Sie doch herein!«

Samuel öffnete eine Tür. Der Raum, der sich vor ihnen auftat, war schlicht, aber gemütlich eingerichtet. Über dem Kamin hing ein Gemälde, das eine Frau um die sechzig zeigte, die über einem hochgeschlossenen Kleid mit ausladendem weißen Spitzenkragen eine rüschenbesetzte weiße

Haube trug. Mit ernstem, fast fragendem Blick schien sie Mélanie zu betrachten.

»Das ist unsere Mutter.«

Überrascht fuhr Mélanie herum. Hinter ihr stand, wie aus dem Boden gezaubert, die Frau, die sie am Morgen zu Dr. Hahnemann gebracht hatte. Ihr Gesicht war etwas schmaler als das Luises, ansonsten sah sie ihrer Schwester sehr ähnlich. Welche von beiden die jüngere war, konnte Mélanie nicht sagen. Sie mußten fast gleich alt sein, vielleicht dreißig Jahre.

»Charlotte kennen Sie ja schon«, sagte Dr. Hahnemann. »Meine beiden Töchter leben hier mit mir und versorgen mich aufs beste. Manchmal sind sie etwas streng ... aber das bin ich vielleicht auch.« Er lachte und legte Charlotte den Arm um die Schulter. Dann wandte er sich wieder an Mélanie.

»Möchten Sie einen Aperitif? Vielleicht ein Gläschen Holunderwein?«

»Ja, gerne.«

Samuel Hahnemann bot Mélanie einen Platz am Kamin an. Charlotte brachte ein bereitstehendes Tablett mit vier Gläsern und einer Karaffe. Während sie es auf einem kleinen Beistelltisch absetzte, betrachtete sie Mélanies Kleid, das farblich so gut zum Holunderwein paßte, als wäre beides aufeinander abgestimmt worden. Ein Anflug von Neid war in ihren Augen zu erkennen. Seit vier Jahren hatte sie dieses Haus nur noch selten verlassen, zumeist, um Besorgungen für den Haushalt oder für ihren Vater zu machen, um auf den Friedhof zu gehen oder eine ihrer Schwestern zu besuchen. Aber keine Einladung mehr ins Schloß, kein Konzert mehr, auch kein Besuch bei der Schneiderin. Wozu auch? Zu welcher Gelegenheit hätte sie ein neues, modisches Kleid wie das der Marquise tragen sollen?

Samuel reichte Mélanie ein Glas und prostete ihr zu. »Auf Sie, mein liebes Kind, und auf einen schönen Abend.« Seine

Augen leuchteten, als er seine junge Patientin über die Gebühr lange ansah und ihr dabei ein Lächeln schenkte, das seine beiden Töchter als unschicklich bezeichnet hätten, wäre er nicht ihr Vater und ein alter Mann gewesen.

Charlotte ging in die Küche. Luise setzte sich in den Sessel, in dem früher immer ihre Mutter gesessen hatte, und bat ihren Gast, von Paris zu erzählen. »Wie ich hörte, sind Sie Dichterin und Malerin und ...«, sie zögerte, »und Sie leben allein? Gibt es viele Frauen in Paris, die allein leben und ihren Lebensunterhalt selbst verdienen?«

»Nein, es sind einige, aber nicht viele. Und es ist auch in Paris unüblich, daß eine Frau einen eigenen Haushalt führt. Sofern sie nicht verheiratet ist, wohnt sie bei einem Mitglied der Familie. Ich habe mich zu einem Leben in Eigenverantwortlichkeit entschlossen, weil ich nicht bereit war, mich in das Gefängnis einer Ehe zu begeben. Ich konnte das tun, weil ich einen Vater habe, der liberal denkt. Niemals würde er mich zu einem Leben zwingen, das ich nicht führen möchte.«

»Und Sie stellen Ihre Gemälde tatsächlich aus?«

»Ich ...« Mélanie brach ab, denn Charlotte kam mit einer Terrine herein und bat zum Essen.

Bevor Mélanie sich setzte, lobte sie die liebevoll gedeckte Tafel. Die Mitte zierte ein Blumenarrangement aus blauen Hortensien und langen Efeuranken, dazwischen Schleifen und Kerzen in kleinen Silberleuchtern.

Zum ersten Mal war ein Lächeln auf Charlottes Gesicht zu sehen. »Vielen Dank, Marquise – als Vorspeise gibt es heiße Bouillon mit Pastetchen. Ich hoffe, das mögen Sie.« Sie schöpfte etwas von der Suppe in die Tassen.

»Ich bin ganz sicher!« Mélanie seufzte. »Wenn Sie wüßten, was ich während der Reise alles vorgesetzt bekam! Die deutschen Poststationen haben einen schlechten Ruf, nicht nur, was ihre Küche betrifft. Aber daß Essen so abscheulich schmecken kann, hätte ich vorher nicht einmal zu denken gewagt.« Sie kostete und nickte anerkennend. »Mein Kompliment, Mademoiselle Hahnemann!«

»Aber sind Sie denn nicht per Extrapost gereist? Soviel ich weiß, läßt sich da auch ein gutes Essen vorbestellen.«

»Ach, die Extrapost! Zuerst konnte ich keine bekommen, später, als wir nach Hessen und in die Gegend des Thüringer Waldes kamen, hat man mir dringend davon abgeraten. Allein, nur in Begleitung eines Kutschers, das sei äußerst gefährlich, denn in den letzten Jahren sei die Räuberei wieder aufgeblüht. Tatsächlich sind wir einmal fast überfallen worden. Nur weil zufällig einige Reiter dazukamen, die bewaffnet waren, konnte der Überfall vereitelt werden.«

»Das klingt ja entsetzlich!«

»Es war auch entsetzlich.« Daß sie in Erfurt von einem ehemaligen Mitreisenden tatsächlich überfallen wurde, verschwieg Mélanie. Sie hätte Hahnemanns Töchter mit dieser unglückseligen Geschichte nur schockiert.

»Sie wollten noch von Ihren Ausstellungen erzählen«, erinnerte Luise.

Mélanie sah sie eine Weile nachdenklich an. Dann fragte sie: »Kennen Sie den Schelmenroman *Guzman von Alfarache*?«

Luise nickte. »Von Mateo Alemán, einem Spanier. Er ist aus dem 16. Jahrhundert. Wir lesen viel. Musik und Literatur kommen in diesem Hause gleich nach der Homöopathie.«

Mélanie nickte und lächelte zu Samuel hinüber. »Ich habe sieben Bilder zu Motiven aus diesem Roman gemalt und damit einigen Erfolg gehabt. 1822 und 1824 hingen einige meiner Bilder im Louvre, und 1824 gewann ich zu meiner großen Freude sogar eine Goldmedaille. Ich stellte auch im *Salon* aus und bekam dort Medaillen, die mir König Charles persönlich überreichte.«

Luise und Charlotte sahen sie mit großen Augen an. Dank ihres Vaters hatten sie einige Künstler und hochgestellte Persönlichkeiten kennengelernt – aber eine Frau wie Mélanie war ihnen nie begegnet.

»Ich gebe auch Malunterricht und führe ein Atelier in der Rue Saint-Germain. In dieser Gegend von Paris leben viele Künstler und Dichter.«

Man hatte die Suppe fertig gegessen, und Charlotte entschuldigte sich, um den zweiten Gang zu holen. Luise half ihrer Schwester beim Abräumen.

Als die beiden in der Küche waren, drückte Dr. Hahnemann Mélanies Hand. Ihre langen, schlanken Finger schlossen sich um seine und hielten sie fest, dazu lächelten sie und blickten einander tief in die Augen.

»Ich hoffe, Sie nehmen meinen Töchtern ihre vielen Fragen nicht übel?«

»Aber nein! Ich möchte nur nicht den Eindruck erwecken, daß ich mich selbst für zu wichtig erachte.«

Dr. Hahnemann wollte etwas einwenden, doch da kamen seine Töchter zurück. Er ließ Mélanies Hand schnell los und griff nach seinem Glas, um einen Schluck Wasser zu trinken.

Luise und Charlotte hatten die Vertraulichkeit jedoch bemerkt und tauschten irritierte Blicke. Sie stellten die Platte mit Hirschbraten und je eine Schüssel mit dampfenden Kartoffeln und rotem Kohl auf den Tisch und setzten sich. Während Charlotte vorlegte und roten Wein einschenkte, herrschte ein hartnäckiges Schweigen.

Samuel hob das Glas. »Auf Ihr Wohl, liebes Kind. Dieser Wein ist ein Geschenk. Ein Freund brachte ihn aus Frankreich mit. Ich hoffe, er schmeckt Ihnen.«

Mélanie kostete. »Er ist ganz vorzüglich.« Sie lachte. »Um ehrlich zu sein, der saure weiße Wein aus Franken, den man hier meist vorgesetzt bekommt, ist nicht so sehr mein Fall.«

»Im allgemeinen müssen auch wir uns mit saurem Wein aus Franken begnügen.« Charlotte legte die Gabel hin und tupfte sich den Mund mit der Serviette ab. Ihre Stimme wirkte verärgert. »Rotwein aus Frankreich gibt es, wenn überhaupt, nur an Festtagen.«

»Außerdem trinkt Vater ohnehin viel lieber Weizenbier als Wein«, bemerkte Luise im selben schneidenden Ton. »Schmeckt Ihnen der Hirschbraten?«

Mélanie nickte. »Ja, er ist ganz ausgezeichnet!«

Nach dem Hauptgang gab es noch Zitronencreme, Kuchen, mit Zwetschgen belegt, und als Dessert Butter und feinen Käse. Dabei unterhielt man sich über Musik, Kunst, Politik und die Homöopathie. Vor allem an dem Dirigenten Philippe Musard waren Hahnemanns Töchter interessiert. Er war der Erfinder der Quadrille – eines Tanzes, der in letzter Zeit in ganz Europa in Mode gekommen war. Aber auch Walzer komponierte Musard mit großem Erfolg.

Als Mélanie erwähnte, daß sie einige seiner Konzerte besucht und ihn sogar persönlich kennengelernt hatte, taute das Eis zwischen ihr und Hahnemanns Töchtern wieder auf, und sie wurde bekniet, von ihm zu erzählen.

»Nun, er ist zweifellos ein begnadeter Musiker und ein Meister der leichten Muse. Auf jedem Ball spielt man seine Tanzmusik, in allen Gassen hört man seine Volksweisen oder Opernarien. Vor allem ist er aber für sein aufbrausendes Temperament bekannt. Immer wieder kommt es vor, daß er, wenn er mit einem Stück nicht zufrieden ist oder sich durch Unruhe im Saal gestört fühlt, wütend seinen Taktstock herumschleudert.«

»Unmöglich!« Luise schüttelte den Kopf.

»Doch, ganz sicher. Ich habe es selbst erlebt.«

»Und – können Sie die Quadrille tanzen?«

»Aber ja! Soll ich es Ihnen zeigen?«

»Freilich!« Luise sprang auf, ihre Wangen waren plötzlich rot vor Erregung. »Vater soll spielen, und Sie zeigen meiner Schwester und mir die Schritte!«

»Ich weiß nicht, das kann ich doch nicht!« wehrte Charlotte ab.

»Darum sollst du es ja lernen!« Luise zog ihre Schwester vom Stuhl und sah den Gast aus Frankreich erwartungsvoll an.

Mélanie hob ihren Rock so weit, daß man ihre Füße sehen konnte, und führte ein paar der Schritte vor. Hahnemanns Töchter versuchten sie nachzutanzen. Bald waren sie ganz versunken, lachten und vergaßen die Welt um sich her.

Samuel sah den drei jungen Damen zu und rauchte dabei seine Pfeife. Ein glückliches Lächeln lag auf seinem Gesicht. Wer hätte gedacht, daß in diesem Hause je wieder getanzt würde!

Später setzte er sich ans Klavier, und als Mélanie ihm ein Zeichen gab, spielte er ein paar Takte, bis sie ihn innehalten ließ und die Bemühungen ihrer beiden Schülerinnen korrigierte. »Noch einmal von vorne!« Sie nickte Samuel zu, der setzte ein – und bald konnten Hahnemanns Töchter mit Mélanies Schützenhilfe den Tanz.

»Und rechts, einen Schritt zurück, dabei den Arm nach oben ... ja, so!«

Luise stolperte über den eigenen Fuß, Charlotte lachte ihre Schwester aus und stolperte prompt selbst, was die beiden zu neuen Lachsalven animierte.

Die feindselige Stimmung, die zu Beginn des Abends geherrscht hatte, war wie weggewischt. Hahnemanns Blick blieb auf dem Gemälde seiner Frau hängen. Es schien, als würde sie dem fröhlichen Treiben vom Kamin her zusehen. Der alte Mann seufzte. »Vier Jahre Trauer«, sagte er leise zu sich, »sind ja auch genug. Es ist gut, wenn wieder etwas Freude in dieses Haus einzieht!«

Als es elf Uhr schlug, erschrak Charlotte. »So spät schon! Madame wird müde sein. Wir müssen eine Kutsche kommen lassen.«

»Müde bin ich tatsächlich, aber eine Kutsche für die paar Schritte? Ein bißchen frische Luft wird mir guttun ...«

Samuel stand auf. »Ich werde Sie nach Hause begleiten.«

Luise sah ihren Vater überrascht an. »Du hast Haus und Garten seit mehr als einem Jahr nicht mehr verlassen. Und nun gleich zweimal an einem Abend? Soll ich nicht doch nach einer Kutsche rufen?«

»Laß den armen Kutscher schlafen. Bis er angespannt hätte, bin ich längst wieder zurück.« Er holte Mélanies Mantille und legte sie ihr über die Schulter.

Mélanie lächelte die beiden Frauen dankbar an. »Ich hatte einen wundervollen Abend, den schönsten seit langer Zeit. Ich danke Ihnen.«

»Wir danken für den Tanz.« Auch Luise versuchte zu lächeln. Es schien ihr plötzlich wieder schwerzufallen.

Auf einmal ging Mélanie einen Schritt auf Luise zu, nahm sie die Arme und küßte sie rechts und links auf die Wangen. Auch von Charlotte verabschiedete sie sich so.

»Und bitte, sagen Sie Mélanie zu mir.«

Sie drehte sich um und ging zur Tür, wo sie wartete, bis Samuel ihr öffnete.

Hahnemanns Töchter sahen ihr verdutzt nach. Ein seltsames Benehmen hatte diese Pariserin. Sie wußten nicht, was sie davon halten sollten.

Der Weg zum Gasthaus war viel zu kurz, wie Mélanie fand. Bald standen sie und Hahnemann vor dem Haus und sahen sich in die Augen.

»Ich danke Ihnen, Marquise. Seit vier Jahren liegt die Trauer wie ein großer dunkler Schatten über uns. Meine Frau war eine ehrbare, treue und über alle Maßen liebenswerte Person. Meine Kinder und ich haben sie sehr verehrt, doch wie soll man weiterleben ohne ein Lachen? Ohne ein wenig Licht kann nichts blühen.« Er griff ihre beiden Hände und drückte sie.

»Dabei bin ich es doch, die Ihnen danken muß. Ich weiß gar nicht, wann ich mich zuletzt so geborgen fühlte wie heute abend. So voller Zuversicht. Es war mir auf einmal ganz warm ums Herz.«

Immer noch hielten sie sich an den Händen.

»Danke«, sagte Mélanie.

»Danke«, sagte Samuel und küßte sie rechts und links auf die Wange. Sie roch wie der Frühling, nach Lavendel und Narzissen, und eine Stimme flüsterte ihm zu: Halte sie fest! Aber dann ließ er sie doch los und öffnete die Haustür für sie.

Mélanie ging hinein.

Plötzlich war er wieder ganz förmlich. »Bitte kommen Sie morgen gegen zehn Uhr zu mir, um mir zu berichten, ob die Arznei, die ich Ihnen heute vormittag gab, schon eine Wirkung zeigt.«

An der Treppe drehte sie sich um. »Ja«, versprach sie mit einem Lächeln, »ich werde dasein.«

Fiebernächte

Magdalena knickste und sah schüchtern vor sich auf den Boden. Sie wußte, daß die Frau, die ihr geöffnet hatte, Charlotte Hahnemann war, die Tochter des alten Arztes.

»Die Marquise hat mich geschickt«, sagte sie. Den schwierigen fremdländischen Namen konnte sie nicht aussprechen, deshalb fügte sie an: »Ich meine die französische Marquise, die bei uns im *Bunten Fasan* abgestiegen ist.«

»Ja und?«

Plötzlich stand auch Dr. Hahnemann in der Tür. »Was ist mit ihr? Ich hatte sie zum Konsult erwartet.«

»Madame geht es sehr schlecht. Sie hat hohes Fieber, Kopfschmerzen und heftige, stechende Schmerzen im Bauch.«

Dr. Hahnemann nickte. »Lauf zurück und kümmere dich um sie. Ich werde gleich bei ihr sein.«

Als er eine Viertelstunde später Mélanies Zimmer betrat, war Magdalena dabei, ihr einen Wadenwickel anzulegen.

»Laß das!« befahl er. Seine Stimme klang nicht unfreundlich, aber bestimmt. Er zog sich einen Stuhl ans Bett und setzte sich.

»Wie geht es Ihnen, Madame?«

»Der Kopf tut so weh. Und heftiges Stechen im Bauch. Dazu habe ich das Gefühl zu verglühen. Und dann …« Ihre Augen wurden feucht. »Es ist mir, als würde mich ein Meer von Trauer fortspülen. Dabei sollte ich doch gerade jetzt glücklich sein.« Tränen traten über den unteren Rand ihrer Wimpern.

Samuel Hahnemann griff ihre Hand und fühlte den Puls. Er sah in ihre Handflächen, in ihre Augen, tastete die Lymphen an ihrem Hals ab, klopfte auf die Brust und legte sein Ohr an ihre Lunge.

Magdalena stand an der Tür, den Blick gesenkt, das Gesicht besorgt.

»Es ist gut – vermutlich eine Reaktion auf die Arznei von gestern.«

»So schnell und so heftig?« fragte Mélanie.

»Manchmal passiert das. Der Körper befreit sich von dem, was ihn krank macht. Er sucht sich seinen eigenen Weg, und wir können ihn nur dabei unterstützen.« Er drückte liebevoll ihre Hand. »Das Fieber wird Sie heilen, genau wie die Tränen. Warten wir ab.«

»Keine Blutegel?« Da war der Versuch eines Lächelns auf Mélanies Gesicht.

»Keine Blutegel!«

Hahnemann stand auf und drehte sich zu Magdalena um. »Die Marquise muß viel trinken. Abgekochtes Wasser, aber keinen Tee. Auch warmes Bier oder heißen Wein mit etwas Honig kannst du geben. Dann besorge ein Suppenhuhn, und ziehe mit etwas Salz und Wurzelgemüse eine starke Brühe davon. Wenn Madame Hunger bekommt, darf sie alles essen, worauf sie Lust hat. Aber keinen Holunder, keine Wadenwickel oder sonstige Hausmittel. Sollte sie sich schlechter fühlen, holst du mich sofort. Ansonsten ...« Er sah Mélanie an und sagte sanft: »Ansonsten komme ich am frühen Nachmittag wieder, um nach Ihnen zu sehen.«

Sie tauschten ein Lächeln. Dann fiel die Tür hinter Samuel Hahnemann ins Schloß.

Als er wiederkam, schlief Mélanie. Sie hatte immer noch Fieber. Magdalena hatte es gemessen, inzwischen war es auf fast 41 Grad gestiegen. »Ist das denn nicht gefährlich bei einem Erwachsenen?« fragte sie schüchtern.

»Das Fieber hilft heilen. Es darf nur nicht zu hoch werden. Darum müssen wir die Marquise genau beobachten. Du kannst ihr ab und zu ein kühlendes Tuch auf die Stirn legen.

Steigt das Fieber über 41 Grad, machst du einen Wadenwickel und schickst nach mir. Aber ich bin sicher, bereits morgen geht es ihr besser. Es ist eine kleine Krise, ein Krieg gegen das, was sie von innen her auffrißt. Sie wird ihn gewinnen, denn sie ist stark. Ich gehe noch einmal fort, komme aber in etwa einer Stunde zurück.«

Als Hahnemann zum dritten Mal an diesem Tag das Zimmer betrat, war Magdalena nicht da. Er stellte einen Stuhl ans Bett, setzte sich, fühlte Mélanies Stirn, nahm dann ihre Hand und fühlte den Puls.

Sie schlug die Augen auf und sah ihn wie aus weiter Ferne an. Als sie ihn erkannte, huschte ein Lächeln über ihr Gesicht.

»Daß Sie wieder da sind!«

»Ich war vor einer Stunde schon da. Aber da haben Sie tief und fest geschlafen.«

Mélanie fuhr sich rasch durchs Haar. »Ich muß schrecklich aussehen!«

»Sie sind wunderschön, liebes Kind.«

»Pfui – Sie lügen ja!«

Samuel lachte. »Nein, ganz gewiß nicht. Sie sollten doch wissen: Schönheit ist nicht das, was uns aus dem Spiegel entgegenblickt.«

Noch immer hielt er ihre Hand. Sie drückte sie an ihre heiße Wange und sagte: »Ich habe geträumt, daß ein Drache mich verschlingen wollte. Er spuckte Feuer nach mir, und ich brannte lichterloh. Dann hatte ich plötzlich ein Messer in der Hand. Ich versuchte ihn zu erstechen. Wir rangen miteinander, dabei verletzte er mich am Arm. Auch ich stach zu, aber seine Schuppen waren wie Schilde. Er lachte nur und spuckte wieder Flammen. Es war so schrecklich, ich fühlte mich so verloren!«

Tränen quollen aus ihren Augen und zerplatzten auf dem Kissen. Sie schluchzte, ihr Weinen wurde immer heftiger. »Ich glaube, der Drache ist meine Mutter. Ach, es tut so weh! Warum nur hat sie mich nie geliebt? Warum hat sie mich aus ihrem Herzen verstoßen?«

Dr. Hahnemann wischte mit seinem Taschentuch über ihre Stirn, dann trocknete er ihre Tränen.

»Bitte entschuldigen Sie.« Sie nahm ihm das Taschentuch aus der Hand und putzte sich die Nase. »Ich verstehe gar nicht, was mit mir los ist – nie habe ich ein solches Aufheben um diese alten Geschichten gemacht. Schon als Kind habe ich den Schmerz in mir begraben. Wie hätte ich sonst überleben können? Bestimmt passiert mir das nur, weil wir gestern über meine Mutter gesprochen haben. Mein Gott, ich bin doch erwachsen!«

»Es ist gut zu weinen.« Dr. Hahnemann strich ihr sanft über das Haar.

Da ging die Tür auf, und Magdalena kam herein. Sie hatte eine Schüssel mit kaltem Wasser in den Händen, ein frisches Tuch über den Arm gelegt. Sie knickste und stellte die Schüssel auf dem Nachttisch ab. »Madame hat mich darum gebeten, sie zu waschen.«

Samuel Hahnemann nickte. »Hat die Marquise genug getrunken?«

»Ich gab ihr abgekochtes Wasser. Das warme Bier mochte sie nicht. Ein bißchen von der Brühe hat sie auch genommen.«

»Du machst das sehr gut, Magdalena.«

Wieder knickste die junge Frau. Ihre Wangen liefen rot an – ein solches Kompliment von Dr. Hahnemann machte sie verlegen.

Er ging zur Tür, nickte Mélanie zu. »Ich komme am Abend noch einmal.«

»Danke«, sagte sie.

Am Abend saß Mélanie bereits aufrecht im Bett. Magdalena war bei ihr und strickte an einem Strumpf. Als Hahnemann eintrat, stand sie schnell auf und legte ihr Strickzeug weg.

Er stellte ein Körbchen mit Zwetschgen auf den Nachttisch. »Die Zwetschgen sind aus unserem Garten. Und liebe Grüße und die besten Genesungswünsche von meinen Töchtern.« Mit einem kurzen Seitenblick auf Magdalena wechselte er ins Französische: »Comment allez-vous? Wie geht es Ihnen?«

»Oh – merci. Ça va déjà beaucoup mieux. Der Rücken tut mir weh vom Liegen, aber das Fieber ist nicht mehr ganz so arg. Auch die Kopfschmerzen und das Stechen im Bauch haben nachgelassen.«

»À merveille – wunderbar! Und wie geht es der Seele?«

Als hätte er auf ein Knöpfchen gedrückt, traten Mélanie sofort Tränen in die Augen. »Ich weiß nicht, warum ich nicht aufhören kann zu weinen. Ich schäme mich so ...«

Hahnemann drehte sich zu Magdalena um. »Bitte bringen sie mir ein gut gespültes Glas, halb voll mit kaltem, abgekochtem Wasser.«

Sie ging und kehrte bald zurück. Samuel Hahnemann zog ein Fläschchen aus der Tasche, schlug es einige Male kräftig gegen den Handballen, öffnete es, ließ zwei Globuli aus dem Fläschchen in das Glas gleiten und stellte dieses dann auf den Nachttisch.

Er sah Mélanie an. »Ich gebe Ihnen Natrium muriaticum. Wir werden sehen, wie Sie sich danach fühlen.« Und zu Magdalena sagte er: »Alles bleibt wie besprochen. Zum Trinken bekommt Madame nur abgekochtes Wasser, warmes Bier oder in Maßen auch heißen Wein. Zum Frühstück, wenn sie möchte, eine Tasse Getreidekaffee. Morgen komme ich wieder. Sollte es Madame in der Nacht wider Erwarten schlecht gehen, muß ich geholt werden – du bleibst doch hier bei ihr?«

Magdalena nickte, dabei sah sie neugierig auf das Fläschchen, das wieder in Hahnemanns Tasche verschwand. Zu gerne hätte sie gefragt, was das für ein Medikament war, das wie ein Zauber auf die Marquise zu wirken schien. Am Morgen hatte sie noch befürchtet, Madame könnte sterben, nun saß sie bereits wieder aufrecht im Bett!

Dr. Hahnemann hielt das Glas hoch und kontrollierte, ob sich die Globuli aufgelöst hatten. Dann ließ er das Wasser kreisen, nahm einen Löffel und gab Mélanie einen Schluck von dieser Medizin.

Er erhob sich und legte seiner Patientin eine Hand auf den Arm. »Ich wünsche Ihnen gute Besserung, Madame. Wir sehen uns morgen.«

»Ja, morgen!« Sie lächelte. »Je suis très heureuse!«

Mélanie saß in ihrem dunkelblauen Hauskleid am Fenster und blickte erwartungsvoll auf die Straße. Plötzlich erkannte sie seine kleine Gestalt im graubraunen Mantel. Den Zylinder hatte er etwas zu tief in die Stirn gezogen, der Gehstock schwang bei jedem Schritt locker nach vorne. Sie flüsterte seinen Namen: »Samuel ... Doktor Samuel Hahnemann!« Ihr Herz klopfte dabei schneller.

Etwa auf der Hälfte der Bernburger Straße wechselte er die Seite. Ein Vis-à-vis-Wagen, von einem Schimmel gezogen, fuhr an ihm vorbei. Die Leute, die in ihm saßen, hatten dicke Decken über die Knie gezogen, der Kutscher trug einen schweren Umhang aus Wollstoff. Es war erst Mitte Oktober, aber zu so früher Stunde, wenn die Sonne noch gegen die Morgennebel ankämpfte, konnte es bereits empfindlich kalt sein.

Bei einem kleinen gelben Haus mit einem Erker im ersten Stock blieb Samuel Hahnemann stehen, griff in seine Tasche und zog eine Uhr an einer goldenen Kette heraus. Nachdem er einen Blick darauf geworfen hatte, steckte er sie wieder ein und ging weiter.

Nun schien es Mélanie, als ob er pfeifen würde. Wie ungehörig! Wenn Luise und Charlotte das wüßten! Sie lächelte bei dem Gedanken. Seine Töchter schienen ihn gehörig unter der Fuchtel zu haben.

Inzwischen war er so nahe, daß sie die weißen Locken erkennen konnte, die unter dem Zylinder hervorlugten. An der Kreuzung zur Langen Straße angekommen blieb er stehen und sah nach rechts und nach links. Eine Frau, die aus dem Krämerladen kam, grüßte ihn, er zog den Zylinder und grüßte zurück. Dann blickte er an der Fassade des Gasthofes hoch. Als er Mélanie am Fenster entdeckte, stutzte er. Doch plötzlich lachte er und verbeugte sich, wobei er den Hut mit einer eleganten Bewegung vor seine Brust zog.

Mélanie winkte hinunter, beobachtete, wie er über die Straße ging und dann aus ihrem Blickwinkel verschwand.

Zwei Minuten später klopfte er an ihre Tür. Sie hatte sich inzwischen in den Sessel gesetzt und sah ihm erwartungsvoll entgegen.

»Herein!«

Die Tür schwang auf, und Hahnemann trat ein.

»Guten Morgen, liebes Kind, wie ich sehe, geht es Ihnen schon viel besser.«

»Ja, sehr viel besser. Ich muß es zugeben – aber nur ungern. Denn vielleicht kommen Sie mich dann nicht mehr besuchen.«

Er legte seinen Mantel ab, nahm Mélanies Hand und beugte sich mit einem Kuß darüber.

»Bitte setzen Sie sich doch.«

Samuel zog einen Stuhl an den Tisch und nahm Platz.

Magdalena kam herein, sie hatte Mélanies Frühstück auf einem Tablett. Eine Tasse Brühe mit einem geklöppelten Ei, etwas Obst und Kuchen und eine Tasse Getreidekaffee.

Als sie Samuel Hahnemann sah, erschrak sie sichtlich und fing sofort an, sich zu entschuldigen, ganz so, als hätte sie Angst vor seinem Zorn.

»Ich habe Madame gesagt, daß sie nicht aufstehen darf, weil sie doch noch viel zu schwach ist. Aber sie hört ja nicht auf mich!« Sie setzte das Tablett ab und stellte das Geschirr auf den Tisch. Dabei zitterten ihre Hände, ein Löffel fiel zu Boden.

Mélanie lächelte. »Magdalena kümmert sich rührend um mein Wohlergehen! Obwohl sie mir noch vor drei Tagen erklärte, sie könne nicht glauben, was die Leute so reden – nämlich daß Sie ein Hexenmeister seien! –, hält sie Sie nun wohl doch für einen Zauberer. Eben, als sie mir aus dem Bett half, meinte sie, daß ich das Fieber überstanden habe und schon fast wieder gesund sei, das könne doch nicht mit rechten Dingen zugehen.«

Magdalena errötete bis über beide Ohren. »Entschuldigen Sie, Dr. Hahnemann. Aber ... es ist ... weil ich ...«, stotterte sie. Doch dann faßte sie sich ein Herz, atmete tief durch und sagte gefaßt: »Weil ich meine Mutter sterben sah und zwei meiner Geschwister. Und die Hildegard, unsere Nachbarin, und meine Base auch. Meine Großmütter habe ich nie gekannt, beide starben, noch bevor ich auf der Welt war. Alle starben sie am Fieber. Bei der Hildegard war sogar ein Arzt! Er hat gesagt, man könne nicht viel mehr tun, als Wadenwickel anzulegen und die Fenster weit zu öffnen, um eine Zugluft zu veranstalten, die alles Gefährliche aus dem Zimmer vertreibt. Dann hat er sie zur Ader gelassen, doch das hat auch nicht geholfen. Sie ist wie die anderen gestorben, nur daß ihr armer, unglücklicher Mann dazu auch noch den Arzt bezahlen mußte. Und nun war Madame so krank und hatte so hohes Fieber. Plötzlich aber ist sie wieder gesund, und da dachte ich, das ist doch Zauberei! Denn wenn es Arztkunst wäre, dann müßten es doch alle Doktoren können, so wie Sie.«

Magdalena stand da mit gesenkten Augen, die Hände hatte sie unter ihrer Schürze versteckt. »Bitte entschuldigen Sie, Dr. Hahnemann, bitte nehmen Sie es mir nicht übel, daß ich so dummes Zeug daherrede!«

Man sah es ihr an: Sie hatte Angst vor seinem Zorn. Wer weiß, vielleicht würde er sie schlagen, weil sie so vorwitzig war, oder – noch schlimmer! – dafür sorgen, daß der Wirt sie davonjagte.

Nichts dergleichen jedoch geschah. Im Gegenteil, Dr. Hahnemann forderte sie auf, näher zu treten und fragte: »Warum sollte ich dir übelnehmen, daß du fähig bist, einen klaren Gedanken zu fassen?«

Zum ersten Mal sah er sie wirklich an. Sie hatte eine hohe, intelligente Stirn und wache blaugrüne Augen, und unter ihrer weißen Haube lugten einige rotblonde Locken hervor.

»Sag, willst du es wirklich wissen, wie das mit meiner Heilkunst geht?« fragte er nach einigen Sekunden des Schweigens.

Statt laut Antwort zu geben, knickste sie und nickte heftig.

»Nun gut. Du hast die Marquise bestens versorgt, darum bin ich dir zu Dank verpflichtet und werde es dir erklären. Ganz sicher weißt du, daß manche Drogen einerseits hoch giftig sind, andererseits aber bei richtiger Anwendung auch heilend wirken können.«

»Ja, den Holunder darf man zum Beispiel nicht vom Baum essen. Wenn man ihn aber abgekocht hat, ist er ungefährlich und kann sogar bei Erkältungen helfen.«

»Richtig. Ein paar wenige Beeren des ungekochten Holunders schaden zwar nicht und sind sogar eine wirksame Arznei bei Verstopfung, aber schon eine Handvoll davon würde unter Umständen zum Tode führen. Man bekäme heftigste Bauchkrämpfe und allerhand andere Vergiftungserscheinungen und würde schließlich am Durchfall sterben. Holunder ist also in hohem Grade ungenießbar, kann aber trotzdem heilen oder als Kochsaft, Likör oder Marmelade ganz vortrefflich schmecken. So verhält es sich auch mit vielen anderen Stoffen aus der Natur. Nimmt man sie in ihrem natürlichen Zustand ein, schaden sie, obwohl ein großes Heilpotential in ihnen steckt. Verändert man sie aber in ihrer Struktur, geht die Giftigkeit verloren, und das Heilpotential kann sich entfalten.«

Magdalena nickte. »Das habe ich verstanden.«

»Gut, das ist das erste, was es zu begreifen gilt. Das nächste ist, daß meine Lehre besagt, daß Ähnliches mit Ähnlichem geheilt werden kann. Hat ein Patient Durchfall, braucht er also ein Medikament, das bei einem Gesunden Durchfall erzeugen würde – aber nicht einfach irgendwie Durchfall, sondern die Symptome müssen möglichst genau denen entsprechen, die sich bei dem Kranken zeigen.«

»Ja, aber das wäre doch, als …« Magdalena suchte nach Worten. »Als würde ich in eine Wunde auch noch ein Messer stoßen!«

Hahnemann nickte. »Du hast recht. Aus diesem Grunde muß das Medikament in einer ganz bestimmten Weise aufbereitet werden. Dadurch bekommen wir den Effekt, den ich bereits erwähnte: Die heilende Wirkung bleibt bestehen und verstärkt sich sogar, das Gift wird jedoch entzogen. Ich erreiche das, in dem ich den Urstoff meiner Arznei verreibe, ihn dann auflöse, die so entstandene Tinktur immer weiter verdünne und dabei gleichzeitig verschüttele. Eine alleinige Verdünnung würde nichts nützen, das Medikament wäre kraft- und wirkungslos.«

Magdalena nickte. Das sah sie ein. »So wie man ja auch keine weiße Wandfarbe bekommt, wenn man auf gelöschten Kalk einfach nur Wasser schüttet. Will man damit die Wände streichen, mußt man immer wieder kräftig umrühren, sonst ist oben nur das Wasser und unten nur der Kalk.«

Samuel Hahnemann lächelte. Das traf die Sache zwar nicht ganz, aber immerhin gab sich Magdalena Mühe zu verstehen. Er überlegte, ob er ihr noch erklären sollte, daß diese Verdünnungen so oft wiederholt wurden, bis am Ende kein einziges Teilchen des Urstoffes mehr vorhanden war, und daß sich diese Arzneien, je öfter sie verdünnt und dabei verschüttelt wurden, desto wirkungsvoller zeigten. Aber er wollte Magdalena nicht zu sehr verwirren und ließ es darum bleiben.

»Ich sehe, du bist eine gelehrige Schülerin«, sagte er statt dessen, »und ich würde mir wünschen, daß manche meiner Kollegen dein Verständnis aufbringen könnten.«

»Und diese Arzneien haben Sie in solchen kleinen braunen Fläschchen?« wollte Magdalena noch wissen.

»Richtig. Ich beträufle Zuckerkügelchen damit. Möchte ich das Medikament verabreichen, löse ich einige der Kügelchen in Wasser auf und gebe dem Patienten diese Medizin.«

»Aber wie wissen Sie denn, welche Krankheit eine Droge hervorrufen kann?«

Hahnemann nickte anerkennend. »Bravo. Deine Frage zeigt mir, daß du verstanden hast. Um das herauszufinden, muß ich die Wirkung verschiedenster Stoffe zuerst einmal geprüft haben. Ich und einige andere Leute, die mich bei meiner Arbeit unterstützen und nach meiner Methode behandeln, haben deshalb am eigenen, gesunden Leib Versuche vorgenommen. Das heißt, wir nahmen eine kleine Dosis der zu prüfenden Droge ein und warteten ab, was mit uns geschah. Unsere Beobachtungen schrieben wir auf. Jede kleinste Regung unseres Körpers und unseres Gemütes haben wir registriert. Später faßten wir dann unsere Untersuchungsergebnisse zusammen und besprachen sie. Wenn wir nun einen Patienten befragen, dann achten wir ebenfalls auf jede kleinste Regung, die er uns beschreibt. Wie ein Schmerz sich anfühlt und wo er sitzt, ob derjenige schwitzt oder nicht, und wenn er schwitzt, wann das der Fall ist und in welcher Art. Ob er schnell friert, kalte Hände hat oder ein Völlegefühl im Magen verspürt. Aber auch ob er oft traurig ist, was er träumt, wovor er Angst hat oder was ihn glücklich macht interessiert uns. Finden wir dann anhand all dieser Symptome im Vergleich mit unseren eigenen Erfahrungen das zutreffende Medikament und verabreichen es, erzeugt es im Körper des Patienten eine Reaktion, die wie eine zweite, künstlich hervorgerufene Krankheit wirkt und der ersten Krankheit die Kraft nimmt. So führt das Medikament schließlich zur Heilung.« Dr. Hahnemann lehnte sich zurück und sah sie an. »Nun, hast du es verstanden?«

Magdalena seufzte. »Es ist sehr schwer zu verstehen, aber ich vertraue Ihnen. Und wäre ich nicht nur eine einfache Magd und hätte genügend Geld, Sie zu bezahlen, dann würde ich Sie bestimmt zu meiner kleinen Tochter rufen.«

»Ist sie denn krank?«

Magdalena nickte. »Sie hat Blähungen. Sie weint den ganzen Tag und die ganze Nacht. Egal, was wir auch tun, wieviel wir sie herumtragen, auf sie einreden, was wir ihr auch geben ... nichts vertreibt die Bauchschmerzen!«

Dr. Hahnemann nickte. »Dem Kind kann geholfen werden. Bringe deine Kleine zu mir in die Praxis. Sagen wir gleich morgen in der Früh?«

»Ja, aber ...«

»Bezahlen brauchst du nichts. Das heißt ...« Er zwinkerte ihr freundlich zu. »Eine Tasse Tee hätte ich gerne!«

Magdalena strahlte. »Natürlich, die hole ich gleich!« Sie knickste und ging.

Mélanie sah Samuel mit unverhohlener Bewunderung an. »Immer wieder erstaunen Sie mich von neuem, Monsieur. Ihre Herzensgüte, Ihre Wärme ... ich kenne keinen Arzt der wie Sie ist und ohne Honorar helfen würde, für den eine einfache Magd soviel gilt wie ein Minister. Sie heilen mit dem Verstand ebenso wie mit dem Herzen. Sie nehmen die Menschen ernst. Sie lieben sie!«

»Nun ja, nicht alle«, warf er seufzend ein. »Um ehrlich zu sein, Dummheit bringt mich zur Raserei. Ich spreche nicht von fehlender Bildung, für die ein Mensch zumeist nichts kann. Nein, ich meine die Denkfaulheit und Borniertheit mancher Leute, die nicht vorhandene Herzensbildung, die Selbstgerechtigkeit und Arroganz einiger Herren, die sich für den Nabel der Welt halten und dabei nicht fähig sind, über den Rand ihres Suppentellers hinauszusehen.«

Ärger stand ihm im Gesicht, Verbitterung schwang in seiner Stimme mit.

»Da verstehe ich Sie nur allzu gut, Monsieur!« Mélanie dachte an ihre Mutter. Sie dachte an Dr. Doyen. Sie dachte an Charles Delacroix – und die Reihe ließe sich endlos fortführen. »Sie wissen, wie ich es meinte.«

Er neigte sich zu ihr und drückte ihren Arm. »Ja, ich weiß. Ich danke Ihnen, Marquise.«

Sie sahen sich lange und tief in die Augen.

»Ich habe mir etwas überlegt!« platzte Mélanie plötzlich heraus, ihre Wangen waren vor Aufregung gerötet. »Ich hoffe nur, mein Anliegen ist nicht zu ...«, sie suchte nach Worten, »... zu vermessen! Ich bin begeistert von der Homöopathie. Alles, was ich bisher las und in diesen Tagen an mir selbst erfahren konnte, überzeugt mich aus tiefstem Herzen. Die Homöopathie ist eine wunderbare Kunst, und ich gäbe vieles, sehr vieles darum, sie erlernen zu dürfen. Dr. Hahnemann, bitte, ich möchte Ihre Schülerin werden!«

Samuel sagte nichts, er sah Mélanie nur lange und schweigend an. Es war so still im Zimmer, daß sie befürchtete, er könnte ihr Herz pochen hören.

Plötzlich klopfte es an der Tür, und Magdalena kam mit dem Tee herein. Sie stellte die Tasse vor Hahnemann auf den Tisch und ging wieder.

Noch immer sagte er kein Wort. Für Mélanie war dieses Schweigen unerträglich. Sie hielt es für ein Zeichen seiner Ablehnung. »Ich weiß, was Sie jetzt denken!« Sie stand auf, ging zum Fenster, drehte ihm den Rücken zu und starrte hinaus, denn er sollte ihre aufkommenden Tränen nicht sehen. »Sie denken: Was will sie die Homöopathie erlernen, wo sie doch gar kein Arzt ist und dazu auch noch eine Frau, die ohnehin nicht behandeln darf! Und wie will sie erkennen, woran ein Kranker leidet, wenn sie doch nicht einmal ...«

»Aber nein!« Samuel Hahnemann war ebenfalls aufgestanden und hinter sie getreten. Er faßte sie an den Schultern, drehte sie zu sich herum und sah ihr tief in die Augen. »Nein, das denke ich nicht. Daß Sie eine Frau sind und auch kein Arzt, wäre kein Grund für mich, Sie nicht auszubilden. Bei Ihnen, Madame, davon bin ich überzeugt, wäre die Homöopathie in allerbesten Händen. Sie besitzen die Intelligenz und auch die Leidenschaft, die ich mir bei den Leuten wünsche, die meine Lehre verbreiten.« Sein Blick ruhte voller Zärtlichkeit auf ihr. »Ich habe nur so lange geschwiegen, weil ich so berührt war. Von Ihrem Temperament, Ihrer offenen Art. Der Kraft und der Leidenschaft, mit der Sie der Welt begegnen. Und von Ihrer Schönheit. So eine Frau wünschte ich mir an meiner Seite. Sie könnte mir die Kraft geben, weiter gegen die Borniertheit der Meute zu kämpfen, die nichts von meiner Lehre versteht und mich einen Scharlatan schimpft. Madame, wenn ich nur ein wenig jünger wäre und auf ein Ja hoffen könnte, ich würde Sie nicht nur ausbilden, ich würde auch um Ihre Hand anhalten.«

»Sie würden um meine Hand anhalten?« Mélanie schüttelte den Kopf. »Ja, aber ... aber warum tun Sie es dann nicht! Haben Sie nicht erst gestern zu mir gesagt: Schönheit ist nicht das, was uns aus dem Spiegel anblickt? So verhält es sich doch auch mit der Jugend und dem Alter! Man zählt die Jahre, doch was sagt das schon über einen Menschen aus? Und darüber, ob zwei sich verstehen, gemeinsam für eine Sache eintreten und ihr Leben teilen können?«

Samuel Hahnemann trat einen Schritt zurück und sah Mélanie ungläubig an. »Bedeutet das ... Sie würden meinen Antrag annehmen?«

»Wenn Sie mich fragten – ganz sicher!« Sie lächelte. Zwei Grübchen bildeten sich auf ihren Wangen, ihr Blick war voller Zärtlichkeit.

»Ja dann ... dann frage ich! Marie Mélanie d'Hervilly Gohier, wollen Sie meine Frau werden?«

»Ja, Samuel Hahnemann – das will ich.« Ihre Augen glänzten, sie reichte ihm beide Hände.

»Sie will. Tatsächlich!« Sein Mund öffnete und schloß sich wieder, er schüttelte den Kopf, konnte es gar nicht begreifen. »Diese junge, schöne, intelligente Frau will tatsächlich die meine werden!« Er griff ihre Hände, küßte jeden Finger einzeln und schließlich auch ihren Mund. Dann lachte er. »Ach, und übrigens, Madame – nicht Samuel Hahnemann. Ich heiße Friedrich Christian Samuel Hahnemann! Dies nur um der Ordnung willen. Sie sollten doch wissen, wessen Gattin Sie werden.«

Zeit der Sehnsucht

Seit drei Wochen lebte Mélanie nun im Hause Dr. Lehmanns, der Samuels Assistent war und einen Teil seiner Patienten betreute. Samuel hatte sie dort einquartiert, weil es ihm nicht behagte, daß sie weiterhin in einem Gasthaus wohnte.

Mit Dr. Lehmann, seiner Frau Annelie und den Kindern verstand sie sich gut. Zum Glück, denn sie verbrachte mehr Zeit im Hause der Lehmanns, als ihr recht war, und viel zu selten konnte sie bei Samuel sein; zweimal die Woche abends zwei Stunden, in denen er sie unterrichtete, und hin und wieder am Vormittag eine halbe Stunde unter dem Vorwand, er würde sie behandeln.

Aber sie hatte es selbst so gewollt. Es schien ihr vernünftiger, seinen Töchtern zu verheimlichen, was zwischen ihnen vorgefallen war. Ihr Instinkt sagte ihr, daß Luise und Charlotte ihr nicht wohlgesonnen waren. In letzter Zeit verhielten sich die beiden auch immer merkwürdiger. Sie waren kratzbürstig, ja geradezu unhöflich und verfolgten sie und Samuel mit ihrem Mißtrauen.

Seit zwei Tagen war außer ihr auch der Homöopath Geheimrat Freiherr von Gersdorff im Hause Lehmann zu Gast. Unterwegs von Wittenberg nach Leipzig, hatte er den kleinen Umweg auf sich genommen, um seinen alten Freund Hahnemann wiederzusehen. Er war ein sympathischer älterer Herr, den Mélanie sofort in ihr Herz geschlossen hatte. Da sie aber offiziell nichts weiter als eine Patientin und Schülerin seines Freundes war, mußte sie sich seit seiner Ankunft noch mehr zurückhalten. Nun sah sie Samuel überhaupt nicht mehr. Ihr blieb nichts, als die lange Zeit ohne ihn für ihr Studium zu nutzen.

Nun saß sie wieder in Gottfried Lehmanns Arbeitszimmer und las in den Arzneiprüfungsberichten, die Samuel ihr gegeben hatte. Plötzlich hörte sie, wie unten die Haustür geöffnet wurde, und dann Schritte auf der Treppe. Sie sah auf. Es mußten Dr. Lehmann und von Gersdorff sein, die von einer Unterredung bei Samuel zurückgekehrt waren. Mélanie rechnete damit, daß sie ins Arbeitszimmer kommen würden, und sie hoffte auf einen Brief von Samuel. Weil sie sich so wenig sahen, schrieben sie sich und gaben die Briefe Dr. Lehmann mit, oder sie schickten das Mädchen.

Dr. Lehmann rechnete wohl nicht damit, daß sie sich zu so später Stunde im Arbeitszimmer aufhielt, denn er zog sich mit seinem Gast gleich ins Herrenzimmer zurück, das nur durch eine dünne Verbindungstür vom Arbeitszimmer getrennt war, wo sich die beiden Männer nun so laut unterhielten, daß Mélanie jedes Wort verstehen konnte.

»... sollten Sie sich nicht wundern. Immer schon waren Luise und Charlotte launisch und rechthaberisch und hielten ihren bedauernswerten Vater, der sie so hingebungsvoll liebt, für meinen Geschmack viel zu sehr unter dem Pantoffel.« Es war Dr. Lehmann, der das sagte. »Seit aber die Marquise im Hause ist, sind sie außer Rand und Band. Sie scheinen eifersüchtig zu sein und ihr jedes Quentchen Aufmerksamkeit, das er ihr zukommen läßt, zu mißgönnen. Ich habe selbst erlebt, wie sie, plötzlich und ohne anzuklopfen, das Ordinationszimmer stürmten wie ein Feldwebel das feindliche Lager, nur um zu sehen, was im Innern vor sich ging. Ich finde, er sollte die beiden zurechtweisen, aber so stark er sein kann, wenn es darum geht, sich gegen die Anfechtungen zu wehren, die man der Homöopathie entgegenbringt, so schwach, ja fast feige ist er im Umgang mit seinen Töchtern.«

Von Gersdorff pflichtete ihm bei. »Ich weiß. Luise war einmal lange Zeit krank und hatte so das ganze Haus beherrscht. Schon damals verhätschelte er sie viel zu sehr und ließ sich von ihr um den Finger wickeln. Für mein Dafürhalten war ihre Krankheit reine Hysterie und ein Druckmittel, die Aufmerksamkeit ihres Vaters ganz alleine, für sich zu haben. Sie ist die Jüngste und, wie es scheint, in den Kinderschuhen steckengeblieben. Selbst ihren älteren Geschwistern, vornehmlich ihrem Bruder, dessen Pate ich bin, ist sie immer nur mit Eifersucht und Mißgunst begegnet.«

»Luise und Charlotte ziehen Hahnemann das Fell über die Ohren, und er merkt es nicht einmal! Auch die Herren seines homöopathischen Gesprächskreises ereifern sich darüber und bedauern es, Dr. Hahnemann so unterdrückt zu sehen. Wenn er doch auch gegenüber seinen Kritikern so viel Nachsicht walten ließe und ein wenig taktischer vorginge. Aber da explodiert er gleich wie ein Pulverfaß, das man angezündet hat. Und macht sich Feinde mit seinem Eigensinn und seiner Unversöhnlichkeit!«

Mélanie hatte genug gehört. Es war ihr unangenehm, lauschen zu müssen. Deshalb stand sie auf, öffnete die Zimmertür und schloß sie so laut wieder, daß man es nebenan hören mußte. Das Gespräch verstummte auch sofort und wurde dann viel leiser und mit unverfänglichem Inhalt fortgesetzt.

Mélanie nahm wieder am Schreibtisch Platz und versuchte sich auf ihr Buch zu konzentrieren. Doch das Gesagte ging ihr nicht mehr aus dem Kopf. Auch sie konnte nicht begreifen, wieso sich ein Mann wie Samuel, der so Großartiges zustande gebracht hatte und in ganz Europa verehrt wurde, derart der Willkür seiner Töchter auslieferte. Doch es war nun einmal so, und sie mußte dem Rechnung tragen.

Geheimrat Freiherr von Gersdorff war früh am Morgen abgereist. Obwohl Mélanie ihn mochte, war sie darüber froh, denn je mehr Leute um Samuel waren, desto schwieriger erwies es sich für sie, ihn zu sehen und ein paar Minuten mit ihm allein zu sein.

Doch nun endlich, nach vier Tagen, in denen sie sich nach ihm verzehrt hatte, hielt er sie wieder fest um die Taille, und sie lachten und schäkerten miteinander.

»Wenn ich es recht bedenke ... hatten Sie nicht gesagt, Madame, Sie wollten niemals heiraten?«

»Ja, das habe ich. Aber da wußte ich ja auch noch nicht, daß es Sie gibt, Monsieur.«

Samuels Augen blitzen vor Vergnügen. »Liebes Kind«, sagte er, und dann drückte er sie an sich und küßte sie.

Als plötzlich die Tür aufflog, fuhren sie auseinander.

Luise stand vor ihnen und sah sie aus zusammengekniffenen Augen mißtrauisch an. Schon seit Tagen hatten sie und Charlotte das Gefühl, daß ihr Vater und die Marquise vertraulicher miteinander umgingen, als es schicklich und angebracht war. Und auch jetzt schien ihnen das schlechte Gewissen ins Gesicht geschrieben zu stehen.

»Das Essen ist angerichtet«, verkündete Luise mit schneidender Stimme.

»Gut, wir kommen gleich. Ich erkläre Madame nur noch, wie sie eine Störung des Herzrhythmus erkennen kann.« Samuel griff Mélanies Hand und legte seine Finger auf ihren Puls. Er tat harmlos, aber Luise ließ sich nicht täuschen. Wut lag in ihrem Blick, die Tür flog ins Schloß.

»Wir müssen vorsichtiger sein, mein Liebster. Wir müssen ein Buch vor uns auf den Tisch legen, um immer den Eindruck zu erwecken, wir studierten – auch dann, wenn wir es einmal für einen Moment nicht tun.« Lächelnd hauchte Mélanie einen Kuß auf Samuels Wange.

»Ich finde, wir sollten es ihnen sagen!« Er seufzte. »Wir müssen es doch ohnehin einmal tun.«

»O nein, mon Dieu! Noch nicht! Ich beschwöre dich, wir müssen unser kleines Geheimnis für uns behalten. Deine Töchter würden uns nicht bloß Steine in den Weg legen, sie würden alles tun, um unsere Hochzeit zu verhindern!«

»Meine Töchter lieben mich. Sie wollen mein Glück.«

Fast hätte Mélanie gelacht über soviel Naivität. Sie dachte an das Gespräch zwischen Geheimrat Freiherr von Gersdorff und Dr. Lehmann, das sie gezwungenermaßen belauscht hatte, und all die *vapeurs et caprices*, die sich Luise und Charlotte in letzter Zeit ihr gegenüber geleistet hatten.

»Nein«, beharrte sie deshalb. »Niemand soll etwas wissen! Wir werden heimlich heiraten. Nur bei meinem Vater solltest du ganz offiziell um meine Hand anhalten, Liebster.«

»Erwartet er das?«

»Meine Entscheidung wird er auf jeden Fall respektieren. Wir verstoßen ohnehin schon gegen alle Regeln. Ich bin siebzehn Jahre jünger als Henriette, deine erstgeborene Tochter. Ich bin deine Patientin und deine Schülerin. Man wird sich die Mäuler über uns zerreißen. Dabei geht es mir nicht um mich, sondern um dich – dein guter Ruf steht auf dem Spiel!«

Samuel nahm Mélanies Hand und küßte sie. »Du hast recht, liebes Kind. Ich werde deinem Vater schreiben.«

Sie gingen zur Tür. Bevor er sie öffnete sagte er: »Wenn wir unsere Hochzeit geheimhalten wollen, werden Sie die Vorbereitungen allerdings ganz allein treffen müssen, Madame.«

»Ich weiß, aber es muß sein!«

Abgesehen von ein paar spitzen Bemerkungen, die sich gegen Mélanie richteten, und Samuels Versuchen, zu vermitteln und einzulenken, verlief das Essen schweigend. Doch die Feindseligkeit hing in der Luft wie Samuels Tabakrauch, wenn er seine geliebte Pfeife anzündete. Selbst als Mélanie beim Abräumen des Tisches helfen wollte, wurde sie brüsk zurückgewiesen.

»Geben Sie sich keine Mühe. Charlotte und ich haben das bisher alleine getan und brauchen auch in Zukunft keine Hilfe!«

Luise rauschte mit einer Schüssel in Händen hinaus in die Küche, wo man sie ärgerlich mit Tellern klappern und mit der Schöpfkelle gegen den gußeisernen Topf schlagen hörte, der auf dem Feuer unter dem Rauchabzug stand, damit jederzeit heißes Wasser zur Verfügung war.

Mélanie seufzte. Diese Stimmung war nicht auszuhalten. Bilder ihrer Kindheit tauchten aus ihrer Erinnerung auf. Die Eifersucht der Mutter, die sie aus dem Hause getrieben hatte – und jetzt war es also die Eifersucht zweier mißgünstiger Töchter! »Aber nein«, flüsterte sie, und es klang wie ein Schwur, »diesmal werde ich mich nicht vertreiben lassen!«

In der Nacht konnte sie nicht schlafen. Unaufhörlich kreisten ihre Gedanken um ihre Liebe und diesen unhaltbaren Zustand, in dem sie sich befanden. Um sich die Zeit zu vertreiben, in der sie und Samuel sich nicht sehen konnten, ritt sie aus, übte sich im Pistolenschießen, malte oder studierte. Aber die Tage ohne ihn waren endlos, und die Sehnsucht fraß sie auf. Und dann: Dieses Köthen war ein Nest! Hier wurde jeder ihrer Schritte beobachtet!

Gegen vier Uhr morgens stand sie auf und schrieb Samuel beim schwachen Schein einer Kerze voller Sehnsucht einen Brief.

Mon amour – Liebster!

Sie leben nur ein paar Häuser die Straße hinunter, und doch sind Sie so weit von mir entfernt, daß mir der Mond und die Sterne näher scheinen! Ich leide, ich bin so einsam ohne Ihre Wärme und Ihre Kraft.

Sie haben mir gesagt: »Niemals habe ich jemanden so sehr geliebt wie Sie; wir werden uns bis in alle Ewigkeit lieben!« Auch ich empfinde so, und ich schwöre, in meinen Gedanken werden Sie für immer mein Gemahl sein; kein anderer Mann wird je seine profane Hand nach mir ausstrecken, kein anderer Mund je meinen Mund küssen. Ich schenke Ihnen mein Vertrauen und schwöre Ihnen ewige Liebe und Treue!

Ach, diese Nacht scheint kein Ende nehmen zu wollen. Wenn Sie doch nur bei mir wären und ich mich vertrauensvoll an Ihre Schulter lehnen könnte! Schon wäre alles viel einfacher, und die Geister, die durch meinen Kopf spuken, hätten keine Macht mehr über mich.

Ich sehne mich nach Ihnen und bin in Gedanken mit jedem Atemzug bei Ihnen!

Dies schreibt Ihnen Ihre für ewig in Liebe verbundene Mélanie d'Hervilly Gohier.

Auch an den nächsten beiden Tagen konnten sie sich nur flüchtig sehen und ausschließlich im Beisein anderer Leute. Am Abend brachte Dr. Lehmann dann ein Brief für sie mit, in dem Samuel ihr schrieb, daß er in seiner Verzweiflung und Sehnsucht Magdalena gebeten hatte, gegen fünf Uhr morgens an seine Tür zu pochen und ihn um einen Konsult bei ihrem Kind zu bitten.

So haben wir Zeit, Geliebte, uns für ein oder zwei Stunden zu treffen, sofern Sie den Mut aufbringen, sich bei Dunkelheit alleine durch die Straßen zu wagen. Zwar komme ich an Ihrem Haus vorbei, aber der Sicherheit halber treffen wir uns erst am Stadtturm hinter der Mauer. Von dort aus können wir ein paar Schritte auf der Promenade gehen, denn um diese Zeit wird wohl noch niemand unterwegs sein. Aber bitte, ziehen Sie Ihre Männerkleider an, schon zu Ihrem eigenen Schutz!

Ihr Sie liebender F. C. S. H

Mélanie mußte lachen. Die Abkürzung all seiner Namen erinnerte sie an seinen Heiratsantrag. Glücklich preßte sie den Brief gegen die Brust. Und ob sie den Mut aufbringen würde, nachts allein durch Köthen zu gehen. Da hatte sie schon größere Abenteuer bestanden! Und sie würde noch sehr viel mehr wagen, als heimlich aus dem Hause und durch die Dunkelheit zum Stadtturm zu schleichen, nur um ihren Geliebten endlich wieder in den Armen halten zu können.

Ein dunkler Schatten war so plötzlich neben ihr und zog sie hinter den Turm, daß sie einen leisen Schrei ausstieß.

»Nur ruhig – ich bin es!«

Mélanie fühlte eine Hand in ihrem Nacken, die weich und warm war und sie zärtlich an sich zog.

»Samuel!« Seufzend schlang sie ihre Arme um ihn und gab sich ganz dem Kuß hin, mit dem er sie begrüßte.

»Wen hatten Sie sonst erwartet, junger Herr!«

Obwohl es so dunkel war, daß sie ihn kaum sehen konnte, wußte sie, daß seine Augen jetzt vor Vergnügen blitzten und sein Mund zärtlich lächelte. Oh, wie sie ihn liebte – diesen alten, jungen Schelm! Seinen Humor, seine Klugheit, seine Kraft! Wie sie ihn bewunderte, und wie sie es genoß, endlich zu einem Mann aufsehen zu können!

»So weit ist es schon gekommen mit mir«, flüsterte Samuel. »In dunkler Nacht hinter Türmen und Hecken ein Weib in Männerkleidung zu küssen! Und weiß Gott noch mehr zu wünschen! Schimpf und Schande über mich!« Er lachte leise. »Nicht mal als junger Bursche hätte ich so etwas Verwegenes gewagt!«

»Es gibt eben Dinge, Monsieur, für die muß man erst ein gewisses Alter erreichen«, entgegnete Mélanie im selben scherzhaften Ton.

»Ach, wie ich Ihr Lachen liebe! Wenn ich Sie nur endlich den ganzen Tag um mich haben könnte!«

»Und die ganze Nacht, Monsieur!«

»Und die ganze Nacht, weiß Gott …«

Seine Hände öffneten Mélanies Weste und tasteten sich unter das Hemd, das sie trug. Ein angenehmer Schauder ließ sie zusammenzucken, und ihre Haut unter seinen Fingern begann zu brennen. Er tastete sich über ihren Bauch zum Nabel hin, umkreiste ihn sanft und strich dann hinauf über den Bogen ihrer Rippen bis zu ihren Brüsten, die er zärtlich umschloß und eine Weile hielt, so als wolle er sie wiegen. Seine Berührungen waren so unerwartet zart, so ohne jedes

Fordern, daß Mélanie erstaunt den Atem anhielt. Nicht für ihn waren diese Zärtlichkeiten gedacht, sondern als Geschenk für sie. Er gab, statt zu nehmen, das kannte sie nicht. Ein Seufzen wich aus ihrem Mund, wie der letzte Hauch einer Sterbenden, und sie wünschte sich nichts sehnlicher, als endlich ein Bett mit dem geliebten Mann teilen zu können.

Ein Käuzchen rief vom Friedhof herüber, einmal, zweimal, dreimal. Dann war es wieder still.

Samuel löste sich von ihr. »Komm, Liebste, wir gehen ein paar Schritte.« Er faßte sie unter und trat mit ihr auf die Straße.

»Heute hat Charlotte mir berichtet, daß Sie auf Dr. Lehmanns Wallach schon in aller Frühe allein durch die Wälder jagten.«

»Und auch noch in Männerkleidern und auf einem Herrensattel! Vermutlich war sie entsetzt, nicht war?«

»Sie dürfen nicht so streng mit meinen Töchtern sein. Sie sind ein anderes Leben gewöhnt als das, das Sie, Madame, in Paris führen. Und dann ... nach dem Tod ihrer Mutter hatten wir uns mehr und mehr zurückgezogen.«

»Ich glaube, Sie haben Frau Hahnemann sehr geliebt ...«

»Was hätte ich ohne Henriette schon schaffen können? Sie war eine ganz besondere Frau. Stark. Zuverlässig. Tapfer. Auf all meinen Wegen hat sie mich begleitet, obwohl es alles andere als leicht für sie war. Elf Kinder hat sie mir geboren, von denen neun am Leben blieben. Dabei haben wir die meiste Zeit in Armut gelebt, oftmals nur in einem Raum. Weil es erst ruhig war, wenn die Kinder schliefen, habe ich nachts an den Übersetzungen gearbeitet, mit denen ich unsere Familie notdürftig am Leben erhielt. Oft gab es nur einen Brotkanten für uns alle und kein Holz, keine Kohlen für den Ofen. Es war ein schlimmes Leben, aber ich konnte nicht anders. Ich hätte mir und meinen Grundsätzen untreu werden müssen, wenn ich es den Kollegen gleichgetan hätte, die ihren Patienten nicht nur das Blut abzapften, sondern auch noch das Geld dazu. Die Quecksilber verabreichten, bis den Kranken die Zähne und Haare ausfielen, sie mit Opiaten und Arsenpräparaten vergifteten, um Symptome zu übertünchen ... Bei Gott, es hat mich zur Raserei getrieben, mit ansehen zu müssen, daß es den Kranken ohne ärztliche Behandlung besser ging als mit ihr!« Er schüttelte den Kopf. »Nein, für nichts und wieder nichts konnte ich da mitmachen! Aber eine andere als meine Henriette hätte mich wohl gezwungen. Sie hätte auf die Kinder gezeigt und gesagt: ›Jetzt mach mal, Mann! Du hast sie gezeugt, dann sieh auch zu, wie du es anstellst, anständig für sie zu sorgen.‹«

»Aber Sie waren doch nie faul, Monsieur!«

»Nein, natürlich nicht. Ich habe gerackert wie ein Pferd. Ich habe Bücher übersetzt und eigene Werke geschrieben. Ich habe Artikel verfaßt, geforscht und entwickelt, und ich habe gelehrt. Auch behandelt habe ich von Zeit zu Zeit, aber was ich auch tat, es reichte nie für ein Auskommen, das es uns ermöglichte, vernünftig zu leben. Als Medicus hingegen hätte ich uns ohne Mühe ein angenehmes Leben verschaffen können.«

»Darum liebe ich Sie, Monsieur, weil Sie sind, wer Sie sind!« Mélanie nahm seine Hand und hielt sie fest.

Eine Weile hingen sie schweigend ihren Gedanken nach. Dann sagte Samuel: »Henriette war alles für mich. Sie war meine Freundin und Verbündete, meine Frau und die Mutter meiner Kinder, meine Ratgeberin und meine Assistentin. Ich war ihr mein Leben lang treu, und ich habe sie geliebt und nach ihrem Tod sehr vermißt. Aber jetzt ... gibt es Sie, Madame. Ich liebe Sie mehr als je einen Menschen zuvor, und ich brauche Sie. Ich mag nicht glauben, daß etwas Schlechtes an unseren Gefühlen sein soll. Sie nehmen Henriette nichts weg, jetzt, wo sie tot ist. Ich weiß, sie hätte Verständnis für uns.«

Sie blieben stehen, fielen sich in die Arme und hielten sich fest wie zwei Ertrinkende. Zwei Menschen, erfüllt von einer tiefen Liebe. Eine junge Frau in Männerkleidern und ein alter weiser Mann. Ein seltsames Paar.

Als sie einander wieder losließen, sah Samuel Mélanie ernst an. »Du hast nun schon so vieles für mich getan, mein Kind. Und doch muß ich dich noch um eines bitten: Ich weiß, du bist Katholikin, aber du mußt zum lutherischen Glauben übertreten. Nicht, daß es wichtig für mich wäre – ich bin Freidenker und brauche die Kirche nicht für mein Seelenheil, aber in Deutschland kann uns nur ein Priester trauen, und dazu müssen wir vom selben Glauben sein.«

»Wenn das nötig ist, werde ich es tun.«

Er nahm ihre beiden Hände und küßte sie. Dann brachte er sie zurück zum Turm.

Noch immer war es finster, aber am Horizont zog bereits die Dämmerung auf. Das gespenstische Licht am Himmel, die wenigen beleuchteten Fenster, die schwarzblauen Linien der Dächer und Türme ließen die Stadt vor ihnen wie eine große, dunkle Kathedrale wirken.

Ihr Schweigen hatte etwas Andächtiges, das Ineinandergreifen ihrer Hände war wie ein Liebesakt.

Verleumdungen

Es ging auf Weihnachten zu, und die dunkle Zeit legte sich auf Mélanies Gemüt. Viel zu selten konnte sie Samuel sehen. Seine Töchter begegneten ihr immer offener mit Feindseligkeit, intrigierten und sprachen schlecht über sie. Das kränkte und verletzte sie. Zudem befürchtete sie, daß die beiden Samuel gegen sie aufbringen könnten.

Anfangs konnte sie sich noch mit Ausritten ablenken, ging manchmal zum Schießen in den Steinbruch oder skizzierte Häuser und Menschen, die sie in der Stadt oder bei der Arbeit auf den Feldern beobachtete. Doch die Kälte, der erste Schnee zwangen sie nun schon seit Tagen, im Haus zu bleiben. Einzige Abwechslung waren die heimlichen Stunden bei Pastor Schmidt, der sie auf ihren Übertritt zum lutherischen Glauben vorbereitete, und das Studium der Homöopathie. Mélanie verschlang die Bücher und Patientenberichte, die ihr Samuel gab, und wenn Gottfried Lehmann am Abend nach Hause kam und sich mit ihr über die Fälle unterhielt, die tagsüber in der Praxis behandelt wurden, gab sie immer treffendere Antworten.

Die Lehmanns waren so freundlich zu ihr wie eh und je, aber sie war nun schon zwei Monate Gast in ihrem Haus, und sie hatte immer öfter das Gefühl, diesen beiden liebenswürdigen Menschen eine Last zu sein. Sie sehnte sich danach, endlich an Samuels Seite leben zu können und sich nicht länger den Launen von Charlotte und Luise unterwerfen müssen.

Samuel selbst schien dieser unerträgliche Zustand von Heimlichtuerei noch schwerer zu fallen. Schon zweimal hatte er sich einem Freund anvertraut. Damals, als von Gersdorff da war, hatte er ihm mit der Bitte um Verschwiegenheit erzählt, daß er bald heiraten würde – den Rest konnte der Mann sich dann selbst zusammenreimen. Und Georg Heinrich Jahr, einem anderen Freund und Wegbegleiter, hatte er von seinen Absichten in einem Brief geschrieben.

Mélanie mußte ihn geradezu beknien, ihr Geheimnis weiterhin für sich zu behalten. »Wenn es bekannt wird, bevor wir verheiratet sind, wird man uns das Leben unerträglich schwermachen – die Klatschmäuler, die Zeitungsschmierer, Ihre Gegner, aber allen voran Ihre Töchter, Monsieur, werden uns in den Rücken fallen!«

»Aber liebes Kind, meine Töchter haben doch immer nur das Beste für mich getan. Wie kann ich sie auf einmal als meine Feindinnen betrachten?«

Er sah sie so unglücklich an, daß es ihr weh tat, und dennoch konnte sie nicht anders, als darauf zu bestehen: »Vertrauen Sie dem Instinkt einer Frau. Ihre Töchter hassen mich und würden vor nichts zurückschrecken, um mich vor Ihnen in Mißgunst zu bringen.«

Daß ihr Mißtrauen berechtigt war, zeigte sich zehn Tage vor Heiligabend. Sie hatte Annelie Lehmann porträtiert. Das Bild war nun fertig, und die beiden Frauen besahen es sich bei einer Tasse Tee.

»Sie haben mir geschmeichelt.« Annelie legte ihren Finger auf ihren Nasenrücken. »Hier, dieser häßliche Höcker, den haben Sie einfach weggezaubert.«

»Es ist die Perspektive. Von dieser Seite sieht man ihn kaum. Außerdem sind Sie viel zu streng mit Ihrem Aussehen, Annelie. Der kleine Höcker steht Ihnen gut. Er macht Ihr Gesicht interessant. Und überhaupt, ihr wunderschöner Mund und das Strahlen Ihrer Augen lassen niemandem die Zeit, einen gewissen Höcker auf Ihrer Nase zu entdecken.«

Annelie lachte. »Im Komplimente machen sind Sie so geschickt wie ein Mann.«

»Es ist kein Kompliment, es ist die Wahrheit.«

»Sehen Sie!« Wieder lachte sie, aber plötzlich wurde sie ernst und senkte den Blick auf ihre Hände, die in ihrem Schoß lagen. »Ich muß Ihnen etwas sagen. Ich weiß nicht, wie ... ich möchte niemandem zu nahe treten. Auch Charlotte und Luise nicht. Verstehen Sie, wir sind in gewisser Weise abhängig von ihrem Wohlwollen, und dies ist eine Stadt, in der man sich nicht aus dem Wege gehen kann.«

Mélanie sah sie besorgt an. »Es scheint etwas Schlimmes zu sein, wenn Sie so lange um den heißen Brei herum reden.«

»Man erzählt sich, Sie, Marquise, seien eine Hochstaplerin.«

»Sie meinen, diese beiden Intrigantinnen erzählen das?«

Mélanie war aufgesprungen. Alle Farbe war aus ihrem Gesicht gewichen. Aufgebracht lief sie hin und her.

»Ich bitte Sie sehr, regen Sie sich nicht so auf, Marquise. Man kann solchen Dingen nur mit Ruhe und Besonnenheit begegnen. Ich fand, Sie müssen es wissen. Die ganze Stadt spricht bereits darüber.«

Mélanie blieb vor ihr stehen und sah sie wie aus weiter Ferne an. »Ich danke Ihnen für Ihre Offenheit, Annelie. Es zeigt mir, daß Sie eine wirkliche Freundin sind. Ich werde Ihnen das nicht vergessen. Und ich werde auch Ihren Namen nicht erwähnen, verlassen Sie sich darauf. Aber natürlich muß ich mich wehren! Ich kann das doch nicht auf mir sitzen lassen.«

»Was werden Sie tun?«

»Selbstverständlich werde ich die Damen zur Rede stellen. Und ich werde Dokumente aus Paris kommen lassen, die nicht nur beweisen, wer ich bin, sondern auch, daß meine Besitzungen mir mehr einbringen, als diese beiden Schlangen sich träumen lassen!«

Mélanie ging zur Tür, dort drehte sie sich um. »Danke für den Tee, Annelie, und auch für alles andere, was Sie für mich getan haben.«

»Ich muß mich für das wunderschöne Bild bedanken. Ich werde es meinem Mann zu Weihnachten schenken.«

Mélanie nickte. Dann zog sie die Tür hinter sich zu.

Mélanie wartete ab, bis beide Fenster des Ordinationszimmers zum Durchlüften geöffnet wurden. Das war das Zeichen, daß auch der letzte Patient gegangen war. Als kurz darauf Dr. Lehmann auf die Straße trat und nach links die Wallstraße hinunterging, konnte sie sicher sein, daß außer Samuel und seinen Töchtern niemand mehr im Hause war.

Sie überquerte die Straße und pochte an die Tür. Luise erschien. Mélanie wartete nicht auf eine Einladung, sie drückte sich einfach an ihr vorbei und durchschritt den Flur.

Vorm Wohnzimmer blieb sie stehen. »Ich möchte mit Ihnen reden. Mit Ihnen, mit Charlotte und auch mit Ihrem Vater.«

Von drinnen wurde die Tür geöffnet. Charlotte starrte sie an.

»Bitte«, sagte Luise und deutete an, daß sie eintreten solle.

Samuel saß in seinem Sessel. Er rauchte und las in einem Buch. Als er sie sah, zeigte sich Erstaunen auf seinem Gesicht. Er stand auf und nahm ihr den Mantel ab. »Wie schön, Sie zu sehen, mein Kind.«

Mit versteinerter Miene zupfte sie die Handschuhe von den Fingern und legte sie zusammen mit der Ledermappe, die sie bei sich trug, auf einen Stuhl. »Es ist kein angenehmer Besuch, Monsieur, ich muß mit Ihren Töchtern reden.«

»Aber bitte, setzen Sie sich doch.«

»Nein, ich stehe lieber. Was ich zu sagen habe, geht mir so leichter von den Lippen.« Sie sah von Charlotte zu Luise. »Mir ist zu Ohren gekommen, daß Sie mich eine Hochstaplerin nennen.«

»Aber wer sagt denn so etwas!« Samuel war entsetzt.

»Die Spatzen pfeifen es schon von den Dächern. Und um ehrlich zu sein, Monsieur, ich kann mir nicht vorstellen, daß Sie nichts davon wußten. Daraus muß ich schließen, daß Sie sich von diesen Verleumdungen hinreißen ließen und selbst Ihre Zweifel an meiner Person haben.«

Samuel war blaß geworden. Mélanies Blick war so kalt, daß er erschrak. Sie mußte zutiefst in ihrer Ehre getroffen sein, und er konnte es ihr nachfühlen. »Aber nein«, sagte er, »natürlich wußte ich nichts davon.«

»Hier!« Mélanie trat auf Charlotte zu und hielt ihr zwei Dokumente unter die Nase. »Das ist meine Geburtsurkunde und das mein Paß. Als Beweis, daß ich meinen Namen zu Recht trage, dürfte das ja wohl genügen. Und eine Beurkundung meiner Besitzungen und der jährlichen Einnahmen, die daraus hervorgehen, habe ich bereits angefordert. Es wird eine Weile dauern, bis sie aus Paris eintreffen, aber vielleicht können Sie sich mit weiteren Verleumdungen bis dahin ja noch im Zaume halten. Und dann, Mesdames, wünsche ich, daß Sie mich in der Öffentlichkeit rehabilitieren.«

Charlotte stieß die Hand mit den Dokumenten grob zur Seite, ging an Mélanie vorbei und stellte sich ans Fenster. »Sie!« schrie sie. »Sie kommen hier her und reißen alles an sich! Glauben Sie denn, wir merken nicht, daß Sie unserem Vater den Kopf verdrehen? Da haben Sie ja leichtes Spiel bei einem offensichtlich schon verwirrten alten Mann, der einsam ist, weil er seine Frau verloren hat!«

»Ich bitte Sie, reden Sie nicht so von Ihrem Vater, einem Mann, der in ganz Europa verehrt wird! Auch Sie sind ihm so etwas wie Achtung schuldig.«

Mélanie schaute zu Samuel hinüber, der hilflos von einer zur anderen blickte und nach Worten der Entschuldigung und Erklärung suchte. Zorn machte sich in ihr breit. So mutig er sich seinen Widersachern entgegenstellte, um seine Lehre zu vertreten, so schwach zeigte er sich angesichts seiner despotischen Töchter. Er würde sich von ihnen alles gefallen lassen. Aber nicht mit ihr! Sie hatte sich schon einmal gegen eine verrückte Mutter gewehrt, sie würde sich auch von diesen Damen nicht klein machen lassen.

Nun trat Luise auf sie zu, blieb nahe bei ihr stehen und starrte sie bohrend an. »Erzählen Sie uns nichts von Achtung, Marquise. Die haben wir unserem Vater ganz sicher genügend gezollt. Haben Sie eine Ahnung, wie es war, von nichts zu leben und alles zu entbehren? Wie es war, für seine Sache einzustehen, verachtet und verhöhnt zu werden?« Luise hatte Tränen in den Augen. »Ihn aufzufangen und zu trösten, wenn er von seinen Vorlesungen nach Hause kam, in denen kaum einer der Studenten der Sache wegen saß, sondern die meisten nur da waren, um ihrem Lachreiz zu frönen? Ihn auszuhalten, wenn er seinem Zorn freien Lauf ließ, weil man ihn und seine Sache einmal wieder angegriffen hatte? Ja, er hat Großes geleistet, doch die Früchte seiner Arbeit erntet er erst jetzt. Erst seit ein paar Jahren gibt es einige Leute, die sich die Mühe machen, seine Lehre zu verstehen, und seinen Namen, wie Sie sagen, in ganz Europa hochhalten. Und da kommen Sie daher und heften sich an seine Fersen! Sie sind 45 Jahre jünger als er! Sie sind siebzehn Jahre jünger als seine älteste Tochter! Und es dürfte Verehrer genug geben, die Ihrem Alter entsprechen! Ich bitte Sie, Madame, was sollen wir davon anderes denken, als daß es Ihnen um unseres Vaters Geld und den Glanz seines Ruhmes geht, in dem Sie sich zu sonnen gedenken?«

Fassungslos schüttelte Mélanie den Kopf. »Ich stamme von altem französischen Hochadel ab. Ich habe Bekanntschaft gemacht mit der Familie Kaiser Napoleons. Ich zähle Leute wie François-Guillaume Andrieux, Abbé Grégoire, Balzac oder den Maler Delacroix zu meinem Freundeskreis. Die Heiratsanträge einiger in Paris hochgeschätzter Männer wie Louis-Jérôme Gohier oder Dr. Doyen und weitere Herren aus der Pariser *première société* habe ich abgelehnt. Auch das Geld, das mein verehrter Freund Gohier mir neben seinem Namen vermachte, habe ich nicht angenommen. Ich bin weiß Gott nicht darauf angewiesen, mich im Glanze Ihres Vaters zu sonnen oder hinter seinem, verzeihen Sie, recht bescheidenen Hab und Gut herzusein.«

Plötzlich stand auch Charlotte neben ihr und sah sie mit verhaßtem Blick an. »Na gut, vielleicht geht es Ihnen nicht um Geld und Ruhm. Um so schlimmer, daß Sie uns hinstellen wie dumme Hühner, die keine Ahnung haben von der Homöopathie ...«

»Das tu ich nicht ...«, fiel ihr Mélanie ins Wort, aber Charlotte redete unbeirrt weiter.

»Die Homöopathie ist ebensogut zu unserer Sache geworden, wie sie die unseres Vaters ist. Immer wieder haben wir am eigenen Leibe Arzneimittelprüfungen vorgenommen. Glauben Sie, es ist einfach, Substanzen einzunehmen, von denen Sie nicht wissen, was sie mit Ihrem Körper und Ihrem Gemüt machen werden? Auch wenn sich letztlich alles in Grenzen hielt und nie eine von uns zu Schaden kam, so haben wir doch das Ärgste riskiert. Wir haben Vaters Haushalt geführt, seine Patienten empfangen, unser Leben in seinen Dienst gestellt – und jetzt kommen Sie daher und wollen ihn uns wegnehmen!«

Inzwischen war Samuel aufgestanden und zu ihnen gegangen. Er stellte sich zwischen sie, sah sie eine nach der anderen an. »Kinder, ich bitte euch, was redet ihr denn da. Niemand will euch den Vater wegnehmen!«

Mélanie atmete tief durch. Sie zwang sich zu einem versöhnlichen Ton. »Ganz sicher hatte ich nie beabsichtigt, in Feindschaft zu Ihnen zu treten. Auch jetzt will ich das nicht, aber dennoch muß ich Sie ganz energisch darum bitten, meinen guten Ruf wiederherzustellen und dieses unselige Gerücht aus der Welt zu schaffen.«

Luise wandte sich abrupt ab. »Ihren schlechten Ruf hier bei uns in Köthen haben Sie selbst zu verantworten. Ihre zu freizügige Art, Ihre Kleidung, Ihr Benehmen – so etwas schätzt man hier nicht. In Herrenkleidern und ohne Begleitung durch die Gegend zu reiten, zu schießen und sogar zu schwimmen!«

»Noch weniger zeugt es von gutem Benehmen, jemanden zu verleumden.« Mélanie warf den Kopf in den Nacken. »Nun denn, ich hoffe, Ihr Vater kann Sie zur Vernunft bringen.« Sie streifte Samuel mit kühlem Blick. Dann nahm sie ihre Mappe, ihre Handschuhe und ging zur Tür.

»Aber um Gottes willen, so können wir das doch nicht stehen lassen, Marquise!« Dr. Hahnemann folgte ihr, nahm ihren Mantel und half ihr hinein. »Bitte warten Sie einen Moment, ich werde Sie nach Hause bringen.«

Mélanie sah ihn lange an. Dann schüttelte sie den Kopf. »Ich möchte die paar Schritte allein gehen. Und ich denke, ein Gespräch mit Ihren Töchtern ist nun wichtiger. Das muß geregelt werden. Ich bin keine Hochstaplerin. Meine Absichten sind ehrlich und von reinstem Gewissen.«

Samuel drückte ihre Hand. »Das weiß ich doch, Madame.« Er war versucht, sie in seine Arme zu ziehen, wollte ihr warmes Lächeln, ihren liebevollen Blick nicht missen, doch er wußte, daß es in diesem Moment keinen Weg zu ihr gab, denn sie war wie er – stolz, eigensinnig, von unbeugsamem Willen. Niemals würde sie, wenn sie glaubte, man habe ihr Unrecht getan, auch nur eine Handbreit von ihrem Standpunkt zurückweichen. Er öffnete ihr die Haustür, küßte ihr die Hand, sagte leise: »Ich schreibe dir, mon amour – ich liebe dich!« Dann sah er zu, wie sie mit erhobenem Haupt und stolzen Schrittes davonging. Auch wenn sein Herz in diesem Moment schwer war, huschte doch ein Lächeln über sein Gesicht. Ja, zum Donner, er liebte diese außergewöhnliche Frau! Gerade weil sie dieses ungestüme Temperament hatte und bereit war, der Welt die Stirn zu bieten.

Die Hochzeit

Hahnemanns Töchter nahmen sich in Zukunft zurück. Zwar begegneten sie Mélanie weiterhin reserviert, aber sie redeten nicht mehr über sie und stellten in der Öffentlichkeit keine Vermutungen über ihre Absichten oder eine eventuell zweifelhafte Herkunft an.

Mélanie hatte inzwischen einen Großteil der Papiere für die Hochzeit zusammen, und Pastor Schmidt, der sie auf den Übertritt zum lutherischen Glauben vorbereitete, war zu ihrem Vertrauten geworden. Zwar war ihm diese junge Pariserin mit ihren seltsamen Angewohnheiten suspekt, aber seine Menschenkenntnis sagte ihm, daß sie Dr. Hahnemann ehrlichen Herzens zugetan war und die Gerüchte um sie, die auch ihm zu Ohren gekommen waren, ein intrigantes Manöver sein mußten.

Um Luises und Charlottes Mißtrauen nicht über die Maßen zu strapazieren, trafen sich Mélanie und Samuel nun noch seltener. Einmal suchte sie ihn als Patientin auf. Doch um weiteren Verdächtigungen vorzugreifen, bat er Dr. Lehmann dazu. Nur in der kurzen Zeit, in der dieser etwas im Apothekenraum zu schaffen hatte, konnten sie eilig ein paar Küsse tauschen.

»Ich sterbe vor Sehnsucht!« flüsterte Mélanie. »Es ist grausam, daß wir uns nicht einmal mehr sehen, geschweige denn im Arm halten können!«

Er hob ihre Hände und drückte sie an seine Wangen. »In drei Tagen, Liebste, ist Weihnachten. Wenn du Dr. Lehmann und seine Frau zur Abendmesse begleitest, werde ich mich meinen Töchtern anschließen. So können wir uns vor der Kirche wenigstens für einen Moment in die Augen schauen und an den Händen fassen.«

»Ganz sicher werde ich das tun!« versprach sie und ließ schweren Herzens von ihm ab, als sie auf dem Flur Dr. Lehmanns Schritte hörten.

Die Tage bis zum Heiligen Abend verbrachte Mélanie damit, zu studieren, Briefe zu schreiben, als Weihnachtsgeschenk für die Lehmanns von deren Kindern Miniaturen zu malen und für Samuel ein paar Zeilen zu dichten. Doch obwohl ihre Zeit damit ausgefüllt war, wollten die Tage einfach nicht vergehen.

Dann endlich kam das ersehnte Wiedersehen. Man traf sich am 24. Dezember zur Nachtmesse am Eingang der Agnus-Kirche, begrüßte sich und tauschte ein paar Floskeln aus. Der Preis für Samuels Lächeln, seinen Händedruck, einen langen, sehnsuchtsvollen Blick war ein fast drei Stunden langes Ausharren in der eisig kalten Kirche. Pastor Schmidt predigte über die Liebe zu Christus, die Demut und die Dankbarkeit für eine Erlösung, die den Menschen bevorstand, wenn sie einst in das ewige Reich einkehrten.

»Nicht hier auf Erden liegt das Glück – es liegt in Gottes Schoß!«

Mélanie spürte Samuels Blick in ihrem Rücken und seufzte leise. Vielleicht dachte er nun gerade an *ihren* Schoß und an eine andere Art von Liebe und Glück als die göttliche. Sie dachte ebenfalls daran und konnte nichts Verderbliches dabei finden! Wenn es wirklich einen Gott gab, der ihnen die Liebe ins Herz legte und ihre Lenden glühen ließ, weshalb sollte dann etwas Schlechtes dabei sein?

Später, vor der Kirche, wünschte man sich frohe Weihnachten, und weil die Hahnemanns und die Lehmanns denselben Heimweg hatten, traten sie ihn gemeinsam an.

Erst am Neujahrsmorgen begegneten sie sich wieder – auch diesmal anläßlich des Gottesdienstes. Mélanie wußte, daß er ihn nur besuchte, um sie sehen zu können, denn für ihn war die Kirche kein Ort, den er gerne und regelmäßig aufsuchte.

Während sie sich begrüßten, steckte sie ihm heimlich ein Billett zu, in dem sie ihm mitteilte, daß sie an diesem ersten Tag des neuen Jahres am Abendmahl teilnehmen und damit ihr Übertritt zum lutherischen Glauben rechtsgültig sein würde. Weiter schrieb sie: *Auch alle anderen Papiere für die Hochzeit habe ich zusammen, und die Ihren liegen, wie Ihr Rechtsanwalt mich bat, Ihnen das mitzuteilen, seit ein paar Tagen ebenfalls vor. Pastor Schmidt erwartet uns beide am Morgen des 3. Januar zu einem Gespräch, und dann können wir den Termin für die Trauung festlegen.*

Seine Antwort kam schon am selben Mittag, kaum daß sie wieder zu Hause war. Er hatte an die Seite ihres Briefes geschrieben: *Ich werde dasein, mein liebes Kind. Schon bald werden wir den Bund der Ehe schließen, und dann wird uns nichts mehr trennen können!*

Die Hochzeit wurde auf den 18. Januar festgesetzt. Um kein Aufsehen zu erregen, einigte man sich auf eine Haustrauung. Aus demselben Grund beschloß Mélanie, nach Leipzig zu fahren, um dort alles Nötige für die Hochzeit zu besorgen. Sie ließ sich ein schwarzes Kleid mit weit ausladendem weißen Spitzenkragen anfertigen und kaufte einen weißen Schleier, der mit winzigen weißen Blümchen bestickt war. Auch einen Brautkranz aus Myrte, ein mit ihrem Monogramm versehenes weißes Spitzentaschentuch und Trauringe besorgte sie.

Als Mélanie nach Köthen zurückkehrte, lag ein Brief von Samuel auf ihrem Nachttisch. Mit fliegenden Fingern öffnete sie ihn und las.

Kommen Sie möglichst bald zu mir. Ich habe mich inzwischen mit meinem Anwalt über die Verteilung meines Vermögens beraten. Ein Testament ist aufgesetzt, das Nachbarhaus für Luise und Charlotte gekauft. Auch habe ich meine Töchter gestern in unsere Heiratspläne eingeweiht. Zuerst waren sie schockiert und haben mit aller Macht versucht, mich umzustimmen – aber inzwischen fügen sie sich drein und akzeptie-

ren auch, daß ich das Nachbarhaus für sie einzurichten gedenke. Nun bleibt noch zu besprechen, wie wir unsere Hochzeitsfeier gestalten und ob wir jemanden einladen wollen.
Dies in aller Eile und Liebe, Ihr CFSH

Mélanies Herz raste. Nun wußten seine Töchter also Bescheid! Noch drei Tage blieben bis zur Trauung – und sie war sicher, daß es in dieser Zeit einigen Sturm im Wasserglas geben würde. Aber sie würde es durchstehen und würde in jedem Falle unerbittlich bleiben.

Tatsächlich begegneten Luise und Charlotte ihr äußerst frostig, doch zum Glück waren alle zu beschäftigt, um sich lange mit Streitereien und Gehässigkeiten aufzuhalten. Briefe an Samuels Kinder wurden geschrieben, Annoncen aufgesetzt, ein Hochzeitsmenü zusammengestellt, einige wenige Einladungen ausgesprochen.

Eine heftige und ziemlich unerfreuliche Auseinandersetzung gab es allerdings, als Charlotte ohne Erklärung das ehemalige Zimmer ihrer Mutter bezog und anfing, ihr eigenes Zimmer auszuräumen.

»Wozu?« fragte Mélanie alarmiert.

»Nun, Sie brauchen doch ein Schlafzimmer. Ich überlasse Ihnen meines, denn ich möchte nicht, daß Sie in Mutters Zimmer ziehen.«

»Das ist sehr freundlich von Ihnen, aber Sie hätten mich fragen können. Ich werde das Zimmer mit Ihrem Vater teilen.«

»Aber …« Charlotte starrte Mélanie an. »Das ist … vollkommen unüblich! Sie brauchen doch ein eigenes Schlafzimmer!«

»Was üblich ist oder nicht, interessiert mich wenig. Ich schlafe bei Ihrem Vater. Ich will mich jederzeit um ihn kümmern können. Ein Schlafzimmer genügt uns!«

Die beiden Frauen maßen sich mit Blicken. Röte kroch Charlottes Wangen hinauf bis hin zu den Schläfen, empört schnappte sie nach Luft. Dann eilte sie davon, als ob der Teufel hinter ihr her wäre.

Zwei Minuten später kam Samuel herein. »Charlotte schlägt mit Türen und klappert mit Töpfen. Ich habe sie gefragt, was sie so verärgert hat, aber sie antwortet nicht.«

Mélanie setzte sich und atmete tief durch. »Ich habe ihr mitgeteilt, daß ich kein eigenes Schlafzimmer brauche. Ich werde bei Ihnen schlafen!«

Er sah seine zukünftige Frau amüsiert und erstaunt zugleich an. »Nun, nicht daß ich etwas dagegen hätte«, sagte er dann, »aber das ist allerdings äußerst ungewöhnlich und für Charlotte sicher nur schwer zu verstehen.«

»Mag sein.« Mélanie stand wieder auf. »Doch ich ertrage den Gedanken nicht, daß Ihre beiden Töchter morgens die Laken kontrollieren, um herauszufinden, ob wir die Nacht miteinander verbracht haben. Da ist es mir lieber, sie wissen gleich Bescheid!«

Mélanie verschränkte die Arme und starrte Samuel grimmig an. Doch als er plötzlich herzlich lachte, konnte sie nicht mehr böse sein und lachte mit ihm.

»Noch zwei Tage«, sagte er.

»Noch zwei Tage«, wiederholte sie, und sie fielen sich glücklich in die Arme.

Die Hochzeit – genau drei Monate und zehn Tage nach ihrer ersten Begegnung – fand in allerengstem Kreise statt. Samuels Tochter Amalie war mit ihrem zehnjährigen Sohn Leopold angereist, und seine Enkelin Angeline, eine Tochter Henriettes, war schon tags zuvor gekommen. Außerdem hatten sich der kleinen Hochzeitsgesellschaft noch Franz Albrecht, ein Freund und Nachbar der Familie, und Annelie und Gottfried Lehmann angeschlossen.

Angeline, selbst erst seit kurzer Zeit verlobt, und die Lehmanns waren die einzigen, die sich mit dem Brautpaar zu freuen schienen. Sie umarmten und küßten Mélanie und überhäuften sie mit Glückwünschen.

»Ich habe so etwas geahnt«, flüsterte Annelie der Braut ins Ohr, »nur schade, daß er nicht ein wenig jünger ist. Auch mein Mann bewundert Sie sehr wegen des großen Opfers, das Sie für Ihre Liebe zu bringen bereit sind.«

Mélanie begriff nicht gleich, was gemeint war, aber als sie verstand, konnte sie sich ein Lachen nicht verkneifen. Alle Welt schien zu glauben, daß es, aufgrund von Samuels hohem Alter, eine rein platonische Liebe zwischen ihnen sein mußte. Aber alle Welt irrte sich! Daß er auch an ihrem Körper interessiert und durchaus fähig war, dieses Interesse in die Tat umzusetzen, wußte sie längst.

Doch das ging niemanden etwas an. Darum beugte Sie sich nun ihrerseits zu Annelie und flüsterte in gespieltem Ernst zurück: »Ach, wissen Sie, beste Freundin, ich liebe seine Seele und nichts anderes!«

Annelies Bemerkung zu diesem Thema blieb jedoch nicht die einzige an diesem Tag. Später, als man gegessen hatte, noch ein wenig zusammen saß und Portwein trank, fragte Franz Albrecht so leise, daß niemand außer Mélanie es hören konnte: »Befürchten Sie denn nicht, meine Liebe, daß bei Ihnen als Hahnemanns Gattin … nun ja, sagen wir mal, eine gewisse Unzufriedenheit aufkommen könnte? Ich meine, bei einem Altersunterschied von immerhin fünfundvierzig Jahren wäre das doch nicht verwunderlich.«

Mélanie sah ihn befremdet an. Sie ärgerte sich über diese Indiskretion eines Menschen, dem sie nur zwei- oder dreimal begegnet war, und hätte ihm gerne eine scharfe Antwort gegeben. Doch als sie sein sorgenvoller Blick traf, war ihr klar, daß er es ohne Arg gesagt hatte und es ihm allein um das Wohlergehen seines Freundes ging.

Trotzdem konnte sie ihren Zorn nicht beherrschen. »Wenn diese Dinge, auf die Sie anspielen, für mich so wichtig wären, hätte ich doch längst geheiratet«, gab sie zu bedenken. »Oder glauben Sie vielleicht, ich sei nur deshalb noch ungebunden, weil ich keinen Mann abbekam?«

»Selbstverständlich nicht!« Beschwichtigend hob er die Hände. »Im Gegenteil, Madame. Sicher waren Sie stets begehrt ...«

»Und immer unerreichbar«, nahm sie ihm das Wort aus dem Mund. »Nie habe ich mich jemandem ganz hingegeben, nie wollte ich abhängig von einem Menschen sein, und sei es aus Liebe. Aber Samuel hat etwas in mir aufgebrochen. Mit seiner Aufrichtigkeit, der Reinheit seiner Seele, der Kraft seines Herzens hat er mein Innerstes erreicht. Ich bewundere seinen klaren Verstand, sein wohltätiges Wesen, sein großes Können und seine menschliche und moralische Vollkommenheit. Eine Vollkommenheit, nach der ich mich mein Leben lang sehnte. Lieber verzichtet er auf alle Annehmlichkeiten, als jemandem zu schaden. Lieber würde er sterben, als sich wie Mephisto zu verkaufen! Und im Gegenzug, Monsieur, achtet und bewundert er meinen Stolz und meine Eigenständigkeit und würde niemals versuchen, mich seinem Willen unterzuordnen.« Sie sah Albrecht fest an. »Wenn es einen Mann auf dieser Welt gibt, mit dem ich glücklich sein, den ich bewundern und lieben kann, ohne mich selbst dafür aufgeben zu müssen, dann ist es Ihr Freund, mein über alles geliebter Gatte.«

Es war still geworden, und obwohl Mélanie ihre Worte nur an Franz Albrecht gerichtet hatte, waren nach und nach alle verstummt und hatten zugehört.

Nun beugte Samuel sich vor, nahm die Hand seiner jungen Frau, küßte sie und zwinkerte Franz Albrecht verschmitzt zu. »Jetzt werden Sie sicher verstehen, lieber Freund, warum ich es nicht lassen konnte, mit diesem temperamentvollen Geschöpf die Ehe einzugehen! Sie ist ein Kleinod, ein wahrer Schatz und für mich alten Knaben ein Jungbrunnen dazu!«

Dieser Zwischenfall am Tag ihrer Hochzeit war nur ein

kleiner Vorgeschmack auf das, was Mélanie und Samuel noch zu erwarten hatten.

Drei Tage lebten sie wie selbstvergessen in ihrem Liebesglück, und wenn nicht Luise und Charlotte mit ihren vorwurfsvollen, vergrämten Gesichtern gewesen wären, hätten sie das Paradies auf Erden gehabt.

Dann kam die erste Post aus Leipzig.

Freiherr von Brunnow, ein Freund Samuels, schickte einen Zeitungsartikel und schrieb dazu:

Mein bester Hahnemann! Den Eindruck, den die Anzeige in der Leipziger Zeitung von Ihrer Vermählung mit der Marquise auf mich machte, kann ich kaum in Worte fassen. Mit äußerster Genugtuung habe ich in die Hände geklatscht und mich herzlichst amüsiert. Lieber Freund, Sie zeigen es der Welt! Daß man Ihnen auch diesen Erfolg mißgönnt, wird Sie natürlich nicht allzu sehr erstaunen – aber Ihre Neider mögen allesamt vor Ärger grün und blau werden und an ihrem Zorn ersticken! Und Ihnen zum Trost sei gesagt: Nur nach fruchtbeladenen Bäumen wirft man mit Steinen!

Den beiliegenden Artikel nimmt sich Ihre liebe Frau hoffentlich nicht zu Herzen. Bestellen Sie ihr meine Grüße und sagen Sie ihr, ich würde mich sehr geehrt fühlen, sie einmal als Gast in meinem Hause begrüßen zu dürfen.

Den Artikel las Samuel Mélanie nur ungern vor, aber sie bestand darauf.

Der große Vater der Homöopathie, Dr. Hahnemann in Köthen, hat am letzten 18. Januar in seinem 80. Lebensjahr abermals geheiratet – eine junge katholische Dame, Tochter eines Gutsbesitzers aus Paris. Damit wollte er der Welt wohl zeigen, wie sich seine Heilkunst an ihm verherrlicht. Der junge Mann ist noch in rüstiger Kraft und fordert alle Allopathen auf: Macht mir's nach, wenn ihr könnt!

Mélanie hörte wie versteinert zu. Sie für sich konnte Spott ertragen – aber daß man Samuel, dem die Welt so Großes zu danken hatte, mit so viel Häme und so wenig Achtung begegnete, verletzte sie bis in die Tiefe ihrer Seele.

Auch ein Brief von Hahnemanns altem Freund Freiherrn von Gersdorff aus Eisenach befand sich in der Post. Er gratulierte von ganzem Herzen, dann fügte er folgende Zeilen an:

Ich werde nun auch anderen mitteilen, wie glücklich Sie sind, und wünschte, Sie könnten mir zuvor noch melden, daß auch Ihr Körper sich wohl dabei befindet, da Ihre Feinde in aller Boshaftigkeit meinen, das Eheleben mit einer so jungen Frau werde wenigstens Ihr baldiges Ende zur Folge haben.

Das Gerede über ihre sexuelle Beziehung nahmen Mélanie und Samuel mal mehr und mal weniger gelassen hin. Als aber immer wieder böswillige Gerüchte aufflammten, die Mélanie als mittellose Schwindlerin hinstellten, wobei man behauptete, sie sei hinter Hahnemanns Vermögen her und habe seine Familie um ihr Erbe betrogen, ließ Samuel durch seinen Anwalt eine Erklärung veröffentlichen, in der er diese Behauptungen als schändliche Verleumdungen bezeichnete und mit Klage drohte.

Trost fanden die beiden in ihrer Liebe. Erst nachts, wenn sie die Tür ihres Schlafzimmers hinter sich geschlossen hatten und sich endlich unbeobachtet aneinanderschmiegen konnten, atmete Mélanie auf.

»Ich wünschte nur, deine Töchter würden endlich hinüber in ihr eigenes Haus ziehen! Ich hasse ihre betont verhaltene Geschäftigkeit und ihre vorwurfsvollen Blicke. Sie vergiften das bißchen Privatsphäre, das uns noch bleibt.«

»Bald ist es soweit«, tröstete er sie. »In einem der Zimmer müssen noch die Dielen ausgetauscht werden, dann kann ich die Möbelpacker und Handlanger bestellen und alles in ihrem Sinne einrichten lassen.«

»Und sie sollen das Mädchen mitnehmen! Berta ist an sie gewöhnt, mich mag sie nicht. Ich werde Magdalena bitten, zu uns zu kommen. Damit bist du doch einverstanden?«

»Magdalena? Aber natürlich! Alles, was du willst, meine Liebe.« Er küßte seine Frau auf die Lider, auf die Schläfen, roch an ihrem Haar und seufzte vor Glück. Und sie erwiderte seine Zärtlichkeiten und schmiegte sich noch enger an ihn.

»Alles, was ich will«, hämmerte es dabei in ihrem Kopf nach – alles, was ich will!

Aber was sie wirklich wollte, behielt sie in dieser Nacht noch für sich: weg aus diesem dunklen, engstirnigen Köthen! Zurück nach Paris, wo sie zusammen mit ihm, ihrem Gatten, ein ganz neues Leben beginnen könnte. Was sollte dieser große, begabte Mann hier in so einem furchtbaren Nest? Und was sollte *sie* hier, wo man ihr nur mit Unverständnis und Feindseligkeit begegnete? Köthen und sein Kleinbürgertum war einfach zu eng für Menschen wie sie.

Endlich waren Luise und Charlotte umgezogen. Nun wurde es ein wenig leichter – nicht nur für Mélanie, auch für Samuel. Entspannt lehnte er sich zurück und genoß die Zeit mit seiner jungen Frau. Er war unendlich froh, daß sie nicht länger auf leisen Sohlen durchs Haus gehen mußte und sich den Launen und der Eifersucht seiner Töchter ausgesetzt sah.

Auch Magdalena erwies sich als Glücksgriff. Sie war nicht nur rührig um Mélanies Wohl besorgt, sondern zeigte sich als begabte Haushälterin, der man unbesehen die Zügel in die Hand geben konnte.

Von da an widmete sich Mélanie ganz und gar der Homöopathie. Entweder sie studierte die Krankenberichte, die er all die Jahre über handschriftlich aufgezeichnet hatte und die nun in Leder gebunden in seinem Ordinationszimmer standen, oder sie war als seine Assistentin bei seinen

Behandlungen anwesend. Dann schrieb sie in ihrer akkuraten Handschrift auf, was gesprochen wurde, und diskutierte anschließend mit ihm und Dr. Lehmann diese Fälle. An anderen Tagen half sie bei der mühsamen und langwierigen Aufbereitung der Medikamente oder legte Listen an und wertete Mittelprüfungen aus. Auch las sie seinen Aufsatz über die Behandlung der Cholera, der 1831 erschienen war, die fünfte, stark erweiterte Auflage des *Organon* – die vierte kannte sie ja bereits in der französischen Übersetzung – und zum zweiten Mal *Die Chronischen Krankheiten*, sein umstrittenstes Werk.

Oft wenn er hereinkam und sie in ihrem Sessel am Fenster sitzen sah, mit diesem Buch auf dem Schoß, dessenthalben sich sogar seine beiden langjährigen Wegbegleiter Dr. Groß und Dr. Stapf von ihm distanziert hatten, seufzte er leise vor Glück. Meist war sie ganz versunken beim Lesen und hatte Denkerfalten auf der Stirn, oder ihre Lippen bewegten sich und murmelten leise Worte vor sich hin, die wie Perlen aus ihrem Mund fielen. Worte wie Psora und Syphilis, die so Schreckliches umfaßten und doch aus ihrem Munde wie kleine Zärtlichkeiten klangen. Und wenn er sie dann ansprach, sie aufsah und eine Frage an ihn richtete, erkannte er aufgrund dieser Frage, daß sie das Gelesene auch verstanden hatte und nicht nur ihm zuliebe vorgab, es zu verstehen.

So sehr ihn die Schönheit, die weiblichen Reize und die hingebungsvolle Liebe seiner jungen Frau im Herzen auch bewegten: die Tatsache, daß sie zu den ganz wenigen Menschen zählte, die seinen Gedankengängen folgen konnten, daß er in ihr eine verwandte Seele und einen ebenbürtigen Geist gefunden hatte, bedeutete ihm noch sehr viel mehr. *Das* war sein wirkliches und wahres Glück!

An anderen Tagen, wenn Mélanie lachend durchs Haus lief, ihm Tanzschritte beibrachte, mit ihm Opernarien sang oder sie gemeinsam musizierten, war ihm, als würde sie neuen Atem in ihn hineinhauchen. Göttlicher Odem aus ihrem zärtlichen roten Mund! Lebenskraft für ihn, den alten Mann, der dank ihrer Liebe zusehends jünger wurde. Der neuen Kampfgeist entwickelte, Pläne schmiedete. Wie wäre es zum Beispiel, seine Krankenjournale zu ordnen und die wichtigsten Fälle zu einem Werk zusammenzufassen? Er könnte diese Arbeit mit Hilfe eines Kollegen tun – mit Georg Heinrich Jahr zum Beispiel, einem ehemaligen Schüler, der ihm ans Herz gewachsen war. Oder ... ja, warum nicht gar gemeinsam mit Mélanie?

Paris

Paris, August 1835

Ein Blick auf die Kaminuhr sagte ihr, daß es gleich Mitternacht sein würde. Mélanie legte ihr Buch beiseite und ging hinüber in das Arbeitszimmer ihres Mannes.

Sie stellte sich hinter ihn und legte ihm die Hände auf die Schultern. »Was schreibst du denn so lange? Wir sollten zu Bett gehen.«

»Den Brief an Georg Heinrich Jahr. Ich bin gleich fertig.« Er streute Löschsand auf das letzte Blatt Papier und lächelte, als seine Frau ihm die kalte Pfeife aus der Hand nahm und in den Ständer stellte.

»Möchtest du, daß ich ihn dir vorlese?« fragte er.

»Bist du denn nicht zu müde?«

»Aber nein. Nur die Augen vielleicht ...«

»Dann lese ich dir den Brief vor.«

Sie setzten sich ans Feuer, und Mélanie begann:

Verehrter Freund!

Mit großer Freude habe ich Ihre Zeilen gelesen. Vor allem, daß Sie ernsthaft in Erwägung ziehen, Lüttich zu verlassen und in Paris zu leben, nehme ich mit großer Genugtuung zur Kenntnis. Selbstverständlich werde ich Sie dabei unterstützen, Ihr kleines Repertorium zu erweitern und eine homöopathische Zeitschrift zu veröffentlichen. Ob es Ihnen allerdings möglich sein wird, sich hier als Homöopath niederzulassen, bleibt dahingestellt. Auch mir hat man bisher noch keine Genehmigung zum Praktizieren erteilt, obwohl ich diese bereits vor einigen Wochen beantragt habe.

In Ihrem Brief erkundigten Sie sich, wie es mir auf meiner Reise nach Paris und in den ersten Tagen meines Aufenthalts in meiner neuen Heimat erging. Hier meine Antwort:

Am frühen Morgen des 7. Juni d. J., auf den Tag genau vierzehn Jahre nach meiner Ankunft dort, verließ ich, an der Seite meiner lieben Frau Mélanie, Köthen. Wir reisten per Postkutsche. Vor der Abfahrt änderte ich noch mein Testament und teilte mein gesamtes Vermögen unter meinen Kindern und Enkelkindern auf, in der Hoffnung, damit Erbschaftsstreitigkeiten zu umgehen und den bösen Zungen, die meiner Frau nachsagen, sie hätte es auf mein Geld abgesehen, den Wind aus den Segeln zu nehmen. Nur meine Bücher, meine Uhren und ein paar andere persönliche Gegenstände nahm ich mit.

Meine Töchter Luise und Charlotte folgten uns in einer zweiten Kutsche bis Halle, wo ich noch Freiherr von Gersdorff, meinen lieben Freund und Paten meines Sohnes, besuchte und dort im Hotel Kronprinzen für unseren kleinen Kreis ein Abschiedsmahl gab.

Wie schon auf der Reise von Paris nach Köthen trug meine Frau wieder Männerkleidung. Wir hatten uns so entschieden, weil uns diese Verkleidung als sicherer erschien. Wie hätte ich alter Mann ihr helfen können, wenn man ihr zu nahe getreten wäre? Also drehten wir den Spieß einfach um und taten, als wäre sie ... nein, er zu meinem Schutz bei mir. Wir hatten diesbezüglich viel Spaß und amüsierten uns prächtig, wenn wir als Vater und Sohn die Leute an der Nase herumführten. Nur was die Bewirtung in den Poststationen und die Gemütlichkeit der Postkutschen betraf, hatten wir nichts zu lachen. Das Essen war ebensosehr eine Zumutung wie die Zimmer, und meine armen alten Knochen wurden auf dieser Reise so durchgeschüttelt, daß meine Frau sie jeden Abend aufs neue liebevoll sortieren mußte – was mir allerdings nicht unangenehm war.

Am 21. Juni, nach dreiwöchiger Fahrt, trafen wir endlich in Paris ein. Es war ein schwülwarmer Tag, der sich langsam zu Ende neigte. Mit einer Mietdroschke fuhren wir von der

Poststation in die Wohnung meiner Frau in der Rue des Saints-Pères Nr. 26, wo wir bereits ungeduldig von ihrem Ziehsohn Charles Lethière und Rose, ihrem guten Hausgeist, erwartet wurden.

Ich kann Ihnen gar nicht sagen, was ich empfand, als ich an den Fenstern der hochgelegenen Wohnung stand und direkt in die Charité, das berühmte Krankenhaus von Paris, sah. Es war mir wie ein Omen, das mir zeigte, daß mein Weg als Arzt und Homöopath noch lange nicht zu Ende ist. Während ich mich in Köthen mehr oder weniger damit abgefunden hatte, daß es für mich keine Zukunft mehr geben wird, wußte ich in diesem Moment, daß ich hier wieder die Kraft finden werde, mich meiner Aufgabe und notfalls auch meinen Widersachern, den Feinden der Homöopathie, zu stellen.

Auch Mélanies Vater, der in meinem Alter ist, lernte ich bereits in den ersten Tagen nach unserer Ankunft kennen. Er und ich verstehen uns sehr gut, und oft besuchen wir zu dritt die Oper. Überhaupt genieße ich die Möglichkeiten, die diese wunderschöne Stadt einem kunstbeflissenen Menschen bietet.

Eine Zeitlang ruhten wir uns aus und genossen das Alleinsein als eine Art verspäteter Flitterwochen. Doch die Wohnung meiner Frau erwies sich schon bald als zu klein, und wir beschlossen umzuziehen. Bereits am 15. Juli errichteten wir unser Domizil in der Rue Madame Nr. 7, von wo aus ich diesen Brief schreibe.

Charles ist nicht mit uns hier eingezogen. Er bewohnt nun ganz in der Nähe eine eigene kleine Wohnung, bleibt aber in ständiger Verbindung zu uns. Er hat beschlossen, Apotheker zu werden, wodurch es uns eines Tages möglich sein wird, unsere Medikamente selbst herzustellen – nur so können wir sicher sein, sie wirklich in der Weise aufbereitet zu erhalten, wie wir sie brauchen und haben wollen.

Auch das wird Sie interessieren: Kaum umgezogen, wurde ich von einigen Homöopathen aufgesucht, die meine Schüler werden wollten. Als ich ihnen jedoch unmißverständlich klar-

machte, daß ich nur diejenigen annehmen werde, die bereit sind, meiner Lehre ohne Wenn und Aber zu folgen, und die nichts nach ihrem eigenen Gutdünken vermischen werden, stellten sie sich sofort gegen mich. Sie wollten Medikamente in viel zu großen Gaben verabreichen und sie dann allzu häufig wiederholen. Darüber kamen wir in Streit. Ein Wort gab das andere, ich nannte sie sans-culottes – Bastardhomöopathen –, und sie verließen mich im Zorn.

Wie es scheint, lieber Freund, bringt mir meine unbeugsame Haltung auch hier in Paris Feinde ein. Aber ein wenig Homöopathie ist so gut wie gar keine Homöopathie, und solche Leute sind nichts anderes als Allopathen im neuen Kleid! Was das betrifft, kennen Sie meine Einstellung und wissen, daß ich nicht nachgeben werde.

Sobald ich die Genehmigung zum Praktizieren erhalten habe, werde ich Sie umgehend benachrichtigen. Nun wünsche ich Ihnen alles Gute für die nächste Zeit und verbleibe mit den besten Grüßen an Sie und alle, die mich kennen und schätzen,

Ihr ergebener Dr. Samuel Hahnemann

Mélanie faltete den Brief zusammen und legte Samuel eine Hand auf den Arm. Dabei sah sie ihn lächelnd an. »Ich kann es immer noch kaum glauben – wir sind hier! Wir beide, zusammen, und wir werden die Welt auf den Kopf stellen!«

»Nun ja, auf den Kopf stellen; das vielleicht nicht gerade. Aber wir könnten einiges leisten – wenn man uns nur endlich ließe!« Er seufzte.

Vor mehr als drei Wochen hatte er an Guizot, den Bildungsminister, geschrieben und ihn nun bereits zum zweiten Mal um Erlaubnis gebeten, in Paris praktizieren zu dürfen, aber er hatte immer noch keine Antwort erhalten.

»Habe Geduld, Liebster. Es dauert eben, bis der Amtsschimmel auf Trab kommt.«

Mélanie stand auf, verließ das Zimmer, kam zurück und hielt Samuel ein Billett hin. »Mein Vater hat geschrieben. Er lädt uns in die Oper ein. *Die weiße Dame* wird aufgeführt, eine komische Oper von Boieldieu. Vater hat damals, vor zehn Jahren, die Uraufführung gesehen und hat sich bestens amüsiert. Er schrieb dazu liebe Grüße, und du sollst dich nicht so viel grämen und sorgen.«

Während Samuel den Brief überflog, sang Mélanie ein paar Takte aus dem Septett im zweiten Akt: »Mir ahnt, hier liegt ein Geheimnis verborgen ...« Dann hielt sie ihm beide Hände hin, zog ihn aus dem Sessel und fiel ihm lachend um den Hals. »So, Liebster, und nun gehen wir endlich schlafen!«

Ein Lakai reichte Mélanie die Hand, um ihr aus der Kutsche zu helfen. Sie trug eine dunkelblaue Abendrobe aus feinster Seide, einen silberfarbenen Turban, der mit einer dunkelblauen Feder aufgeputzt war, und dazu blaue Seidenschuhe, passend zum Kleid angefertigt. Wie immer war sie wunderschön und zog alle Blicke auf sich.

Mélanies Vater saß bereits in seiner Loge. Er unterhielt sich mit Madame Pyat über Meyerbeers Oper *Robert le Diable*, die er zusammen mit Mélanie und Samuel am 23. Juni gesehen hatte. Madame Pyat war eine ältere Dame, korpulent und für ihr Alter und Aussehen viel zu aufgeputzt. Mit spitzer Zunge und wenig Verstand zog sie über die Leute her und erfreute sich dadurch bester Unbeliebtheit.

Als die Hahnemanns hereinkamen, reichte sie Samuel die Hand zum Kuß. »Wie schön, Sie endlich kennenzulernen! Man hat mir schon so viel über Sie erzählt.«

»Nun, vermutlich, daß ich viel zu alt für meine schöne junge Frau sei und obendrein ein unbequemer Querulant und Starrkopf, dem mit Vernunft nicht beizukommen ist. Und Sie können ruhig glauben, was so geredet wird, Madame, die Leute haben recht.«

Madame Pyat starrte Samuel perplex an, dann lachte sie plötzlich – ein Lachen, das schrill und gekünstelt klang. »Ach, und Humor haben Sie auch, Monsieur – charmant, vraiment très charmant!«

Im selben Moment wurde die Vorstellung zum ersten Mal eingeklingelt. Madame Pyat stand auf, um sich zu verabschieden. »Ich habe einen Platz im Parkett«, sagte sie. Vermutlich hatte sie gehofft, der Marquis würde sie einladen, bei ihnen in der Loge zu bleiben, aber er verbeugte sich nur und wünschte ihr einen schönen Abend.

Als die Logentür hinter ihr zugefallen war, grinste er. »Perfekt pariert, Hahnemann – das haben Sie gut gemacht!«

Er rückte seiner Tochter einen Stuhl zurecht. Mélanie setzte sich und sah über die Brüstung ins Parkett. Langsam füllten sich die Reihen. Damen in großen Roben, der Mode entsprechend mit Federn aufgeputzt, und Herren im Frack kamen herein. Unter ihnen erkannte sie auch den Romancier Eugène Sue und den Porträtisten Amaury Duval.

Man nahm Platz, redete und hielt sich Operngläser vor die Augen, um besser sehen zu können, wer sich in den Rängen aufhielt. Die Musiker besetzten nach und nach den Orchestergraben und stimmten ihre Instrumente. Das Surren der Geigen, das Pfeifen der Flöten und das Murmeln der Zuschauer vermischten sich zu einem einzigen schnarrenden Klang.

Gerade wollte Mélanie sich wieder zurücklehnen, als sie in der Loge gegenüber Pierre Doyen erkannte. Auch er hatte sie gesehen. Er verbeugte sich knapp, seine Gesichtszüge wirkten wie versteinert.

Samuel folgte dem Blick seiner Frau und entdeckte den ungewöhnlich gutaussehenden Mann, der zu ihnen herüberstarrte, nun ebenfalls.

»Wer ist das?«

»Sein Name ist Dr. Pierre Doyen. Er war einmal mein Arzt.«

»Ach.« Samuel nahm ihre Hand und drückte sie. »Der Doktor mit den Blutegeln?«

»Ja, der.«

»Und hast du nicht auch erzählt, er wollte dich heiraten?«

Mélanie lachte. »Mein Lieber, warum bist du eifersüchtig? Hätte ich diesen nichtssagenden, eiskalten Schönling gewollt, hätte ich ihn haben können!«

Obwohl sie sich gerne frisch gemacht hätte, blieb sie während der Pause in der Loge. Sie hatte keine Lust, Doyen über den Weg zu laufen. Ihr war klar, daß er sie nach der Vorstellung abfangen würde. Sie kannte ihn, er gehörte zu den Menschen, die mit Vorliebe in offenen Wunden bohrten – auch in den eigenen. Aber dann würde sie wenigstens in Begleitung Samuels und ihres Vaters sein.

Tatsächlich stand er beim Verlassen der Oper plötzlich vor ihr. »Ich hoffe, die Vorstellung hat Ihnen gefallen, Madame?« Er sah von ihr zu Samuel, dann wieder zu ihr.

»Dr. Pierre Doyen«, stellte sie vor, ohne seine Frage zu beantworten. »Und das ist mein Gatte, Dr. Samuel Hahnemann. Meinen Vater kennen Sie ja.«

»Ihr Gatte – ich weiß.« Doyen starrte Samuel finster an. »Der Begründer der Homöopathie, jener seltsamen neuen Heilmethode, die mit nichts nichts zu heilen vermag.«

Samuel mußte zu dem sehr viel größeren Mann aufsehen. Trotzdem gelang es ihm, Doyen auf eine Art von oben herab zu betrachten, die diesem zeigte, daß er, Samuel, jederzeit bereit war, es mit ihm aufzunehmen. Um seinen Mund zuckte ein zynisches Lächeln, als er ganz ruhig entgegnete: »Ich sehe, Herr Kollege, Sie sind nicht ganz richtig informiert. Der Grundsatz lautet *Similia similibus curentur* – Gleiches ist mit Gleichem zu heilen. Aber wenn Sie mehr darüber erfahren möchten, sind Sie herzlich zu einem meiner Gesprächskreise eingeladen, die in Zukunft einmal wöchentlich bei mir stattfinden werden. Ich denke doch, wer

Kritik laut werden läßt, sollte wenigstens umfassend informiert sein, um sich am Ende keine Blöße zu geben.«

»Vielen Dank für Ihre Einladung.« Die Muskeln um Doyens Backenknochen spielten, Haß blitzte aus seinen Augen. Ihn hatte Mélanie zurückgewiesen, doch diesen alten Greis, der die Welt mit seiner Medizin zum Narren hielt, hatte sie geheiratet! »Aber ich denke nicht, daß mein Verständnis so weit reicht, Ihre Lehre zu begreifen.« Er sah Mélanie an. »Ich empfehle mich, Madame. Ganz sicher hören Sie wieder von mir.« Er verbeugte sich knapp, dann ging er mit langen, wütenden Schritten davon.

Joseph d'Hervilly legte Hahnemann eine Hand auf den Arm. »Machen Sie sich nichts draus. Der Mann ist ein Hitzkopf, aber sein Gemüt kühlt sich auch schnell wieder ab.«

»Hitzkopf? Il est un sacré têtu – ein verdammter Holzkopf ist er!« Verärgert drehte sich Mélanie um, hob ihren Rock an und verließ die Oper.

Anfeindungen

»Das mußt du hören!« Ohne anzuklopfen, stand Mélanie plötzlich in Samuels Arbeitszimmer, ihr Gesicht war weiß vor Zorn. »Hier ist ein Artikel über dich, geschrieben von einem gewissen Christian Labourier. Ich weiß, daß dieser Schmierfink ein guter Bekannter von Doyen ist, ich habe ihn des öfteren in seiner Begleitung gesehen. Es ist also klar, wem du diese Verleumdungen zu verdanken hast.« Laut las sie vor: »*... möchte sich Dr. Samuel Hahnemann, der zuletzt in Deutschland, in der Hauptstadt des Herzogtums Anhalt-Köthen praktizierte, hier bei uns in Paris niederlassen, um sich als großer Arzt und ruhmreicher Begründer seiner neuen Heilmethode hervorzutun. Es mag Leute geben, die sich blenden lassen und der Homöopathie, wie er seine Methode nennt, Vertrauen schenken. Doch nicht ohne Grund hat dieser Mann in Deutschland die gesamte Ärzte- und Apothekerschaft gegen sich aufgebracht und sich schließlich nach Frankreich abgesetzt.*

Die Liste seiner ärztlichen Verfehlungen mag lang sein. Hier seien jedoch nur zwei Fälle erwähnt, die uns zu denken gaben.

Zuerst starb dem ›Grande homme‹, wie ihn seine Frau, die Marquise d'Hervilly, so gerne zu nennen pflegt, ein Kind unter den Händen weg. Ein Junge, der von einem tollen Hund gebissen war. Ein erfahrener Wundarzt wollte dem Kind die Bißwunde ausschneiden, aber Hahnemann gedachte sich als Wunderheiler hervorzutun und verabreichte dem armen Opfer seiner ›Heilkunst‹ eines seiner Zuckerkügelchen, die, wie man weiß, mit nichts als Wasser getränkt sind. Natürlich starb der Junge. Aber anstatt die schwere Schuld auf sich zu nehmen, behauptete der selbsternannte Wunderheiler, man hätte das Kind einfach nur zu spät zu ihm gebracht.

Aus unerfindlichen Gründen brachte niemand die Sache zur Anzeige. Als Hahnemann jedoch einen zweiten Todesfall verursachte, wurde er mit Schimpf und Schande aus Leipzig vertrieben, der Stadt, in der er damals noch praktizierte. Es geht in dieser Sache um den Fürsten Karl von Schwarzenberg, der an einer beginnenden Verkalkung der Venen litt. Der Mann war nach Leipzig gekommen, um sich in Hahnemanns ärztliche Obhut zu begeben. Bei richtiger Behandlung hätte er noch gut und gerne ein paar Jahre leben können, doch mit Hahnemanns Hilfe verstarb er bereits nach sechs Monaten, hingerafft durch einen Schlaganfall. Aber wen wundert das schon, wenn er, wie bei Hahnemann üblich, mit ›nichts‹ behandelt wurde?«

An dieser Stelle schnaubte Mélanie vor Wut. Die linke, freie Hand drückte sie, zur Faust geballt, gegen die Brust.

»*Zurück bleibt zweierlei*«, fuhr sie fort. »*Zuerst die Frage, warum es doch immer wieder Menschen gibt, die auf eine Methode hereinfallen, die ganz offensichtlich einer schillernden Seifenblase gleicht – einer Seifenblase, der es zwar gelingt, eine Weile dahinzuschweben, die aber, wie jeder weiß, schon bei der leichtesten Berührung zerplatzen wird. Als zweites bleibt die Hoffnung, daß unser Bildungsminister uns vor solchen Ärzten zu schützen weiß, indem er ihnen nicht erlaubt, in unserer Stadt zu praktizieren und ihr zweifelhaftes Werk an ihren Bürgern zu vollenden.*«

Mélanie schleuderte die Zeitung auf Samuels Schreibtisch und tippte mit ausgestrecktem Zeigefinger auf den Artikel. »Wir sollten ihn anzeigen, diesen ... diesen Schreiberling!«

»Ach Mélanie ...« Samuel schüttelte seufzend den Kopf. »Solche Artikel gehören zu meinem Leben wie der alljährliche Schnupfen im Winter zu unserem Kutscher. Eine Anzeige würde überhaupt nichts bringen – im Gegenteil. Doyen hätte erreicht, was er will: Sein Freund könnte darüber berichten, und die öffentliche Aufmerksamkeit wäre weiterhin auf uns gerichtet. Glaube mir, es ist besser, diese Dinge einfach zu ignorieren.«

»Ignorieren!« Sie warf die Arme hoch. »Das Kind war bereits todgeweiht, du hast es mir selbst erzählt.«

»Richtig. Ihm auch noch ein großes Loch ins Fleisch zu schneiden wäre grausam gewesen. Zumal längst erwiesen ist, daß eine derartige Operation nicht hilft. Und was Karl von Schwarzenberg betrifft, der war, als er zu mir kam, von den Ärzten längst aufgegeben. Er litt an fortgeschrittener Arteriosklerose, und das eigentliche Wunder war doch, daß er dank meiner Hilfe noch ein halbes Jahr am Leben blieb. Aber diejenigen, die solch einem Artikel Glauben schenken, kann man so oder so nicht überzeugen. Am allerbesten läßt man Gras über die Sache wachsen – ein kalter Wind verweht genauso wie ein warmer.« Er lächelte und winkte Mélanie zu sich. »Komm her, liebes Kind!« Er zog sie auf seinen Schoß. »Hör auf, dir Gerechtigkeit für mich zu wünschen. Du wirst nur enttäuscht werden.«

»Aber begreifst du denn nicht, warum Doyen diesen Artikel schreiben ließ – er will verhindern, daß du eine Genehmigung bekommst und anfängst zu praktizieren!«

»Ja, natürlich begreife ich das.« Wieder seufzte Samuel. »Was das betrifft, müssen wir eben einen Weg für uns finden. Es gibt doch einige Homöopathen in Paris, die erfolgreich behandeln. Da wird man schließlich dem Begründer der Homöopathie nicht alle Türen verschließen, nur weil ihm ein paar Neider nicht gut gesonnen sind.«

Louis-Philippe

»Wie willst du das schaffen – beim König vorsprechen!«

»Laß mich nur machen. Ich kenne ihn persönlich.« Mélanie richtete ihren Hut, streifte die Handschuhe über, schob den Brief der Gräfin d'Avrillion in ihre Tasche und sah Samuel selbstbewußt an. »Louis-Philippe wurde als Herzog von Orléans geboren, und wäre er von der liberalen Kammer nicht als König eingesetzt worden, wäre ich ihm im Rang durchaus ebenbürtig.« Sie küßte Samuel und ging zur Tür. »Ich komme nicht ohne eine Zusage zurück, das verspreche ich.«

Die Kutsche wartete bereits. Während der langen Fahrt nach Fontainebleau versuchte Mélanie sich an die drei oder vier Begegnungen mit Louis-Philippe zu erinnern. Vor allem ein Zusammentreffen hatte sie noch vor Augen. Sie begegneten sich bei gemeinsamen Freunden. Es war vor fünf Jahren etwa, zu Zeiten der Julirevolution. Einer der Gäste, ein guter Freund ihres Bruders, bedauerte sie wegen der tragischen Ereignisse in ihrer Kindheit, die schließlich dazu geführt hatten, daß sie das Elternhaus verlassen mußte. Mélanie, der es unangenehm war, daß man über diese Dinge sprach, zitierte Dante. *Guarda e passa!* – blick hin und geh vorüber. Damit verließ sie den Salon und zog sich in den Garten zurück.

Plötzlich stand Louis-Philippe vor ihr, offensichtlich war er ihr nachgegangen. »Ich bewundere Frauen wie Sie«, sagte er.

»Und wie bin ich Ihrer Meinung nach?«

Er lachte. »Stolz, entschlossen, auf dem geraden Weg nach vorne.«

»Nun, nicht jeder Mann mag das.«

»Und – bin ich jedermann?« Ein Lächeln lag auf seinem runden, freundlichen Gesicht. Forschend sah er ihr in die Augen.

Danach hatten sie noch über Kunst und Politik geredet, bis Mélanies Kutsche kam und sie sich verabschiedete.

Nun war er König, und sie hoffte auf seine Hilfe. Sie hätte den offiziellen Weg gehen und um eine Audienz bitten können, aber da hätte sie unter Umständen wochenlang warten müssen! Und wer weiß, ob Guizot, der einen großen Einfluß auf Louis-Philippe zu haben schien, ein Zusammentreffen nicht sogar zu verhindern gewußt hätte. Da war es leichter, die d'Avrillion für ihre Sache zu gewinnen. Immerhin waren ihre Mütter Kusinen zweiten Grades gewesen und hatten sie als junge Mädchen oft gemeinsam zum Sticken verurteilt, eine Arbeit, die Estelle und ihr gleichermaßen verhaßt gewesen war und durch die sie sich zu so manchen unschicklichen Flüchen hatten hinreißen lassen.

Die d'Avrillion war eine enge Vertraute der Königin. Marie-Amélie von Bourbon-Sizilien – eine kluge und stille Frau mit einem langen, schmalen Gesicht und einer großen Nase. In nur vierzehn Jahren hatte sie zehn Kinder zur Welt gebracht. Mélanie überlegte, wer ihr diese enorme Anstrengung wohl dankte. Ihr Gatte, der König? Die Franzosen?

Aber vielleicht war Marie-Amélies Mühe ja auch gar nicht so groß, wie Mélanie befürchtete. Selbst eines von siebzehn Geschwistern – Tochter des Königs von Neapel und Carolines de Habsbourg, die eine Schwester der unglückseligen Marie-Antoinette war –, hatte man sie vermutlich auf ein Leben unter dem Joch der Krone und auf das Gebären für den Staat vorbereitet.

Es waren ausgedehnte Wälder, die Mélanie auf ihrer Fahrt zum Schloß durchqueren mußte. Als ihre Kutsche endlich vor den Toren Fontainebleaus anhielt, stand die Sonne bereits hoch, und es war drückend heiß.

Mélanie gab dem Wachhabenden ihren Paß und die Einladung der Gräfin d'Avrillion. Während er die Papiere durchsah, beobachtete sie das Treiben auf dem Schloßplatz. Drei Gärtner beschnitten Buchsbäume, die in Kübeln standen, und einige Männer der Garde marschierten auf. Letzteres war ein Zeichen, daß der König im Schloß war, aber das hatte sie bereits gewußt, sie hatte Erkundigungen eingezogen.

Der Wachhabende gab ihr die Papiere zurück und winkte die Kutsche durch. An der Treppe wurde Mélanie von einem Lakaien empfangen, der ihr beim Aussteigen half. Ein anderer brachte sie schließlich in die Räume der Gräfin.

Mélanie folgte ihm und blickte dabei durch die hohen Fenster nach draußen in den Park. In einiger Entfernung erkannte sie zwei junge Herren von etwa vierzehn Jahren. Sie hatten Jagdgewehre und zielten auf eine Schießscheibe – vermutlich waren es Henri und Charles von Orléans, Louis-Philippes jüngste Söhne. Einige Damen des Hofes saßen in der Nähe und bewunderten sie gebührend.

Plötzlich blieb der Lakai stehen und klopfte.

»Entrez!« Mélanie erkannte die Stimme ihrer Kusine.

Der Diener öffnete die Tür und wartete, bis der Gast eingetreten war, um sie wieder schließen zu können.

Mélanie sah sich verwundert um. Es war so dunkel im Raum, daß sie die Umrisse der Möbel kaum erkennen konnte. Erst als sich ihre Augen an das Dämmerlicht zu gewöhnen begannen, nahm sie die Sitzgruppe wahr, die vor dem Kamin stand – und dort, auf einem Sofa, lag mehr, als daß sie saß, ihre Kusine Estelle.

»Kommen Sie nur, Madame, approchez!« Estelles Stimme klang gequält. »Ich bin krank. Der Kopf! Es sind Höllenqualen, und wenn ich Sie noch hätte erreichen können, hätte ich Ihnen abgesagt.« Sie richtete sich auf und seufzte. Dann wechselte sie plötzlich zum Du, wie damals, als sie noch Kinder waren. »Könntest du mir bitte ein Glas Wasser reichen?«

Mélanie sah sich um. Auf einem Tisch an der Wand standen auf einem Tablett eine Wasserkaraffe und vier Gläser. Sie goß eines der Gläser halb voll und gab es Estelle in die Hand.

»Komm, setz dich!« Die d'Avrillion klopfte neben sich auf das Polster, als ob Mélanie ein Hündchen wäre, das Platz machen sollte. »Möchtest du ein Glas Likör? Oder Früchte?«

»Ich will dir keine Umstände bereiten. Wenn du möchtest, gehe ich wieder.«

»Aber nein – nach dem weiten Weg von Paris hier heraus! Es ist ohnehin nicht mehr so schlimm wie heute morgen. Da dachte ich, der Kopf zerplatzt mir in tausend Stücke! Und dann diese Übelkeit dazu ...«

»Hast du das öfter?«

»Ja, leider. Ganz sicher alle paar Wochen, du weißt schon, zu Frauenzeiten – und außerdem wenn ich mich aufrege. Dann kann ich geradezu darauf warten! Wenn nur etwas dagegen helfen würde, aber die Kunst der Ärzte versagt in meinem Falle ganz und gar.«

»Es gibt eine Möglichkeit, dir zu helfen.« Mélanie sah ihre Kusine fest an. »Die Homöopathie.«

»Ja, die Homöopathie! Vor drei oder vier Jahren praktizierte Dr. Qiun, dieser Homöopath, in Paris. Alle waren angetan von ihm. Auch meine Mutter hat er behandelt. Wie du sicher noch weißt, litt sie ebenfalls an Migräne. Er konnte ihr tatsächlich helfen. Doch als es dann auch bei mir anfing, war Dr. Quin bereits nach England übersiedelt. Eine Bekannte gab mir den Rat, mich an Dr. Jacobus zu wenden, der ihren Angaben zufolge ebenfalls mit dieser neuen Heilmethode vertraut sein sollte, doch du siehst ja selbst, wie weit er gekommen ist.«

»Dr. Jacobus behandelt nicht strikt nach den Regeln der Homöopathie«, entgegnete Mélanie scharf.

»Du kennst ihn? Und du glaubst, du kannst dir in solchen Dingen ein Urteil erlauben?«

»Sag – kann es sein, daß du nicht weißt, mit wem ich verheiratet bin?«

»Ein alter Mann, wie man mir sagte.« Es war Estelle offensichtlich unangenehm, darüber reden zu müssen. »Ein Arzt aus Deutschland. Ich verstehe dich nicht, Liebste. Du hattest alle Chancen und hast sie nicht wahrgenommen. Warum nun ein Mann, der schon mit einem Bein im Grabe steht?«

Mélanie sprang auf. Selbst in der Dunkelheit war der Ärger auf ihrem Gesicht noch zu erkennen. »Er ist nicht einfach irgendein alter Arzt aus Deutschland. Er ist der Begründer der Homöopathie! In Zeiten der Cholera hat er Tausenden von Menschen das Leben gerettet, und er wird von Ärzten aus ganz Europa verehrt und geachtet. Auch Dr. Quin, dieser Arzt, der deiner Mutter so gut helfen konnte, war sein Schüler!«

»O bitte, Liebste, sprich leiser!« Estelle streckte die Hand nach Mélanie aus. »Und setz dich um Himmels willen. Es macht mich ganz nervös, wenn du hier wie ein aufgescheuchtes Huhn herumläufst.«

Mélanie nahm Platz. Sie atmete tief durch und sagte leiser: »Aber leider hat er auch viele Neider. Männer, die ihn als Scharlatan bezeichnen und ihn mit Dreck bewerfen, weil sie eifersüchtig auf seinen Erfolg sind. Gerade jetzt erst haben wir das wieder erleben müssen. So ein Zeitungsschreiber, der ihn im Namen eines Arztes anschwärzte. Haltlose Beschuldigungen! Doch wenn die Gerüchteküche erst mal kocht, sind die Köpfe der Menschen bis in alle Zeit vernebelt. Guizot verweigert ihm nun die Erlaubnis zu praktizieren! Stell dir nur vor, ihm, dem großen Meister der Homöopathie, der auch von seiten Frankreichs bereits die allerhöchsten Auszeichnungen erhalten hat! Er darf nicht praktizieren!«

Mélanie fuhr plötzlich herum und griff beide Hände ihrer Kusine. »Wenn du möchtest, dann bringe ich ihn zu dir – und sofern du dich in allen Punkten und ganz genau an das hältst, was er dir anrät, wird er dir helfen können. Aber ich habe auch eine Bitte an dich.«

»Rien sur ce monde est gratuit – nichts auf der Welt ist umsonst!« Estelle seufzte.

»Ich muß mit dem König sprechen. Er muß bei Guizot intervenieren, damit Samuel endlich praktizieren darf!«

Estelle sah sie stirnrunzelnd an. »Warum wählst du den Weg über mich? In ein paar Wochen findet der Empfang bei ...«

»Nicht in ein paar Wochen«, unterbrach Mélanie. »Heute. Sofort! Samuel muß arbeiten, er verzweifelt mir sonst noch – und ich dazu!«

»Sofort! Mon Dieu! Wie stellst du dir das vor, meine Liebe?«

»Ich stelle mir vor, du hättest dich soeben unsterblich verliebt. In einen süßen kleinen Gardeoffizier. Und ich bin sicher, du müßtest nicht lange nachdenken, um einen Weg zu finden, ihn zu treffen.«

Estelle lachte. Mélanie spielte auf eine kleine *aventure d'amoureux* an, das sie, Estelle, als junges Mädchen fast die Unschuld gekostet hätte. Damals hatte sie sich mit Mélanies Hilfe bei Nacht und Nebel über die Dächer des väterlichen Schlosses davongestohlen, nur um ein oder zwei Stunden in den Armen ihres Romeo liegen und seinem Liebesgeflüster lauschen zu können, das sie ganz offensichtlich um den Verstand gebracht hatte.

Estelle lehnte sich zurück. »Ich wüßte nicht, wie ich dir da helfen kann«, murmelte sie. Doch plötzlich streckte sie sich wieder. »Das heißt, vielleicht ... Komm mit! Wenn wir ein wenig Glück haben, ist es noch nicht zu spät.«

Mélanie folgte ihrer Kusine. Als Estelle die Tür öffnete, blieb sie einen Moment stehen und stieß einen leisen Jammerlaut aus. Das Licht fuhr ihr wie Messer in die Augen und verwandelte ihren Kopf in einen Vulkan. Seufzend drückte sie beide Hände gegen die Schläfen, doch dann eilte sie schnell weiter, über den Flur, nach rechts, über eine schmale Treppe, und schon waren sie im Park.

Plötzlich griff Estelle nach Mélanies Arm und zog sie hinter eine Buchsbaum-Pyramide. »Da ist er schon. Dort drüben, siehst du? Er geht zu seinen Söhnen, um ihnen beim Schießen zuzusehen. Jetzt lauf, beeil dich. Sollte er dich fragen, was du hier tust, behaupte, du suchst nach mir. Ich bleibe in der Nähe und beobachte euch. Wenn du dir an den Hut faßt, dann weiß ich, daß du mich brauchst, komme zu euch und tue so, als hätte ich dich ebenfalls gesucht. Also geh!«

Mélanie griff in ihre Röcke und lief los. Gerade als Louis-Philippe den Weg überqueren wollte, trat sie auf ihn zu.

Er sah sie erstaunt an und dachte eine Weile nach. Dann nickte er und lächelte. »Ah, die Marquise Mélanie d'Hervilly-Gohier, wenn ich nicht irre.«

Mélanie verbeugte sich mit einem Hofknicks. »Es freut mich, Königliche Hoheit, daß Sie sich an mich erinnern. Allerdings heiße ich inzwischen Hahnemann.«

»'ahnemann?« wiederholte er. »Ein deutscher Name? Ja, sind Sie denn verheiratet?«

Mélanie richtete sich auf, kam noch einen Schritt näher und sah Louis-Philippe offen ins Gesicht.

»Ja, Königliche Hoheit. Mein Gatte ist Arzt. Er ist der Begründer der Homöopathie.«

»'omöopathie.« Er nickte. »Ich habe darüber gelesen. Wurde Dr. 'ahnemann nicht sogar von einem Pariser Institut geehrt? Soweit ich mich erinnere, hat Guizot einmal davon gesprochen.«

»Das ist richtig. Von der Société Homoépatique Gallicane. Vor gut einem Jahr.«

»Aber ist Ihr Gatte ... ist Dr. 'ahnemann denn nicht ein alter Mann?« Er sah Mélanie forschend an.

»Er ist im Frühjahr achtzig Jahre alt geworden, aber er ist der wunderbarste Mann, den ich kenne. Abgesehen von Ihnen natürlich, Königliche Hoheit.«

Sie lachten beide.

Louis-Philippe wandte sich zum Gehen. Mélanie blieb an seiner Seite.

»Um offen zu sein – es gibt Probleme. Ich möchte zusammen mit meinem Gatten in Paris bleiben, aber dann müßte er die Möglichkeit bekommen zu praktizieren.«

»Ist das denn ein Problem?« Louis-Philippe war erstaunt.

»Bisher erhielt er keine Antwort auf seine Anfragen. Wir können uns das nicht erklären. Möglicherweise sitzt ein kleiner Saboteur irgendwo auf dem Weg zwischen ihm und dem Minister.«

»Guizot? Den treffe ich heute abend noch. Wenn ich Ihnen so behilflich sein kann, Madame, werde ich mit ihm über die Sache reden.«

Ein Knall zerriß die Stille. Louis-Philippe zuckte zusammen, dann lachte er nervös. »Heute einmal kein Attentat auf mich – nur meine schießwütigen Söhne. Ich bin auf dem Weg zu ihnen. Ich hoffe, die Herren halten sich an die strikte Anweisung, nur in Richtung der Zielscheibe zu schießen, anderenfalls hat Frankreich doch noch ein Staatsbegräbnis auszurichten und muß ein neuer König eingesetzt werden.« Er blieb stehen, nahm Mélanies Hand und beugte sich in einem angedeuteten Kuß darüber. »Es war schön, Sie einmal wiedergesehen zu haben. Ich wünsche Ihnen und Ihrem Gatten viel Glück in Paris. Und grüßen Sie ihn von mir.«

»Das werde ich tun«, versprach Mélanie und sah dem König lächelnd nach.

Der Verführer

Dr. Doyen starrte in die Zeitung. *Le Temps* brachte einen Artikel über Hahnemann. Murmelnd bewegten sich seine Lippen, während er las.

Endlich haben sich die Homöopathen in ihrer Sache durchsetzen können. Nachdem ihnen die Erlaubnis zur Eröffnung einer besonderen Klinik verweigert worden war, haben sie ihren alten Herrn und Meister nach Paris kommen lassen, wobei ihnen die Wünsche der Madame Hahnemann durchaus gelegen kamen. Um aber seine »Heilkünste« in Paris ausüben zu können, bedurfte Hahnemann der Erlaubnis der Regierung. Diese ist ihm jetzt durch die Vermittlung des Herrn Guizot zuteil geworden.

Niemand darf sich darüber wundern, denn Monsieur Hahnemann ist so gut ein Doktrinär wie Monsieur Guizot. Seine Doktrin besteht darin, daß er seinen Patienten die Medikamente in ebenso kleinen Dosen verschreibt, wie das doktrinäre Ministerium dem Lande die Freiheit ...

Dr. Pierre Doyen warf die Zeitung auf den Tisch und sprang so heftig von seinem Stuhl auf, daß der mit einem lauten Knall hinfiel.

»Verdammt – nun hat er es also doch geschafft!« Er schob beide Hände in die Taschen seiner Hose und ging zum Fenster. Eine Weile starrte er hinaus, dann erhellten sich seine Gesichtszüge plötzlich. Er hatte eine Idee, und sie schien ihm zu gefallen.

Zwei Stunden später betrat er das Haus seines Neffen Sébastien Colbert und ließ sich von einem Dienstmädchen anmelden. Die Kleine hatte rotes Haar und grüne, schräg stehende Augen, und wenn sie ging, schwang sie die Hüften wie ein Revolutionär seine Fahnen. Doyen grinste, als er ihr nachsah. Hübsch war sie und bestimmt keine Kostverächterin.

Ein paar Minuten später kehrte sie zurück. »Mein Herr läßt bitten.«

Doyen nickte, und während er ihr folgte, starrte er auf den roten Haarflaum und die vielen Sommersprossen in ihrem Nacken. Vor Sébastiens Arbeitszimmer blieb sie stehen, legte ihre Hand auf die Klinke und sah Doyen mit keckem Augenaufschlag an.

»Wie heißt du?« wollte er wissen.

»Dodo, Monsieur.«

»Ah, ja.« Er lachte, dann öffnete sie die Tür, und er trat ein.

Sébastien Colbert war der Sohn seiner ältesten Schwester und nur ein paar Jahre jünger als er selbst. Ein großer, schlanker Mann um die Dreißig, mit dunklem, gewelltem Haar und sprechenden blauen Augen. Seine Nase war schmal und leicht nach unten gebogen, was ihm ein interessantes, etwas herbes Aussehen verlieh. Seine hohe Stirn gab ihm den Ausdruck von wacher Intelligenz.

Daß Sébastiens elegante Erscheinung bei den Frauen ankam, war längst kein Geheimnis mehr. Zudem hatte er eine Art von Charme, die ihre mütterlichen Instinkte ebenso weckte wie ihre weiblichen Sehnsüchte. Von Vorteil war für Doyens Plan außerdem, daß sein Neffe die letzten acht Jahre in England gelebt und sich erst vor kurzem wieder in Paris niedergelassen hatte. Sein Ruf unter den Damen war darum noch relativ unbeschadet, und Mélanie Hahnemann kannte ihn vermutlich nicht.

Doyen hielt den Zylinder in der Hand und verneigte sich vor Sébastien. »Ich freue mich, Sie wiederzusehen – Comment allez-vous?«

»Merci, très bien – sehr gut. Und Ihnen?«

Doyen schien abzuwägen. Er fuhr sich nachdenklich mit dem Zeigefinger über den Schnauzbart, dann antwortete er: »Es könnte mir noch besser gehen, wenn man mich nicht so tief gekränkt hätte.«

»Man hat Sie gekränkt, Onkel?« Sébastien lud Doyen mit einer Handbewegung ein, sich zu setzen, und nahm ihm gegenüber Platz.

»Gekränkt und zurückgewiesen. Und zwar auf eine Art, die einem Mann an die Ehre rührt.«

»Ah, es geht also um eine Frau.« Sébastien seufzte.

»Sehr richtig. Ich habe die Dame um ihre Hand gebeten. Sie hat mir zu verstehen gegeben, daß sie niemals heiraten wird, weder mich noch einen anderen. Nun hat sie aber doch geheiratet – einen Mann von achtzig Jahren, einen deutschen *Medicus Homöopaticus*.« Letzteres hatte er voller Ironie und nicht zu überhörender Bitterkeit gesagt.

Plötzlich sprang er auf und lief im Zimmer umher. »Dieser Mann ist ein Scharlatan. Er hat die gesamte Ärzte- und Apothekerschaft gegen sich aufgebracht. Und seine Frau, die Marquise Mélanie d'Hervilly, hat sich in einer aufreizenden, verachtenden Art öffentlich über mich lustig gemacht. Sie werden verstehen, daß ich ihr das heimzahlen muß.«

»Und dazu brauchen Sie mich?«

Doyen setzte sich wieder. »Soeben habe ich in *Le Temps* diesen Artikel entdeckt.« Er zog einen Zeitungsausschnitt aus der Tasche und reicht ihn seinem Neffen. »Und ein paar Seiten weiter diese Annonce.« Ein zweiter Ausschnitt folgte.

Sébastien überflog zuerst den Artikel, dann las er laut den Text der Anzeige: »*Dr. Samuel Hahnemann, der Begründer der Homöopathie, gibt hiermit bekannt, daß er ab sofort in der Rue Madame Nr. 7 praktizieren wird.*« Erstaunt sah er Doyen an. »Und das erzürnt Sie so?«

»Dieser Mann hat mehrere Menschenleben auf dem Gewissen. Trotzdem läßt man ihn in Paris seine mehr als fragwürdige Heilkunst ausüben? Ich bitte dich, Sébastien, das ist doch hanebüchen! Außerdem bin ich nicht gewillt, diese andere Kränkung auf mir sitzen zu lassen.« Er schlug sein rechtes Bein über das linke und ließ es wippen, ein Zeichen, wie erbost er war.

»Und was stellen Sie sich vor, Onkel?«

»Du könntest dich als Patient bei Dr. Hahnemann einschleichen.«

»Als Patient?«

»Geh hin, spiel ihm eine Krankheit vor. Laß dich behandeln, und wir haben etwas gegen ihn in der Hand. Einer, der sich von einem Simulanten hereinlegen läßt und ihn ›falsch behandelt‹, wer traut dem schon? Und dann ... laß deinen Charme spielen. Madame Hahnemann ist eine äußerst attraktive Frau, und mit einem achtzigjährigen Ehemann an ihrer Seite wird sie mit Sicherheit Bedürfnisse haben, die von einem jungen, attraktiven Mann, wie du es bist, befriedigt werden können. Es wird bestimmt kein Opfer für dich sein, ihr diesen kleinen Gefallen zu tun und mir damit die Möglichkeit zu geben, die Dame bloßzustellen.«

Sébastien sah ihn lange und nachdenklich an. »Ich kann gut verstehen, daß Sie gekränkt sind, Onkel, aber ich fühle mich nicht wohl als Kollaborateur im Mantel eines Verführers.«

»Aber Sébastien! Das ist nun wirklich etwas überspitzt ausgedrückt. Du sollst Madame Hahnemann einen amourösen Gefallen tun, und ich werde dafür sorgen, daß man euch dabei ertappt. Das ist alles. Und im übrigen bist du mir noch etwas schuldig. Wie du bestimmt nicht vergessen hast, habe ich dich und diese Madame Deleau bei deinem letzten Besuch in Dijon vor sehr, sehr großen Schwierigkeiten bewahrt.«

Sébastien seufzte. Nein, er hatte die leidliche Geschichte

keineswegs vergessen. Sie hätte ihn seine Zulassung als Anwalt kosten können! »Nun gut, ich werde in den nächsten Tagen vielleicht bei Dr. Hahnemann vorsprechen und sehen, was sich in dieser Sache machen läßt.«

»Ein Vielleicht genügt mir nicht. Ich will ein Ja hören, lieber Neffe.«

Pierre Doyen hielt ihm die Hand hin. Einen Moment zögerte Sébastien noch, dann schlug er ein. »Also gut, Onkel, ich werde Ihnen helfen. Doch dann sind wir quitt.«

Patientenberichte

Zehn Tage nach diesem Gespräch fuhr Sébastien Colbert bei den Hahnemanns vor. Es war erst neun Uhr morgens, doch zu seinem großen Erstaunen warteten bereits einige Wagen vor dem Haus. Sébastien wurde von einem Diener empfangen und in einen Salon gebracht, in dem ein Herr und zwei Damen saßen.
»Bonjour Mesdames, Monsieur«, grüßte er.
»Bonjour, Monsieur.«
Sébastien setzte sich. Eine der Damen erkannte er. Sie hieß Cora Mowatt, war Amerikanerin und eine erfolgreiche Schauspielerin. Sie unterhielt sich leise und in englischer Sprache mit dem Herrn, der rechts von ihr saß und den sie Lord Elgin nannte. Er erzählte ihr, daß ihn die meisten seiner Freunde für verrückt erklärten, weil er sich weiterhin von Dr. Hahnemann behandeln ließ.
»Diese Leute sehen nur, daß sich meine Gesichtsneuralgie aufgrund der Behandlung verschlimmert hat, ohne zu verstehen, daß dies ein gutes Zeichen ist.«
Cora Mowatt sah ihn zweifelnd an. »Ich muß zugeben, daß es auch mir nicht leichtfällt, ein gutes Zeichen in einer Verschlimmerung zu erkennen.«
»Dann sind Sie also zum ersten Mal in homöopathischer Behandlung und wissen noch nichts über diese Methode?«
Sie nickte. »Ich kam auf Empfehlung her. Ein Mr. Leaf, Teehändler aus London, machte mir Hoffnung, daß ich in Dr. Hahnemanns Obhut von einer immer wiederkehrenden Entzündung meiner Stimmbänder geheilt werden könnte. Er sagte: ›Fahren sie zu Hahnemann – bei Hahnemann stirbt man nicht!‹«

Lord Elgin lachte. »Ich kenne Leaf. Sein Humor ist mitunter etwas makaber.«

»Wenn ich nun allerdings sehe, daß Ihr Problem durch die Behandlung noch schlimmer geworden ist ...«

»Aber meine Liebe, zum ersten *muß* durch die Behandlung nicht unbedingt eine Verschlimmerung eintreten, und zum zweiten ist so eine Verschlimmerung im allgemeinen nur kurzzeitig und vorübergehend. Stellen Sie sich eine Blume vor. Die Knospe stellt die Krankheit dar. Die Medikamentengabe wirkt wie Dünger, sie bringt die Knospe dazu, sich zu öffnen und in Windeseile zu verblühen. Meist fällt die Krankheit dann schon im Verlauf weniger Tage wie ein welkes Blatt von einem ab. Die Allopathie hingegen brächte im selben Fall nicht mehr zustande, als die Knospe zu verätzen und mit ihr auch den Stiel, die Blätter und bald die Wurzeln. Ich kenne einige Leute, die von all den Quecksilber- oder Arsenpräparaten, die sie bekamen, vergiftet wurden und statt gesund nun erst recht krank sind. Glauben Sie mir, da sind mir ein paar Tage, in denen die Krankheit sich verstärkt zeigt, bedeutend lieber.«

Im selben Moment ging eine der Türen auf, und eine hochgewachsene, blonde Frau erschien in Begleitung einer alten Dame, die am Stock ging und sich nur mühsam fortschleppen konnte.

Als die Blonde die Alte an der gegenüberliegenden Tür verabschiedet hatte, sah sie sich unter den Wartenden um.

Sébastien stand auf, verneigte sich vor ihr und reichte ihr seine Visitenkarte. »Ich hoffe, Dr. Hahnemann hat Zeit, mich zu empfangen.«

»Wenn Sie Zeit haben zu warten«, entgegnete die Frau.

Für einen Moment ruhte ihr Blick auf Sébastien, dann nickte sie ihm zu und bat schließlich Lord Elgin, ihr in das Ordinationszimmer zu folgen.

Sébastien sah ihr nach, bis sie die Tür hinter sich geschlossen hatte. Wenn das, wie er vermutete, Madame Hahnemann war, hatte Doyen ihm nicht zuviel versprochen. Sie war eine elegante Schönheit, mit der er sich gerne ein paar angenehme Stunden gönnen würde.

Einige Minuten war es still im Salon. Dann erschien ein junger Mann – groß und schlank, dunkelblond, mit wachen dunklen Augen und sehr modisch gekleidet. Er grüßte und verschwand, ohne anzuklopfen, in einem Nebenraum.

Cora Mowatt richtete sich an die Frau, die links von ihr saß, eine Mrs. Erskine aus Schottland, wie sich bald herausstellte. Sie sprach französisch mit einem leichten Akzent.

»Ein gutaussehender junger Mann – gehört er zur Familie?«

»Es ist Charles Lethière, der Ziehsohn von Madame Hahnemann. Er wohnt nicht hier im Haus, soviel ich weiß, aber er geht Dr. Hahnemann zur Hand. Er studiert Pharmazie.«

»Ach ja …« Cora Mowatt nickte, dann richtete sie sich mit einer anderen Frage an Mrs. Erskine: »Waren Sie auch schon öfter hier, und haben Sie ebenfalls mit solchen Verschlimmerungen zu tun gehabt, von denen mir Lord Elgin erzählte?«

Mrs. Erskine legte ihr beruhigend eine Hand auf den Arm. »Warum so ängstlich, meine Liebe? Schlechte Erfahrungen habe ich bisher ausschließlich mit Allopathen gemacht.«

Cora Mowatt seufzte. »Ich bin Schauspielerin! Nicht auszudenken, wenn sich die Entzündung meiner Stimmbänder zu allem, was ich bereits aushalten muß, auch noch verschlimmerte!«

»Lieber einmal wirklich krank als lange Zeit dahinsiechen!« Nun war es Mrs. Erskine, die seufzte. »Vierzehn Jahre lang haben Ärzte auf die unterschiedlichste Weise an mir herumgedoktert, und dabei wurde alles immer noch ärger.«

»Vierzehn Jahre!« Mrs. Mowatt war entsetzt. »Aber wie konnte das denn sein?«

»Wollen Sie sich meine Krankengeschichte wirklich anhören?«

»Ich bitte Sie darum. Egal, wie erschreckend sie auch sein mag, es würde mich beruhigen, wenn ich erkennen könnte, daß mein Besuch bei Dr. Hahnemann sinnvoll ist. Manche Leute sprechen nur das Beste über die Homöopathie, aber andererseits gibt es auch einige Zeitungsberichte, denen zufolge man besser vorsichtig sein sollte.«

»Solchen Berichten sollten Sie nun wirklich keinen Glauben schenken! Aber gut, wenn Sie meinen, erzähle ich Ihnen von meinem Leidensweg.«

Mit einem kurzen Seitenblick auf Sébastien, der inzwischen eines der Journale vom Tisch genommen hatte und so tat, als würde er darin lesen, wechselte sie ins Englische. Sie nahm wohl an, er könne es nicht verstehen, oder hoffte es zumindest.

»Mein Hauptproblem waren Drüsenschwellungen an der Brust und unter dem linken Arm, die äußerst schmerzhaft waren. Hinzu kamen starke Regelblutungen alle zwei Wochen und … nun ja, starke Schleimabgänge aus dem Rektum. Behandelt wurde ich mit Salzen, die ich trinken mußte und die äußerst ekelhaft schmeckten. Man hat mir Blutegel angesetzt, ich habe schwefel- und eisenhaltige Wasser getrunken. Für kurze Zeit ging es mir tatsächlich etwas besser, aber lange hielt der Erfolg nicht vor. Ich bekam Einläufe in Rektum und Vagina – zuerst mit Aachener Mineralwasser, später wurde Quecksilber ins Rektum und Rotwein und Alaun in die Gebärmutter injiziert.«

Cora Mowatt war blaß geworden. Entsetzt starrte sie Mrs. Erskine an.

»Soll ich weitererzählen?« fragte diese mit zweifelndem Blick.

Mrs. Mowatt schluckte und nickte tapfer.

»Leider wirkte sich diese Behandlung sehr ungünstig auf die Gebärmutter aus. Um die Reizung zu lindern, bekam ich auf die Innenseite des Schenkels ein Zugpflaster gesetzt. Aber das hatte zur Folge, daß eine starke Blutung auftrat.

Um ihr entgegenzuwirken, verordnete mir der Arzt alle halbe Stunde ein Sitzbad in lauwarmem Wasser. Doch durch die Sitzbäder kam der Ausfluß zurück. Also wurde ich mit Digitalis und Säuren sowie mit Dampfbädern behandelt. Eine gewisse Linderung war zu erkennen, allerdings verstärkte sich die Periode nun wieder sehr. Zudem traten ganz neue Symptome auf. Die Haut fühlte sich sehr heiß an, vor allem an den Händen.« Mrs. Erskine streckte Mrs. Mowatt wie zum Beweis beide Innenflächen entgegen. »Und nach dem Essen brannte mir der Magen. Auch hatte ich morgens einen fauligen Geschmack nach verdorbenem Fleisch auf der Zunge, und wenn ich aufstieß, roch es nach faulen Eiern. Dazu traten plötzlich starke Verstopfungen und Kopfschmerzen auf, obwohl ich doch vorher an Durchfall gelitten hatte. Auch Wein vertrug ich nun nicht mehr und ...«

»Oh, ich bitte Sie, hören Sie auf!« flehte Cora Mowatt. »Das alles ist ja schrecklich, geradezu furchterregend! Wenn ich Ihnen zuhöre, kann ich Gott auf Knien danken, daß er mir nicht mehr zumutet als ab und zu eine Stimmbandentzündung.«

»Sie irren, meine Liebe, was mir passiert ist, war nicht Gottes Schuld, sondern die der Ärzte«, antwortete Mrs. Erskine ungerührt. »Obwohl nicht zu übersehen ist, daß sie sich manchmal mit unserem Herrgott gleichsetzen.«

»Und nun? Ich meine, konnte Dr. Hahnemann Ihnen helfen?«

»In der Tat, er konnte mir helfen. Ich war schon seine Patientin, bevor er nach Paris kam, und kann Ihnen darum, was den gynäkologischen Befund betrifft, bereits einen abschließenden Bericht geben. Alle meine Beschwerden traten durch die homöopathische Behandlung noch einmal auf. Diesmal in umgekehrter Reihenfolge. Jedoch immer nur für kurze Zeit. Nach zwei Monaten ging es mir wieder gut, und ich konnte mich mehr oder weniger als geheilt betrachten. Dagegen stehen vierzehn qualvolle Jahre in den Händen von Allopathen.«

»Und weshalb sind Sie heute hier?«

Mrs. Erskine sprach nun wieder französisch. »Ich komme regelmäßig aus Schottland nach Paris, um liebe Freunde zu besuchen. Da Dr. Hahnemann nun hier praktiziert, nutze ich die Gelegenheit, ihn aufzusuchen. Kontrollbesuche, wenn Sie so wollen. Ich bin sehr glücklich über seinen Umzug nach Paris und hoffe, man wird hier bald wissen, was man an diesem Mann hat.«

Die beiden Damen hoben den Kopf, denn die Tür ging auf, und drei neue Patienten betraten den Salon. Eine Frau in Begleitung eines jungen Mädchens, außerdem ein Mann, dessen Erscheinung vermuten ließ, daß er nicht zu den Leuten gehörte, die sich einen Arzt leisten konnten. Aber vielleicht war er ja auch nur ein Bote, der eine Nachricht überbrachte oder ein Medikament abholte, überlegte Sébastien.

Der Mann sah sich schüchtern um, nickte zur Begrüßung den anwesenden Personen zu und stellte sich dann etwas abseits ans Fenster.

Kurz darauf erschienen auch Madame Hahnemann und Lord Elgin wieder. Lord Elgin küßte ihr die Hand, grüßte die übrigen Anwesenden und verließ den Raum durch die Tür, durch welche die drei Neuankömmlinge gerade gekommen waren.

Mélanie ging auf den Mann zu, der am Fenster stand. Sie begrüßte ihn mit einem Lächeln und erkundigte sich nach seinem Befinden.

»Danke, es geht mir unverändert gut, Madame Hahnemann. Ich bin Ihnen so dankbar, Sie haben mich geheilt! Ich bin auch nur gekommen weil ...« Er drückte ihr etwas in die Hände, das in eine Tuch eingeschlagen war. »Das wollte ich Ihnen geben. Es ist geräucherter Schinken von meinem Schwager. Er hat einen Bauernhof in Villeneuve. Vielen Dank, Madame Hahnemann, danke für alles!«

Mélanie schüttelte den Kopf. »Ich hatte Ihnen doch gesagt, die Behandlung kostet für Sie nichts.«

»Das ist ja auch keine Bezahlung, es ist nur ein kleines Geschenk, eine Dankbarkeit – ich bitte Sie, nehmen Sie es an, sonst beschämen Sie mich.«

»Also gut.« Sie legte eine Hand auf seinen Arm. »Aber versprechen Sie mir, daß Sie wiederkommen, falls Ihr Zustand sich verschlechtert.«

»Ja, Madame, das verspreche ich.« Er verneigte sich, dann ging er zur Tür, und Mélanie wandte sich der Mowatt zu.

»Madame – bitte folgen Sie mir.«

Es verging noch einmal mehr als eine Stunde, bis Sébastien endlich an die Reihe kam. Neugierig folgte er der blonden Gazelle, wie er Mélanie insgeheim nannte, in das angrenzende Ordinationszimmer.

Der Raum war viel einfacher eingerichtet als der Salon, in dem er gewartet hatte. In der Mitte des Zimmers stand ein langer Tisch. An seinem Ende, auf einer etwas erhöhten Plattform, befand sich ein schlichter Schreibtisch, auf dem sich einige Bücher türmten und außerdem ein offenes, unbeschriebenes Buch lag, neben dem ein Tintenfaß stand.

Hinter dem langen Tisch saß, in einem bequemen Lehnstuhl, ein älterer Herr, der ihm freundlich entgegenblickte. Er war nicht besonders groß, trug einen geblümten Hausrock, der ganz der neuesten Pariser Mode entsprach, und sein Kopf wurde von einem schwarzen Samtkäppchen bedeckt, unter dem sich silberne Haarlocken hervorstahlen. Sein freundliches, für sein Alter ungewöhnlich jung wirkendes Gesicht war glatt rasiert, er hatte weder einen Schnauz- noch einen Backenbart. Auch fiel Sébastien sofort das Funkeln seiner sehr dunklen blauen Augen auf, das man allerdings nur erkannte, wenn er nicht gerade an seiner langen, bemalten Porzellanpfeife zog und kleine Rauchwölkchen ausstieß.

»Aber bitte, setzen Sie sich doch, Monsieur Colbert!«

Samuel deutete auf den Stuhl an der gegenüberliegenden Seite des Tisches, während Mélanie am Schreibtisch Platz nahm und zu einer goldenen Feder griff.

Sébastien verbeugte sich und folgte der Aufforderung.

Eine Weile betrachtete Samuel den jungen Mann, schien ihn mit Blicken abzutasten, um sich ein Bild von ihm zu machen. »Nun?« fragte er schließlich. »Was können wir für Sie tun?«

»Es geht um Schmerzen in der Brust, dazu kommt ein hartnäckiger Husten. Allerdings nur nachts im Liegen. Aber gerade dann ist es unangenehm. Es gibt Nächte, in denen ich kaum zur Ruhe komme.«

»Husten Sie Schleim aus?« fragte Mélanie.

Sébastien sah zu ihr hinüber. Sie hatte die Feder in Tinte getaucht und schrieb etwas in das Buch, das vor ihr lag. Offensichtlich notierte sie alles, was hier gesprochen wurde. Das verunsicherte ihn, und er räusperte sich.

»Schleim – nun ja, natürlich«, sagte er zu Hahnemann.

»Und wie sieht er aus?« fragte Mélanie.

Sébastien sah sie erstaunt an. »Wie meinen Sie das?«

»Nun, ist er grün, weiß, eher durchsichtig?«

Mit solchen Fragen hatte er nicht gerechnet, auch nicht damit, daß er von Madame Hahnemann und nicht von Dr. Hahnemann selbst befragt wurde.

»Durchsichtig«, antwortete er verwirrt.

Die Feder kratzte übers Papier, das Geräusch kam Sébastien plötzlich vor wie das Zischeln einer Schlange.

Schweiß? Besserung durch Wärme? Verschlimmerung in den Morgenstunden? Die Fragen, die man an ihn stellte, schienen ihm immer absurder zu werden. Er gab Antwort, so gut er konnte, und weil er nicht darauf vorbereitet gewesen war, hielt er sich an das, was er tatsächlich von sich kannte.

Als Madame Hahnemanns Wissensdurst endlich gestillt zu sein schien, zeigte die Uhr auf dem Kaminsims bereits 12 Uhr 30 an – ein gutes Stück mehr als eine Stunde hatte er also hier gesessen und Auskunft über seinen körperlichen Zustand und seine geheimsten Gedanken erteilt. Das alles schien ihm irgendwie lächerlich! Andererseits fühlte er sich plötzlich von einem ganz seltsamen wohligen Gefühl getragen – einem Gefühl von Geborgenheit und Sicherheit.

Eine Weile sahen sich Madame und Monsieur Hahnemann an.

»Wir geben Sulfur in der für den Anfang üblichen Potenz«, sagte sie plötzlich, worauf er nickte und meinte: »Ja, liebes Kind.«

»Ich denke, wir werden auch in Folge dabei bleiben müssen.«

»Ja, so sehe ich das auch. Aber warten wir ab.« Hahnemann nickte seiner Frau zu.

Sie stand auf, machte sich eine Weile an einem Schrank zu schaffen, kam dann mit einem Glas zurück, das halb mit Wasser gefüllt war, und reichte Sébastien einen Löffel.

»Bitte, nehmen Sie von der Medizin einen Löffel voll, Monsieur, und halten Sie die Flüssigkeit einige Augenblicke im Mund.«

Als er zögerte, nickte sie ihm lächelnd zu. »Keine Angst, es tut nicht weh – und es ist auch nicht giftig. Möglicherweise kann es sein, daß sich Ihre Atembeschwerden in nächster Zeit etwas verschlimmern. Wenn es größere Probleme geben sollte, zögern Sie nicht, zu kommen. Ansonsten sehen wir uns am Freitag wieder. Es ist wichtig, daß Sie regelmäßig vorsprechen und uns Bericht erstatten.«

Als Sébastien kurze Zeit danach in seiner Kutsche an der Seine entlangfuhr und über die Ereignisse nachdachte, fiel ihm dreierlei auf: Man hatte erkannt, daß er gelegentlich an Asthma litt, obwohl er von Husten und Schmerzen in der Brust gesprochen hatte und glaubte, keinen Hinweis auf seine tatsächliche Erkrankung gegeben zu haben. Er wurde behandelt, obwohl er nicht vorgehabt hatte, sich behandeln zu lassen. Und Madame Hahnemann war ihm zwar höflich begegnet, aber es war ihm nicht gelungen, ihr in irgendeiner Weise näherzukommen, obwohl er sich beim Abschied doch alle Mühe gegeben hatte. Außerdem war ihm der alte Hahnemann sehr sympathisch. Er strahlte eine väterliche Wärme aus, ein Freundlichkeit, die ihm, Sébastien, das Gefühl gab, willkommen zu sein. Irgendwie schämte er sich plötzlich, sich mit so unlauteren Absichten Zutritt zu den Hahnemanns verschafft zu haben.

Als Sébastien am Freitag wie verabredet zum zweiten Mal die Praxis aufsuchte, wurde er von Charles Lethière empfangen und in das Ordinationszimmer gebracht. Sébastien schätzte den Jungen auf neunzehn, vielleicht zwanzig Jahre. Er wirkte etwas verschlossen, war dabei aber stets auf Höflichkeit bedacht.

»Hier ist Monsieur Colbert.« Charles hielt ihm die Tür auf, wartete, bis Sébastien eingetreten war, dann betrat auch er das Ordinationszimmer und ging zum Medikamentenschrank, den er öffnete.

Mélanie war diesmal allein. Sie saß am Schreibtisch und schrieb in das Patientenbuch. Als Sébastien näher trat, legte sie die Feder hin, stand auf und kam zu ihm, um ihm die Hand zu reichen. Sébastien beugte sich in einem angedeuteten Kuß darüber.

Charles hatte inzwischen ein Tablett mit braunen Medizinfläschchen aus dem Schrank genommen. Nun wandte er sich an Mélanie. »Das soll ich zu Dr. Hahnemann in den Apothekenraum bringen – kommen Sie alleine zurecht?« Er sah mit einem schnellen Seitenblick zu Sébastien.

»Es geht schon, danke, mein Lieber!« Mélanie bot Sébastien an, sich zu setzen, wartete, bis Charles die Tür geschlossen hatte, und setzte sich dann ebenfalls.

»Nun, wie geht es Ihnen, Monsieur?« Sie sah ihm forschend in die Augen.

»Danke, sehr gut. Und Ihnen, Madame?«

Sie lachte und schüttelte den Kopf. »Haben Sie bereits vergessen – ich führe hier die Befragungen durch!«

»Oh, Verzeihung.« Er verneigte sich kurz, suchte ihren Blick und hielt ihn fest.

»Also? Wie waren Ihre Nächte seit der Mittelgabe?«

»Einsam, Madame.«

»Ich bitte Sie, Monsieur! Ich muß Sie zur Vernunft rufen! Sie sind nicht hier, um mir den Hof zu machen, es geht um Ihre Gesundheit.« Sie sagte es streng, aber mit einem Lächeln. »Hatten Sie Husten?«

Sébastien lehnte sich zurück und dachte nach, bevor er berichtete. »Es war Mittag, als ich die Arznei von Ihnen bekam. Ich fuhr dann nach Hause. Dort angekommen, aß ich eine Kleinigkeit, danach legte ich mich für kurze Zeit hin, um zu schlafen – das heißt, ich versuchte es, aber das Liegen schien mir nicht gutzutun, denn kaum hatte ich die Augen geschlossen, um in das Land der Träume hinüberzugleiten ...« Er unterbrach sich und sah sie versonnen an.

»Nun, was passierte dann?«

»Ja, dann fing ich an zu husten.«

»Und weiter – was stellten Sie noch fest?«

»Hitzewallungen. Beklemmung und Brennen in der Brust, auch ein Brennen in den Augen. Ich stand schließlich auf und öffnete das Fenster. So ging es mir besser. Außerdem fiel mir eine gewisse Reizbarkeit auf. Ich war ungeduldig mit dem Hausmädchen, auch mit dem Pferd, als ich am Nachmittag in geschäftlicher Angelegenheit nach Versailles ritt.«

Mélanie notierte alles in ihrem Buch, wobei sie hin und wieder nickte. »Eine kleine homöopathische Verschlimmerung in den ersten Stunden ist ein gutes Zeichen und bedeutet meist, daß die akute Krankheit schon von der ersten Gabe geheilt wird«, erklärte sie, ohne aufzublicken. Dann hob sie plötzlich den Kopf, lächelte und sah Sébastien forschend an. Ihr Lächeln kam ihm vor wie das Strahlen der

Morgensonne, und er fing an, diese ganz und gar außergewöhnliche Frau ehrlichen Herzens zu bewundern.

»Und weiter?«

»Nachts schlief ich nun aber viel besser als üblicherweise. Allerdings wurde ich schon beim geringsten Geräusch wach, und danach fiel es mir schwer, wieder einzuschlafen – aber vielleicht lag das ja auch an Ihnen, Madame, ich hatte immerzu Ihr Bild vor Augen.«

Mélanie schnappte nach Luft, wollte etwas entgegnen, doch im selben Moment ging die Tür auf, und Samuel kam herein.

»Schönen guten Tag, Monsieur.« Er verneigte sich vor Sébastien. Dann ging er zu Mélanie, legte ihr eine Hand auf die Schulter, beugte sich über das Buch, in das sie ihre Aufzeichnungen schrieb, und las.

Schließlich nickte er zufrieden. »Und sonst, meine Liebe?«

»Sonst hat Monsieur immerzu mein Bild vor Augen!« Sie lachte leise, weil Sébastien sie so erschrocken ansah.

»Ach?« Die beiden tauschten Blicke, lächelten sich zärtlich an, dann nahm Samuel Mélanies Hand, küßte sie und sagte: »Nun, was das betrifft, muß ich Monsieur leider sagen, daß es da kein Mittel zur Heilung gibt. Ich bin selbst von dieser Krankheit befallen und muß gestehen, es wird täglich schlimmer.«

Mélanie lachte. »Soll ich das auch als Symptom in diesem Buch verzeichnen?«

»Wir schreiben es in ein anderes Buch, meine Liebe.«

Samuel ging um den Tisch, setzte sich in seinen Sessel und sah Sébastien an. »Meine Frau wird Ihnen dasselbe Mittel noch einmal in einer anderen Dosis verabreichen. Bitte beobachten Sie sich ganz genau, und kommen Sie in ein paar Tagen wieder, um uns Bericht zu erstatten. Ich bin sicher, Sie werden schon bald keine Beschwerden mehr haben. Zumindest, was den Husten und die Atmung betrifft. Das mit dem Herzen ist eine andere Sache. Hier muß ich Sie allerdings warnen – auch wenn in Frankreich das Duellieren inzwischen per Gesetz verboten ist, was meine Frau betrifft, bin ich bereit, bis zum Äußersten zu gehen!« Ein Lächeln zuckte um seinen Mund, aber das Blitzen in seinen Augen ließ erkennen, daß er vielleicht ein alter Mann war, aber keiner, der sich Hörner aufsetzen ließ.

Dodo stieß die Tür auf und ließ Dr. Doyen den Vortritt. Dann folgte sie ihm in Sébastiens Arbeitszimmer, nahm das Tablett vom Tisch und wartete auf Anordnungen ihres Herrn.
Die beiden Männer begrüßten sich.
»Möchten Sie etwas trinken, Onkel – vielleicht ein Glas Wein?«
»Ja, gerne einen Wein.«
Sébastien sah Dodo an. »Bring uns eine Karaffe von dem Roten Médoc.«
Sie knickste und ging, und die beiden Männer nahmen Platz.
»Nun, wie weit bist du in unserer Sache gekommen, lieber Neffe?« Doyen faltete die Hände und sah Sébastien aufmerksam an.
»Tut mir leid, Monsieur, aber ...« Sébastien stockte.
»Aber?«
»In beiden Fällen konnte ich nichts erreichen. Was das Simulieren betrifft – es ist mir nicht gelungen, Dr. Hahnemann etwas vorzumachen. Um ehrlich zu sein, ich beginne zu glauben, daß die Homöopathie tatsächlich eine ernst zu nehmende Heilkunst ist.«
Doyens Blick wurde hart. »Unsinn! Jeder vernünftig denkende Mensch muß erkennen ...«
»Ich bin ein vernünftig denkender Mensch«, unterbrach Sébastien, »und erkannt habe ich vor allem, daß Dr. Hahnemann und seine Frau sich nicht an der Nase herumführen

lassen. Sie fragen gezielt, und auch wenn einem die Fragen zuerst einmal etwas seltsam vorkommen, haben sie offensichtlich ihren Sinn. Am Ende wissen die beiden ganz genau, was zu tun ist. Obwohl ich zu Beginn nur fadenscheinige Symptome angab, verdichtete sich die Befragung immer mehr. Am Schluß hatte ich, ohne es zu wollen, alle Angaben gemacht, die zu meiner tatsächlichen Erkrankung führten, einem gelegentlichen Asthma, das meist nur nachts und im Liegen auftritt. Man gab mir eine Arznei, worauf sich mein Gesundheitszustand täglich besserte. Heute, nach zwei Wochen Behandlung, schlafe ich so gut wie seit Jahren nicht mehr.«

»Eine Arznei?« fragte Doyen nach. »Wie muß ich mir das vorstellen?«

»Es waren kleine Zuckerkügelchen, getränkt mit einer Substanz aus Sulfur, die in Wasser aufgelöst wurden, von dem ich einen Löffel voll einnehmen mußte. Ich habe nachgefragt, und man hat mir alles bereitwillig und ganz genau erklärt. Keine Geheimnisse, nichts, was mir Anlaß zum Mißtrauen gab. Auch die Leute, die im Salon warteten und sich über ihre Krankheiten unterhielten, berichteten immer nur das Beste.«

»Seltsam.« Doyen bedachte seinen Neffen mit einem abschätzenden Blick. »Ich habe genau das Gegenteil gehört! Bekannte berichteten von einem Lord, der eine Gesichtsneuralgie hat, die sich durch die Behandlung Hahnemanns wesentlich verschlimmerte.«

»Das stimmt«, bestätigte Sébastien. »Ich habe Lord Elgin selbst kennengelernt. Er hat zugegeben, daß sich sein Zustand für kurze Zeit verschlimmerte. Danach ging es ihm aber wesentlich besser. Es scheint öfter einmal vorzukommen, daß sich Reaktionen einstellen, die man als Verschlimmerung deuten könnte. In Wahrheit ist es ein Zeichen, daß die Krankheit von innen nach außen geht, als würde sie ...« Er suchte nach Worten. »Als würde sie verglühen.«

Doyen stand auf. Seine Backenmuskeln spielten, aufgebracht ging er hin und her. »Dann bist du nun also auch ein Anhänger der Homöopathie?«

Sébastien schlug die Augen nieder. Er verfluchte den Tag, an dem sein Onkel ihn mit diesem Auftrag losgeschickt hatte. Nun saß er zwischen zwei Stühlen. Dem Onkel war er verpflichtet. Erstens, weil er ein Bruder seiner Mutter war, und zweitens, weil er ihm einmal aus einer äußerst prekären Lage geholfen und dabei selbst einiges riskiert hatte. Aber auch den Hahnemanns fühlte er sich verbunden. Sie hatten ihn geheilt und keine üble Nachrede verdient. Und er schätzte sie – beide.

»Ein Anhänger der Homöopathie – so weit will ich nicht gehen, und doch ist es so, Onkel, wenn wir nicht wirklich etwas vorzubringen haben, dann haben wir das Spiel von vornherein verloren. Anschuldigungen, die sich nicht halten lassen, wenden sich am Schluß gegen einen selbst.«

Doyen schien nachzudenken. Plötzlich sah er Sébastien an. »Und was hast du bei Madame erreicht?«

Er zuckte die Schultern. »Sie ist ihrem Mann ganz und gar ergeben und liebt ihn ehrlich. Ich habe es nicht nur einmal versucht, doch da ist nichts zu machen.« Er hob die Hände und ließ sie wieder fallen. »Es tut mir leid, Onkel.«

Dodo kam herein. Sie servierte den Wein, dabei neigte sie sich Dr. Doyen so entgegen, daß er ihr tief ins Dekolleté sehen konnte, und als sie die Karaffe aufs Tablett zurückstellte, sah sie ihn mit keckem Augenaufschlag an.

Sie war hübsch und offensichtlich bereit, ihm zu Diensten zu sein. Das brachte ihn auf eine Idee.

Er lächelte ihr zu, sie lächelte zurück. Später, wenn er das Haus verließ und sie ihm Zylinder, Handschuhe und Stock reichte, würde er die Gelegenheit nutzen, um in aller Ruhe ein paar Worte mit ihr zu wechseln.

»Noch eines«, sagte er und wandte sich wieder an seinen Neffen. »Mir kam zu Ohren, daß Madame Hahnemann

Leute aus der Unterschicht behandelt. Und das, obwohl sie eine Frau ist und Frauen das Praktizieren verboten ist. Dabei handelt es sich meist um arme Leute, Gesinde und Gesocks.«

»So etwas habe ich auch beobachtet. Allerdings tut sie es unentgeltlich, darum kann man ihr daraus keinen Strick drehen.«

»Aber wie ich deinem Bericht entnehmen konnte, führte Madame Hahnemann auch in deinem Fall die Befragungen durch?«

»Es ist so, daß sie die Anamnesen zwar durchführt, Dr. Hahnemann, der neben ihr sitzt, die ganze Sache jedoch überwacht und leitet. Später schlägt sie vor, welches Medikament gegeben werden muß, und er bestätigt oder verwirft ihren Vorschlag. Sie scheint seine Schülerin zu sein – und dagegen ist rein gesetzlich nichts einzuwenden. Sie darf eben nur nicht für Geld praktizieren.«

»Und wie ist dein Verhältnis zu Madame? Ist sie dir freundlich gesonnen, oder begegnet sie dir eher mit Ablehnung?«

»Ich denke, ich bin ihr sympathisch. Jedenfalls begegnet sie mir aufgeschlossen. Allerdings wahrt sie auch immer die gebührende Distanz.«

Doyen wußte genug. Er würde die Sache nun selbst in die Hand nehmen und mit Dodos Hilfe schon bald seinen Sieg erringen. Er nahm eines der Gläser, prostete seinem Neffen zu und trank. Danach schürzte er die Lippen und starrte versonnen ins Glas. »Ein ausgezeichnetes Tröpfchen«, sagte er, lachte schließlich und fügte an: »Gerade gut genug, um auf die Frauen und die Liebe anzustoßen.«

Das Komplott

Es war Montag, der Tag, an dem im Hause der Hahnemanns Seminare und Gesprächskreise stattfanden. Homöopathen trafen sich, um über Fälle aus ihrer Praxis zu diskutieren, Beobachtungen weiterzugeben, über Dosierungen und neu erprobte Mittel zu sprechen.

Dr. Chatron, Dr. Petroz, Dr. Jourdan und zwei Ärzte der Gallikanischen Homöopathischen Gesellschaft waren gekommen. Auch Dr. Henry Detwiller aus Amerika und ein junger Homöopath, der aus Straßburg angereist war, hatten sich der Diskussionsrunde angeschlossen.

Die Stimmung war aufgeheizt. Samuel hatte sich bereits mehrfach über Dr. Petroz geärgert, der lautstark für häufig wiederholte Medikamentengaben und gezielte Verordnungen bei speziellen pathologischen Befunden eintrat.

»Wieso nicht Belladonna?« fragte er und sah Hahnemann zornbebend an. »Belladonna paßt zu Ohrenschmerzen. Und wenn das nichts nützt, müssen wir eben mit Blutegeln ...«

Er kam nicht dazu auszureden, denn Samuels Hand fuhr mit einem Donner auf den Tisch nieder. Dann sprang er plötzlich auf und schrie Petroz an: »Das ist Stümperei! Sie vermengen die Allopathie mit meiner Lehre! Dafür gebe ich mich nicht her! Sie schaden unserer Sache mehr, als Sie ihr nutzen, Monsieur!«

»Ach ja?« Ein Grinsen zuckte um Dr. Petroz' Mund. »Ich soll also notfalls sogar zusehen, wie ein Patient stirbt, nur um Ihrer Lehre gerecht zu werden?«

»Monsieur! Ich bitte Sie, mäßigen Sie sich!« Dr. Henry Detwiller, der am Fenster stand, ging einige Schritt auf Petroz zu. »Niemand stirbt in Dr. Hahnemanns Praxis.

Selbstverständlich hat er recht. Wenn der Gesundheitszustand Ihres Patienten sich in der von Ihnen beschriebenen Art verschlechterte, dann nur, weil Sie die falsche Arznei gewählt hatten.«

Samuel tippte mit dem Zeigefinger auf ein ledergebundenes Buch, das auf seinem Schoß lag. »Ich sagte Ihnen bereits zu Beginn dieser Debatte, daß Ihr Patient nicht Belladonna braucht, sondern, wie ich nach Durchsicht Ihrer Anamneseaufzeichnungen vermute, Sulfur. Der Versuch, eine Krankheit beim Namen zu nennen und sie dann mit einer bestimmten homöopathischen Arznei zu bekämpfen, ist zum Scheitern verurteilt. Lernen Sie, eine ordnungsgemäße Anamnese durchzuführen und nach meiner Lehre zu behandeln, oder nennen Sie sich nicht länger Homöopath!«

In diesem Moment klopfte es. Rose, die Haushälterin, trat ein und gab Mélanie Zeichen, daß sie gebraucht wurde.

Mélanie ging nur ungern. Sie wußte, daß Samuel in diesem Zustand sehr beleidigend werden konnte. Er hatte recht, nur fehlte ihm die nötige Gelassenheit. Vom Zorn geleitet, ließ er sich in solchen Situationen nicht selten zu Äußerungen hinreißen, die ihm später große Schwierigkeiten einbringen konnten.

»Was ist, Rose?« fragte sie, als sie die Tür hinter sich geschlossen hatte.

»Ein Junge verlangt nach Ihnen, Madame Hahnemann. Es geht um ein krankes Kind.«

Der Junge war etwa vierzehn Jahre alt. Er hatte dunkles Haar, und sein Gesicht war so schmutzig, daß das Weiß seiner Augen unnatürlich hell leuchtete.

»Eine Dienstmagd schickt mich, Madame. Ich soll Ihnen sagen, daß ihr Kind erstickt. Sie hat gehört, daß Sie den Kutscher Jaques Cassis behandelt haben, und sie fleht Sie an, auch ihrem Kind zu helfen. Es ist schon ganz blau und röchelt, Madame! Bitte, kommen Sie schnell!«

»Und wie heißt die Frau? Und wo wohnt sie?«

»Sie heißt Dodo, Madame, mehr weiß ich nicht. Ich kam nur zufällig an dem Haus vorbei, als sie plötzlich aus der Tür auf die Straße gelaufen kam und mich schreiend und unter Tränen bat, Sie zu holen. Ich bringe Sie zu dem Haus. Zu Fuß sind es zwanzig Minuten.«

Mélanie dachte nach. »Warte hier!« Sie ging zurück in den Salon und bat Dr. Chatron, seine Kutsche nehmen zu dürfen.

»Es geht um ein Kind. Bis mein Kutscher angespannt hätte, würde wertvolle Zeit verstrichen sein.«

»Natürlich, Madame, nehmen Sie meine Kutsche. Ich warte hier, bis Sie zurück sind, und werde versuchen, Ihren Mann etwas zu beruhigen.«

Mélanie lächelte ihn dankbar an, dann ließ sie sich von Rose ihr Cape und die Tasche mit den Arzneien bringen und folgte dem Jungen, der sich zum Kutscher auf den Kutschbock setzte und ihm den Weg wies.

Als sie vor dem Haus ankamen, zu dem der Junge sie wies, stand dort eine junge Frau auf der Straße, um auf sie zu warten. Sie war ausgesprochen hübsch. Unter ihrer weißen Haube waren rote Locken zu sehen, und ihre Augen hatten die Form von Mandeln.

»Wie gut, daß Sie kommen, Madame! Bitte folgen Sie mir.« Die junge Frau huschte ins Haus.

Mélanie fiel auf, daß sie überhaupt nicht besorgt wirkte, sondern eher wie eine Katze, die sich zum Sprung duckte. Dann jedoch dachte sie: Vielleicht geht es ja gar nicht um ihr Kind, vielleicht ist sie der Mutter nur behilflich, und sie eilte hinter ihr her, ohne weitere Fragen zu stellen.

Die Frau lief so schnell durch den kleinen Innenhof und die Treppe hinauf, daß Mélanie ganz außer Atem geriet. »Kommen Sie, Madame, schnell!« Sie führte sie einen Flur entlang. An vier Türen lief sie vorbei, vor einer fünften blieb sie stehen und wartete, bis Mélanie neben ihr war. Dann riß sie die Tür plötzlich auf, stieß Mélanie in das Zimmer und fing im selben Moment an zu zetern:

»Entschuldigen Sie, Monsieur, aber sie ließ sich einfach nicht zurückhalten!«

Es vergingen einige Schreckenssekunden, in denen Mélanie versuchte zu begreifen, in welcher Lage sie sich befand. Sie war in einem Schlafzimmer. Vor ihr ein großes Bett mit einem Baldachin, die Vorhänge waren jedoch nicht zugezogen. Im Bett lag Sébastien Colbert und neben ihm eine Frau; die beiden waren nackt, und es war offensichtlich, welchem Vergnügen sie soeben nachgingen.

Mélanie war der Dame einige Male in der Oper begegnet. Sie hieß Marie David, eine junge Witwe mit einem ziemlich losen Mundwerk. Seit ihr Mann, Auguste David, gestorben war, hatte sie sich als Maitresse einiger junger Herren der oberen Gesellschaft einen zweifelhaften Ruf erworben.

Einige Sekunden war es so still im Raum, daß man eine Stecknadel hätte fallen hören können. Doch plötzlich zog sich Sébastien das Laken vor die Lenden und herrschte das Hausmädchen an: »Was soll das? Was fällt dir ein, Madame hier hereinzubringen?«

»Ich sagte doch, sie ließ sich nicht zurückhalten!«

Mélanie hatte die ganze Zeit über wie erstarrt dagestanden. Auf einmal kam wieder Leben in sie. »Was bezwecken Sie mit diesem Spiel, Monsieur?« Ihre Augen funkelten Sébastien an.

»Madame, ich schwöre, ich hatte keine Ahnung!«

Sie sagte nichts, doch ihr Blick war voller Ekel und Abscheu. Ohne ein weiteres Wort drehte sie sich um und eilte davon. Den langen Weg durch den Flur, die Treppe hinunter, über den Innenhof nach draußen. Die Haustür fiel hinter ihr ins Schloß.

Die Kutsche hatte inzwischen gewendet und stand nun auf der anderen Straßenseite. Von dem Jungen war nichts mehr zu sehen. Mélanie atmete die kühle Nachtluft tief ein und versuchte, einen klaren Gedanken zu fassen. Was war in Sébastien Colbert gefahren, sie in eine derart brüskierende Lage zu bringen? Was hatte das zu bedeuten?

Als sie in ihre Röcke griff, um die Straße zu überqueren, fiel ihr Blick auf eine Kutsche, die in einer Seitenstraße stand. Sie kannte die Karosse – sie gehörte Doyen.

»Doyen!« Plötzlich fiel es ihr wie Schuppen von den Augen. Sébastien Colbert und Doyen steckten unter einer Decke! Und sie hatte Sébastien gemocht, hatte ihm vertraut! Das würde sie ihm nie verzeihen.

Als Mélanie nach Hause kam, waren alle außer Dr. Chatron gegangen. Samuel und er saßen im Herrenzimmer, rauchten und sprachen über das, was vorgefallen war. Als Mélanie ins Zimmer stürmte, sprang Samuel auf und ging ihr entgegen.

»Hör nur, was dieser Bastardhomöopath sich herausgenommen ...« Er brach ab und starrte seine Frau entsetzt an. »Was ist denn los mit dir? Ist etwas passiert? Rose sagte, du seist zu einem Kind gerufen worden.«

Mélanie sank wie erschlagen aufs Sofa. Sie war weiß im Gesicht, in ihren Augen sammelten sich Tränen. »Ein Komplott – man hat mir eine Falle gestellt! Für diese Madame David mußte mein Auftritt ja aussehen, als hätte ich ein Verhältnis mit Sébastien Colbert ... als hätte ich ihm eifersüchtig nachspioniert!«

»Langsam, mein liebes Kind.« Samuel setzte sich zu ihr und nahm ihre Hände. »Erzähle der Reihe nach. Was ist passiert? Du warst also nicht bei einem Kind?«

Mélanie beschrieb den beiden Männern, was vorgefallen war, und berichtete auch von der Kutsche und ihrer Vermutung, daß Doyen hinter alldem steckte.

Dr. Chatron sah sie erstaunt an. »Ja, aber wissen Sie denn nicht, daß Sébastien Colbert Dr. Doyens Neffe ist?«

»Sein Neffe?« Mélanie sah ihn erstaunt an. »Ich wußte überhaupt nicht, daß er einen Neffen hat!«

»Das ist nicht verwunderlich. Sébastien Colbert und seine Eltern lebten bis vor einigen Monaten in London. Sein Vater war ein hoher Botschaftsbeamter und zudem ein enger Vertrauter des Earl of Ellenborough. Als Monsieur Colbert im Winter starb, zog es Sébastiens Mutter nach Paris zurück. Ihr Sohn begleitete sie, wollte eigentlich nur ein paar Wochen bleiben, aber daraus wurden Monate, und wie es scheint, läßt ihn unsere Stadt nun gar nicht mehr los. Er hat sich als Anwalt für Wirtschaftsfragen niedergelassen und arbeitet hauptsächlich mit einer Londoner Handelsgesellschaft und einigen Versicherungsunternehmen zusammen.«

»Sein Neffe!« Mélanie schüttelte den Kopf. »Aber warum läßt Doyen mich nicht endlich in Ruhe! Kann er es wirklich nicht verwinden, daß ich ihm einen Korb gegeben habe? Oder worum geht es sonst?«

»Um die Homöopathie, Madame Hahnemann. Wissen Sie denn nicht, daß Dr. Doyen schon vor Jahren mit Dr. Quin im Streit lag? Als Dr. Quin die Homöopathie in die oberen Kreise der Pariser Gesellschaft einführte, verlor Dr. Doyen einige seiner besten Patienten an ihn. Schon damals versuchte Doyen zu beweisen, daß die Homöopathie ein Blendwerk ist. Und dann verlor er auch noch Sie, Madame, an Dr. Hahnemann – zuviel für einen Mann wie ihn!«

»Aber er konnte mich doch gar nicht verlieren, denn er hat mich nie besessen! Ich habe nicht einen einzigen Gedanken an diesen Mann verschwendet.«

Samuel hatte Mélanie inzwischen ein Glas Likör gebracht. Nun gab er es ihr und sah zu, wie sie trank. »Du sagtest, du kennst diese Frau, die bei Colbert war?« fragte er nach einer Weile. »Hat es denn Sinn, mit ihr zu sprechen und ihr die Sache zu erklären?«

»Um Himmels willen – mit ihr reden, das wäre, als würdest du im Haus Feuer legen, um einen Brand zu verhindern! Zwecklos! Du wirst sehen, schon morgen wird sich ganz Paris darüber das Maul zerreißen, daß ich mit Sébastien Colbert ein Verhältnis habe.«

Samuel sah zu Dr. Chatron. Der nickte. »Ich befürchte, Ihre Gattin hat recht.«

»Dann bleibt uns nichts anderes übrig, als abzuwarten.«
Dr. Chatron stand auf. »Es ist spät geworden.« Er ging zu Mélanie. »Ich werde den Gerüchten, so gut es geht, entgegenwirken«, sagte er und beugte sich über ihre Hand.

»Vielen Dank, Dr. Chatron – für die Kutsche, aber auch für Ihre Freundschaft.«

Er lächelte. »Ich bewundere Sie, Madame, und ich bewundere Ihren Gatten. Es ist eine Ehre für mich, in Ihrem Haus ein gern gesehener Gast zu sein.«

Am nächsten Morgen war Sébastien Colbert sehr früh aufgestanden, um ganz sicher als erster in der Rue Madame Nr. 7 zu sein. Wie schon bei seinen früheren Besuchen der Hahnemannschen Praxis brachte ihn ein Hausdiener in den Salon, wo er wartete, bis Mélanie erschien.

Als sie Sébastien erkannte, starrte sie ihn fassungslos an. »Sie wagen es, hierherzukommen?«

»Ich bitte Sie, Madame Hahnemann – nur auf ein paar Worte. Bitte hören Sie mich an! Ich habe nichts mit diesem Komplott zu tun!«

»Es interessiert mich nicht. Gehen Sie! Und betreten Sie nie wieder unser Haus!«

»Aber selbst ein Verbrecher hat das Recht, sich zu verteidigen! Warum geben Sie mir nicht die Chance …«

Verzweifelt hob er die Hände und ließ sie wieder sinken. Mélanie hatte ohne ein weiteres Wort nach dem Diener geläutet und dann den Salon verlassen.

Natürlich behielt Mélanie mit ihrer Sorge recht: Es brodelte schon bald in der Gerüchteküche. Ihr nächster Opernbesuch wurde zum Spießrutenlauf. Es gab genug Schandmäuler in Paris, die es sich nicht nehmen ließen, mehr oder weniger offene Anspielungen über ihre angebliche Liebesaffäre und ihren »peinlichen Auftritt« in Sébastiens Schlafzimmer verlauten zu lassen.

Als ihr Vater sie bedauerte, legte sie ihm beruhigend eine

Hand auf den Arm. »Ich halte auch das noch aus, Papa. Erinnern Sie sich, wie Sie mich damals, als ich wegen Mutter das Haus verlassen mußte, mit den Worten Augustinus' zu trösten versuchten? *Extra, intra, supra* – nach außen, nach innen, darüber hinaus! Ich werde auch an dieser Geschichte wieder ein Stück stärker werden.«

Allentown Academy

Dr. Henry Detwiller nahm die Tasse, die Rose ihm reichte, und lehnte sich in seinem Stuhl zurück. Es war sein Abschiedsbesuch bei Hahnemann, denn morgen würde er nach Amerika zurückreisen. Detwiller war Homöopath mit Leib und Seele. Wie viele andere deutsche Homöopathen war auch er ins Ausland emigriert, weil er die ewigen Anfeindungen gegen die Homöopathie satt hatte. Nun lebte er in Philadelphia und plante zusammen mit Constantin Hering, die Allentown Academy zu gründen.

»Es wird die erste homöopathische Ausbildungsstätte der Welt sein«, sagte er und nahm einen Schluck Tee.

»Großartig! Da hatten Sie eine wunderbare Idee, und ich bin sicher, Sie werden es schaffen.« Samuel zog an seiner Pfeife und blies den Rauch in kleinen Wölkchen vor sich hin. »Sie sind jung, Sie haben Elan, und vor allem haben Sie die Homöopathie verstanden und behandeln strikt nach deren Grundsätzen.« Er seufzte. »Ich wünschte, es gäbe mehr Leute wie Sie!«

»Ich danke Ihnen für Ihr Vertrauen, Dr. Hahnemann – allerdings gibt es noch ein großes Problem.«

»Und das wäre?«

»Wir haben zwar ein Gebäude gefunden, das über genügend Schulungs- und Behandlungsräume verfügt, aber wir benötigen außerdem eine Apotheke und müssen die Academy repräsentativ einrichten. So eine Ausstattung verschlingt Unsummen! Um es kurz zu machen, es fehlt uns das nötige Kapital. Wir bekommen von offizieller Seite keinerlei Unterstützung, deshalb sind wir auf Spenden angewiesen.«

Samuel nickte. »Ja, immer wieder drohen die besten Pläne am Geld zu scheitern.«

Eine Weile war es still. Schließlich wurde Dr. Detwiller deutlicher. »Wir hofften, Sie könnten uns unter die Arme greifen.«

Samuel nahm die Pfeife aus dem Mund und sah ihn ernst an.

»Das tut mit leid, aber da muß ich Sie enttäuschen. Ich besitze keinen Heller mehr.«

Detwiller hob erstaunt den Kopf. Er wußte, daß es Hahnemann zeit seines Lebens finanziell sehr schlecht gegangen war, aber er wußte auch, daß er sich in den letzten Jahren in Köthen ein kleines Polster zugelegt hatte.

Hahnemann schien seine Gedanken erraten zu haben. »Ich habe mein gesamtes Vermögen meinen Kindern überschrieben, bevor ich nach Paris übersiedelte. Es gab gewissen Anschuldigungen gegen meine Frau, man unterstellte ihr, sie sei eine Heiratsschwindlerin und habe es nur auf mein Geld abgesehen. Aus diesem Grund beschloß ich ... beschlossen wir, mein Haus mit leeren Händen zu verlassen. Nun lebe ich vom Geld meiner Frau und dem, was ich inzwischen mit meiner neuen Praxis verdiene. Aber wie Sie ja selbst gesehen haben, führen wir ein großes Haus und haben viel Personal. Nicht selten muß meine Frau von ihrem Vermögen etwas zuschießen, damit wir unseren Lebensunterhalt überhaupt bestreiten können. Sie verstehen gewiß, daß ich meine Frau nicht um noch mehr Geld bitten möchte.«

Enttäuscht nickte Dr. Detwiller. »Natürlich verstehe ich das.«

»Aber vielleicht ...« Samuel überlegte eine Weile. »Es gibt da einen sehr bekannten Bildhauer. Er heißt David d'Angers und fertigt gerade zwei lebensgroße Büsten von mir an. Die eine hat meine Frau bestellt, die andere ist ein Geschenk von ihm persönlich. Wenn ich Ihnen damit einen Dienst erweisen kann, würde ich Ihnen eine dieser Büsten für die Ausstattung Ihrer Academy überlassen.«

»Selbstverständlich nehme ich dieses Geschenk gerne an.«

»Daneben können Sie natürlich auch mit meiner moralischen Unterstützung rechnen.«

»Das ist sehr freundlich, ich weiß Ihr Vertrauen zu schätzen.« Detwiller seufzte. Geld wäre ihm lieber gewesen, doch er sah ein, daß Hahnemann selbst in einer unerfreulichen Lage war.

Der Unfall

Charles reichte Mélanie die Hand, um ihr beim Aussteigen zu helfen. In ihrem eleganten Sommerkleid aus taubenblauem Musselin, der mit winzigen weißen Streublumen bedruckt war, sah sie wie immer zauberhaft aus.

»Danke, Charles.« Sie küßte ihn lachend auf die Wangen, dann hängte sie sich bei Samuel ein. Sie war glücklich, es ging ihr gut, sie wollte diesen Festtag in Begleitung »ihrer beiden Männer« sorglos genießen.

Charles setzte den Zylinder auf und gab dem Kutscher Anweisungen, in genau drei Stunden an derselben Stelle auf sie zu warten. Dann spazierte er hinter Mélanie und Samuel her.

Die Champs-Élysées war voller Menschen. Lachende, plaudernde, schreiende Menschen, die sich auf den neu angelegten Spazierwegen drängten. Männer, die Zylinder schwenkten, Frauen mit roten, weißen oder blauen Schärpen und Schuten, die in den französischen Nationalfarben aufgeputzt waren. Kinder, die auf den Schultern ihrer Väter saßen, und andere, die herumtollten und »Vive la France!« riefen. Dazwischen Gesinde und Arme in zerlumpten Säcken, die von den feinen Leuten mißtrauisch beäugt wurden. Börsen mit Geld verstaute man zur Sicherheit am Körper unter der Weste, und Taschenuhren und Schmuck hielt man fest – noch besser hätte man diese Dinge zu Hause gelassen.

Man schrieb den 29. Juli im Jahre 1836. Ganz Paris war auf den Beinen, um dabeizusein, wenn der König den Arc de Triomphe einweihte, der noch von Kaiser Napoleon geplant und in Auftrag gegeben, aber erst jetzt fertiggestellt worden war.

Auch Sébastien Colbert befand sich unter den Leuten. Er hatte sich mit einigen Freunden verabredet, schien sie aber verfehlt zu haben, oder sie waren bei dem Gedränge nicht rechtzeitig durchgekommen.

Um einen besseren Überblick zu bekommen, stieg er auf den Sockel einer der Laternen, die es seit neuestem hier gab, und suchte die Menschenmenge mit Blicken ab. Zuerst sah er in Richtung Arc de Triomphe, dann in entgegengesetzter Richtung. Seine Freunde konnte er nirgends ausmachen, doch statt dessen entdeckte er Mélanie und Samuel Hahnemann, in Begleitung von Charles Lethière. Nur ein paar Schritte von ihm entfernt, versuchten sie sich einen Weg durch die Menge zu bahnen.

Sébastien beobachtete, wie Mélanie hinter Charles und Samuel herging. Sie hielten sich an den Händen, um sich im Getümmel nicht zu verlieren. Lachend drängten sie sich bis zu einer Gruppe von Bäumen durch, unter der ein kleiner Trinkbrunnen aufgestellt war. Hier beugte sich Charles mit dem Gesicht unter den Wasserhahn, um sich zu erfrischen, Mélanie spannte ihren weißen Sonnenschirm auf, Dr. Hahnemann zog ein Taschentuch aus der Weste und tupfte sich den Schweiß von der Stirn.

Das Lachen und Reden der Menge, das Kreischen der Kinder und Bellen der Hunde vermischte sich in Sébastiens Kopf zu einem einzigen lauten Summen.

Er stieg von der Laterne, nahm den Zylinder ab und fuhr sich mit gespreizten Fingern durchs Haar. Irgend etwas, eine Ahnung, beunruhigte ihn und trieb ihn dazu, sich den Hahnemanns zu nähern. Es gab keinen ersichtlichen Grund. Er wußte, sie würden nicht mit ihm reden, vielleicht würden sie nicht einmal mehr bei diesem Brunnen sein, wenn er dort ankam, aber sein sechster Sinn sagte ihm: Geh dort hin, da wirst du gebraucht.

Eine Truppe Uniformierter in blauen Röcken und roten Stulpenstiefeln zog auf, um die Leute von den Wegen zurückzudrängen. »Déplacez-vous!« riefen sie. »Macht Platz für die Soldaten und den König!«

Weit in der Ferne hörte man Pfeifen, Trompeten und Trommeln. Ein Kind schrie: »Ich sehe sie schon, die Kutsche des Königs – dort kommt sie!«

Die Leute lachten, denn es war nur eine einfache schwarze Karosse, in die sich kein König der Welt pferchen ließe, auch kein Bürgerkönig wie Louis-Philippe.

Sébastien sah Mélanies Sonnenschirm über den Köpfen der Menge tanzen. Sie drehte ihn mal rechts herum, mal links, dann stand er wieder still. Er hielt darauf zu; nur noch ein paar Schritte, dann würde er bei ihr sein. Und was sollte er dann sagen? Er wußte es nicht.

Er trat noch einen Schritt nach vorne, sah, daß von rechts ein junges, unruhiges Pferd daherkam, mit einem Reiter, der betrunken wirkte. Er schwankte und griff in die blaue Schabracke, die den Sattel abdeckte. Sein Kopf fiel zurück.

Im selben Moment zerriß ein lauter Knall die Stille. Es klang wie ein Schuß. Die Menschen erschraken und schrien auf. Das Pferd erschrak ebenfalls, sprang nach vorne weg und war nicht mehr zu halten. Es ging durch – direkt auf die Hahnemanns zu!

Sébastien dachte nicht lange nach. Ein Mann stand zwischen ihm und Mélanie. Grob stieß er ihn zur Seite, dann packte er die beiden Hahnemanns an den Armen und riß sie zurück. Dabei geriet er ins Taumeln, stolperte, fiel rückwärts der Länge nach hin und schlug mit dem Kopf auf einen Stein. Bewußtlos blieb er liegen.

Auch Samuel stürzte, aber ein Junge konnte ihn auffangen und half ihm ins Gleichgewicht zurück. Verdutzt sah er sich um und versuchte zu begreifen, was geschehen war. Nicht weit entfernt stob eine gellende Menschenmenge auseinander, um einem galoppierenden Pferd Platz zu machen. Nun setzte es über ein Blumenbeet und jagte davon.

»Das Pferd hätte Sie überrannt – dieser junge Mann hat

Ihnen das Leben gerettet!« sagte eine Frau und beugte sich über den Verletzten.

Mélanie trat einen Schritt auf den Retter zu, und da erkannte sie ihn plötzlich. »Mon Dieu, Monsieur Colbert!« Erschrocken hielt sie sich die Hand vor den Mund.

Samuel ging nun vor Sébastien in die Knie, um ihn zu untersuchen. Er hob ihm die Lider an, fühlte seinen Puls und sah dann zu Mélanie auf.

»Er lebt. Das Blut kommt aus der Nase, aber gebrochen ist sie nicht.«

Plötzlich schlug Sébastien die Augen auf. »Was ist geschehen ... ist Ihnen ... ist Madame Hahnemann etwas passiert?«

»Na, Sie sind gut! Ob uns etwas passiert ist?«

Samuel griff nach Sébastiens Kopf, doch der Verletzte hob abwehrend die Hand. »Nicht!« Er stöhnte auf.

»Was tut Ihnen weh?« fragte Hahnemann.

»Kopf, Schulter, der Ellenbogen ... aber der Kopf vor allem. Mir ist übel ...«

Charles war inzwischen dem Reiter nachgelaufen, um seiner habhaft zu werden, aber der Mann war entkommen. Jetzt stand er keuchend neben Mélanie.

Samuel sah die beiden an. »Wir brauchen Arnika. Charles, du solltest loslaufen, um Eugène zu suchen. Wenn du ihn gefunden hast, schicke ihn mit der Kutsche dorthin, wo wir ausgestiegen sind. Wir müssen Monsieur Colbert zu uns nach Hause bringen, um ihn ordentlich versorgen zu können.«

Mélanie griff in ihren Beutel, zog ein kleines Fläschchen heraus. Arnika hatte sie immer bei sich – für Unfälle wie diesen. Sie öffnete Sébastiens Mund und ließ drei Globuli aus dem Fläschchen auf seine Zunge rollen.

Eine Frau brachte eine Decke. Man legte Sébastien hinein. Zuerst wehrte er sich, wollte aufstehen und zu Fuß gehen, aber Schwindel und Übelkeit zwangen ihn, sich wieder hinzulegen. Dann nahmen vier Männer die Decke an je einem Zipfel und trugen Sébastien durch die Menge davon.

Charles hatte Glück gehabt und Eugène schnell gefunden. Als Mélanie, Samuel und die Männer mit dem Verletzten zum vereinbarten Treffpunkt kamen, wartete die Kutsche bereits. Vorsichtig setzte man Sébastien in die Karosse. Charles und Samuel nahmen neben ihm Platz, um ihn zu stützen.

»Fahren Sie vorsichtig«, sagte Mélanie zum Kutscher und schloß die Tür hinter sich.

Zu Hause angekommen, ließ sie von Rose das Gästezimmer herrichten. Man bettete Sébastien in die Kissen. Vorsichtig zog Rose ihn aus, während Samuel eine zweite Untersuchung vornahm. »Sie haben ganz sicher keine inneren Verletzungen«, sagte er schließlich. »Eine Gehirnerschütterung, einige schmerzhafte Prellungen – in zwei, drei Wochen werden Sie jedoch wieder auf den Beinen sein.«

Samuel wollte aufstehen, aber Sébastien hielt ihn am Arm zurück. »Dr. Hahnemann – bitte glauben Sie mir, ich hatte nichts mit dem Komplott gegen Ihre Frau zu tun.«

Die Männer sahen sich lange und tief in die Augen. Schließlich nickte Samuel. »Wir werden über alles sprechen, sobald es Ihnen besser geht. Zuerst einmal sollten Sie schlafen. Charles wird Ihnen noch eine Arznei geben, und Rose bringt Ihnen später eine Tasse Hühnerbrühe. Ich verordne Ihnen strikte Bettruhe und erwarte, daß Sie meine Anordnungen genauestens befolgen!«

Er lächelte, Sébastien lächelte zurück. »Wenn ich damit den schlechten Eindruck wettmachen könnte, den ich bei Ihnen hinterlassen habe, würde ich sogar Milch trinken. Und Sie können mir glauben, das wäre die reinste Folter für mich!«

Fünf Tage später ging es ihm so gut, daß Samuel ihn nach Hause entlassen konnte. »Vorausgesetzt, Sie hüten dort weiter das Bett. Das müssen Sie mir versprechen! Haben Sie jemanden, der sich um Sie kümmert?«

»Er hat ein hübsches, rothaariges, katzenäugiges Mädchen, das ihm zur Hand geht.« Die Ironie in Mélanies Stimme war nicht zu überhören.

Sébastien schüttelte den Kopf. »Dodo habe ich nach dem Vorfall sofort entlassen. Eine Nachbarin sorgt jetzt für mich.«

Mélanie schmunzelte.

»Ist sie genauso hübsch wie Dodo?«

»Marianne ist bereits sechzig, Mutter von acht Kindern, und, mit Verlaub, sie ist potthäßlich. Dafür hat sie aber ein Herz für zwei.«

Mélanie nickte. »Um es mit einem Sprichwort zu sagen: Wenn man nicht hat, was man liebt, muß man lieben, was man hat.«

»Ich hoffe, Sie meinen das nur im übertragenen Sinn, Madame, denn Dodo war immer nur ein Dienstmädchen für mich.« Er sah ihr fest in die Augen. »Und geliebt habe ich sie schon gleich gar nicht. Wenn ich einmal eine Frau lieben würde, dann müßte sie sein wie ...«

»Still!« fiel Mélanie ihm ins Wort, denn sie ahnte, was er sagen wollte. »Sie wissen, die Pariser haben, was Skandale betrifft, ein wahres Elefantengehirn. Wenn Sie und ich uns in Zukunft freundschaftlich begegnen, werden neue Gerüchte um uns schneller aufflammen, als ein Hase Haken schlagen kann. Sagen Sie deshalb niemals ein Wort, das den Schandmäulern als Futter dienen könnte. Lassen Sie uns Freunde sein, Sébastien – und wenn ich dieses Wort benütze, dann meine ich etwas Wertvolles, etwas, das ein Leben lang halten kann. Sie haben meinem Mann das Leben gerettet, das werde ich Ihnen niemals vergessen. Ich würde, wenn nötig, mit meinem eigenen dafür bezahlen – aber erwarten Sie nichts von mir, das ich Ihnen als Frau geben könnte.«

Während sie gesprochen hatte, war Mélanie auf ihn zugekommen. Nun stand sie so nah vor ihm, daß er ihren Atem spürte. Sie sahen sich tief in die Augen. Plötzlich nahm er ihre Hand, beugte sich mit einem Kuß darüber, und als er sich wieder aufrichtete, sagte er: »Sie können sich auf mich verlassen, Mélanie.«

Er ging zu Samuel und verneigte sich vor ihm. »Ich wünsche Ihnen einen schönen Tag, Dr. Hahnemann.«

Samuel nahm die Pfeife aus dem Mund, wedelte mit der Hand, um den Rauch zu vertreiben, dann lachte er. »Jeder Tag ist ein schöner Tag, lieber Freund, es kommt nur darauf an, was wir aus ihm machen. Im übrigen danke ich Ihnen. Ich danke Ihnen von ganzem Herzen! Und ich erwarte, daß Sie am 10. August zu unserer Soiree erscheinen. Da feiere ich den Jahrestag meiner Promotion. Das ist für mich ein Festtag, seit 1779.«

»Ich werde sehr gerne und ganz bestimmt kommen«, versprach Sébastien.

Das neue Haus und Balzac

Die Kutsche bog in eine schmale, langgezogene Straße ein. Sie führte nach Norden. In einiger Entfernung lag auf einem Hügel ein malerisches Dorf, das Montmartre hieß. Rechts, in einem kleinen Park, stand ein palastähnliches Haus mit einer großen Treppe und einer Empore darüber.

Mélanie hielt Samuel die Augen zu. »Ab jetzt darfst du nicht mehr gucken. Erst, wenn ich es dir erlaube!«

Ein paar Minuten später hielt Eugène die Kutsche an und drehte die Bremse fest. Die Pferde schnaubten und streckten die Hälse, der Kutscher sprang vom Bock und öffnete für seine Herrschaften den Wagenschlag.

Mélanie stieg zuerst aus, dann kam Samuel und sah sich erstaunt um. »Was für eine wunderschöne Villa! Wo sind wir hier?«

»Wenn du einverstanden bist, wird das schon bald unser neues Zuhause sein.«

»Du hast dieses prächtige Anwesen gekauft?«

»Noch nicht, aber ich werde es kaufen, wenn es dir gefällt, denn das Haus in der Rue Madame ist doch längst zu klein für unsere Belange. Komm!« Sie nahm ihn an der Hand und führte ihn hinein.

Im Erdgeschoß befanden sich eine große Halle, mehrere Salons und ein großer Küchentrakt. Im Untergeschoß lagen drei kühle Gewölbe, die geeignet waren, eine Apotheke einzurichten. Die Schlafzimmer in den oberen Stockwerken waren lichtdurchflutet und freundlich, und es gab, was äußerst ungewöhnlich war, sogar eine Toilette und ein Badezimmer, das sich im hinteren Teil des Hauses zum Garten hin befand.

»Natürlich gefällt es mir – es ist großartig!« Samuel war begeistert. »Nur – liegt es nicht ein wenig außerhalb?«

»Deine Patienten sind durch ganz Europa bis Köthen gereist, dann werden sie auch hierher finden.«

Er lachte. »Ich dachte nicht an meine Patienten, sondern an uns.«

»Paris wächst von Tag zu Tag. Heute hat es fast eine Million Einwohner, bald wird es vielleicht schon eineinhalb Millionen haben. Die Stadt breitet sich nach allen Seiten hin aus und wird uns hier schneller eingeholt haben, als uns lieb ist. Im übrigen: Um zu Fuß hinunter zum Arc de Triomphe zu kommen und dort bei *Tortoni* am Boulevard des Italiens Eis zu essen, benötigen wir nicht mehr als … nun, ich schätze, eine halbe Stunde. Nach einem arbeitsreichen Tag ist das ein schöner Abendspaziergang.«

»Du hast recht, Liebste.« Samuel nahm ihre Hand und küßte sie. »Wie wäre es, wenn wir gleich noch zu *Tortoni* führen, um dort das neue Haus mit einer großen Portion Vanilleeis zu feiern?«

Mélanie lachte. Samuel war geradezu süchtig nach dieser neumodischen Süßspeise, die ein Italiener nach Paris gebracht hatte. »Einverstanden«, sagte sie und ließ sich von Eugène in die Kutsche helfen.

Bei *Tortoni* war wie immer viel los. Es gab keinen freien Tisch mehr, aber in einer Ecke saßen Honoré de Balzac und ein junger Mann, den die Hahnemanns nicht kannten. Als Balzac seinen Arzt und dessen schöne Frau sah, winkte er die beiden zu sich und lud sie ein, an seinem Tisch Platz zu nehmen.

Er begrüßte Mélanie mit Handkuß. »Kennen Sie Monsieur Sue, Madame? Er hat als Schiffsarzt viele ferne Länder bereist und ist nun Schriftsteller geworden.«

Mélanie sah den Mann interessiert an. Er hatte ein feines Gesicht mit schön geschwungenen, bogenförmigen Augenbrauen, dunkles Haar und einen ebenso dunklen Backenbart.

»Wir sind uns nie vorgestellt worden«, sagte sie, »aber ich habe Ihren Roman *Der Salamander* gelesen, und ich glaube, ich habe Sie schon einige Male in der Oper gesehen.« Sie reichte ihm die Hand.

Eugène Sue nickte. »Ich bedauerte immer, Sie nicht zu kennen, wenn Sie so stolz und wunderschön an mir vorbeigingen.« Er wandte sich an Samuel. »Bitte verzeihen Sie meine Offenheit, Monsieur, aber ich bin sicher, Sie sind es gewöhnt, daß Ihre Frau bewundert wird.«

Als die Hahnemanns Platz genommen hatten, wandte sich Eugène Sue wieder an Mélanie. »Was halten Sie davon, daß man unser neues Monument, den Obelisk aus Luxor, nun doch auf der Place de la Concorde aufstellen wird? In spätestens zwei Monaten soll es endlich soweit sein.«

»Nach siebenjähriger Odyssee!« Mélanie schüttelte den Kopf. »Vier Jahre war der Koloß bis Frankreich unterwegs, dann noch einmal drei Jahre bis zur Place de la Concorde. 220 Tonnen Stein aus Ägypten hierher zu verfrachten – was für ein Unsinn!«

»Das Verfrachten schien nicht das Problem gewesen zu sein, sondern wo und wie man ihn aufstellen könnte, ohne Gefahr zu laufen, ihn so kurz vor dem Ziel doch noch zu zerbrechen. Eine ausgeklügelte Hebemechanik mußte erdacht und gebaut werden.«

»Wissen Sie übrigens, was das Wort ›Obelisk‹ bedeutet?« Balzac sah von einem zum anderen.

»Nun, es kommt aus dem Griechischen, und ich würde es mit ›Bratspießchen‹ übersetzen«, antwortete Hahnemann, und man lachte.

»Bald wird unser ›Bratspießchen‹ also beleuchtet auf der Place de la Concorde stehen«, sagte Balzac. »Alle werden es anstarren, aber niemand wird mehr einen Gedanken daran verschwenden, daß noch vor vierzig Jahren an gleicher Stelle die Henkersmaschine des Doktor Guillotin stand.«

»Mit deren Hilfe immerhin mehr als dreizehnhundert

Menschen enthauptete wurden!« fügte Mélanie an. »Darunter auch einen König und seine Königin.«

»Nicht zu vergessen die 133 Menschen, die schon anläßlich der Hochzeit dieses unglückseligen Paares auf demselben Platz den Tod fanden, weil sie bei einem Feuerwerk in Panik gerieten, in den Graben an der Balustrade stürzten und sich dabei gegenseitig erdrückten!«

Ein Ober kam, und die Hahnemanns bestellten Vanilleeis mit Schokoladensoße. Danach wechselte man das Thema, sprach zuerst über Sues Roman *Der Salamander*, dann über die *Chronique de Paris*, eine Zeitschrift, die Balzac seit neuestem herausgab, und landete schließlich bei Italien.

»Italien«, sagte Balzac, »liebe ich für sein wunderbar warmes Licht, seinen flockenwolkigen Himmel, seine Votivtafeln an den Wegekreuzungen und seine abgestoßenen Kanten an den Gräbern alter Friedhöfe. Ich liebe es für die unaufdringliche Eleganz der milchigweißen Marmorstatuen in den Gotteshäusern, die ausgetrockneten Brunnen auf dem Lande und die überquellenden Fontänen in den Städten. Italien ist das Land der Widersprüche, und das macht es für mich so sinnlich – eine Sinnlichkeit, die mich an die schwere Süße der Dessertweine denken läßt, die manche der alten Damen dort so gerne trinken.«

»Das klingt, als hätten Sie große Sehnsucht nach diesem Land.«

»Nun, ich werde es ja schon bald wiedersehen. Im Auftrag der Viscontis habe ich dort noch einiges zu erledigen.«

Mélanie schmunzelte. »Werden Sie wieder in Begleitung Ihres überaus adretten *Pagen* reisen, von dem die Gerüchte gehen, daß er sich in den Stunden zwischen Abend und Morgen auf gar wundersame Weise verwandelt?«

Balzac sah sie an. »Nun, vom Reisen in Männerkleidung verstehen Sie ja selbst einiges, wie man hört.«

Sie lachten, diskutierten über Politik und empfahlen sich

Bücher, die sie gelesen hatten. Dann sah Samuel plötzlich auf die Uhr.

»Es ist spät, meine Liebe, ich fürchte, wir müssen aufbrechen. Schon in aller Frühe werden die ersten Patienten vor der Tür stehen.«

»Ja, du hast recht.« Mélanie beugte sich zu ihm und strich ihm zärtlich eine Locke aus der Stirn. Dann standen alle auf, um sich zu verabschieden.

Samuel sah Balzac an. »Waren nicht auch Sie für morgen einbestellt?«

Er nickte. »Nur um Himmels willen nicht schon in aller Frühe!« Er lachte, doch plötzlich war sein Gesichtsausdruck wieder ernst, und er wandte sich an Sue. »Am liebsten würde ich Sie zu einem Konsult bei Dr. Hahnemann mitnehmen, denn wenn einer Ihnen helfen kann, dann ist er es.«

»Ich hoffe, es ist nichts Ernstes?« fragte Samuel.

»Leider doch.« Leichte Röte überzog Sues Gesicht. Es war ihm offensichtlich unangenehm, darüber zu sprechen.

»Nun, dann sollten Sie nicht zu lange zögern. Je schneller behandelt wird, desto besser.« Samuel verbeugte sich. »Es war mir ein Vergnügen – Messieurs.« Er setzte den Zylinder auf, nahm Mélanie am Ellenbogen und verließ mit ihr das Lokal.

Das Fest

10. August 1836

Arnaud Citron, Journalist bei *Le Temps*, war klein und dick und trug eine Brille, die ein wenig schief auf seiner Nase saß. Charles hatte ihn eingeladen, sie kannten sich von einer Reise nach Chartres.

Die beiden jungen Männer standen an einem der Fenster und beobachteten das Geschehen.

»Und Dr. Hahnemann feiert den Jahrestag seiner Promotion seit 1779? Und immer mit einem so großen Fest?« fragte Citron erstaunt.

»Früher wohl eher mit einem Stück Fleisch oder einem Glas Weizenbier. Das war schon mehr, als er sich leisten konnte, denn er war arm wie eine Kirchenmaus. In den letzten Jahren allerdings begeht er diesen Tag so festlich wie seinen Geburtstag! Mit einem Bankett oder einer Soiree. Eigentlich sei die Promotion ihm noch wichtiger als der Geburtstag, sagt er. Denn damit wurde doch erst der Grundstein für sein weiteres Leben gelegt.«

Ein kleines Orchester spielte eine Polka. Am Eingang zum Salon erschien eine junge Frau mit einem Kind an der Hand. Ein Mädchen mit blonden Stocklocken und einer großen blauen Schleife im Haar.

»Eine Enkelin von Dr. Hahnemann?« fragte Citron.

»Nein. Das ist Sophie, die Tochter Anton Bohrers.«

»Anton Bohrer – etwa einer der Musikerbrüder Anton und Max Bohrer aus Deutschland, die in ganz Europa gefeiert werden? Sind sie denn auch hier?«

Charles lachte. »Du bist ja ganz blaß vor Ehrfurcht! Ja,

sie sind auch hier. Dort drüben, die beiden Herrn, die sich so angeregt mit Madame Hahnemanns Vater, dem Compte Joseph d'Hervilly, unterhalten.«

»Und die gutaussehende Frau? Zu welchem der Brüder gehört sie?«

»Zu keinem. Das ist meine Schwester Éa.«

»Du hast eine Schwester?«

Wieder lachte Charles. »Warum nicht? Traust du mir eine Schwester etwa nicht zu?«

»Doch, aber du hast nie über sie gesprochen.«

»Sie lebt nicht in Paris, wir sehen uns nur selten.«

»Und wer sind die Herren dort drüben?«

»Das sind Kollegen von Dr. Hahnemann. Der mit dem Backenbart ist Dr. Chatron, daneben Georg Heinrich Jahr. Er ist Deutscher und nach Paris gezogen, um Hahnemann in der Praxis zu helfen. Außerdem gibt er eine homöopathische Zeitschrift heraus und erweitert sein Repertorium.«

»Was ist ein Repertorium?«

»Eigentlich hatte ich dich als Freund eingeladen. Jetzt bricht der Journalist in dir durch, und du löcherst mich mit Fragen!«

Arnaud Citron grinste. »Tut mir leid, ich kann nicht anders. Außerdem würde ich natürlich gerne über dieses Fest schreiben. Meinst du, Dr. Hahnemann hätte etwas dagegen?«

»Kommt drauf an, was du schreibst. Lügen und Gemeinheiten wurden genug verbreitet. Wenn du dich unter die Schmierfinken einzureihen gedenkst, sind wir geschiedene Leute.«

»Unsinn, das würde ich nie tun. Also, was ist ein Repertorium?«

»Ein Verzeichnis der Arzneien, die bereits geprüft sind. Ausführliche Mittelbildbeschreibungen, an denen sich die Homöopathen orientieren können. Jahr hat vor langer Zeit ein solches Verzeichnis geschrieben. Inzwischen gibt es aber sehr viel mehr geprüfte Mittel, und ohne Erweiterung wäre es nutzlos.«

»Ah, ja.« Citron nickte. Ein anderer Mann erregte plötzlich seine Aufmerksamkeit. »Und der dort?«

»Das ist Sébastien Colbert, ein Anwalt und Freund der Familie. Die Herren, auf die er jetzt zugeht, kennst du aber bestimmt?«

»Natürlich. Rechts, das ist der Porträtmaler Henry Cheffer und links Pierre-Jean David, der Bildhauer, der sich David d'Angers nennt und Büsten oder Bronzemedaillons von so bekannten Persönlichkeiten wie Napoleon, Goethe oder Balzac geschaffen hat.«

Plötzlich riß sich die kleine Sophie von der Hand ihrer Mutter los und lief zu Samuel. Er hob sie auf seine Knie, wo sie nun lachend herumsprang und tanzte. Ab und zu tat er, als ließe er sie herunterfallen, um sie scheinbar im allerletzten Moment doch noch aufzufangen, was das Kind veranlaßte, zu quietschen wie ein Ferkel, das man von der Mutter wegtrieb.

Samuel hatte seine wahre Freude an der kleinen Sophie und dem fröhlichen Spiel. Er liebte Kinder über alles, und in solchen Momenten betrauerte er, daß er zu seinen eigenen Kindern und Enkeln so wenig Kontakt hatte. Sein Sohn Ernst war bereits im Alter von drei Monaten bei einem Kutschenunfall ums Leben gekommen. Friederikes Zwilling war tot geboren worden, Karoline bereits als junge Frau gestorben. Und die anderen waren in alle Winde zerstreut oder nahmen ihm übel, daß er nach dem Tod ihrer Mutter bei einer anderen Frau ein neues Glück gefunden hatte.

Anton Bohrer ging zu Hahnemann und nahm die kleine Sophie auf den Arm. »Du darfst gleich etwas tun, was sonst nur Königinnen tun!«

Sophie sah ihn mit großen Augen an. »Eine richtige Krone tragen?«

»Nein. Noch viel besser – du darfst ein Denkmal enthüllen!«

Er übergab die Kleine an David, der sie an der Hand nahm und mit ihr zu einem Sockel ging, auf dem eine Büste stand, die mit einem roten Seidentuch abgedeckt war.

David schlug mit einer Gabel gegen ein Glas und wartete, bis es still war, damit er seine Rede halten konnte.

»Liebe Gäste, verehrter Dr. Hahnemann!« David sah Samuel an, der lächelnd nach der Hand seiner Frau griff und sie zu sich zog. In einem weinroten Kleid aus Organza, die Keulenärmel wie der Saum mit Silberperlen bestickt, die Haare aufgesteckt und seitlich mit dunkelroten Blüten verziert, stand sie neben ihm und strahlte ihn an.

»Wir kennen uns nun einige Monate und haben viel Zeit miteinander verbracht. Teils in meinem Atelier, teils in Ihrer Praxis, denn ich bin Ihr Patient, und Sie haben für mich Modell gesessen. So haben wir uns gegenseitig Einblick in unser Wesen gewährt und uns ein Stück weit ergründet. Sie mich auf dem Papier über eine Anamnese, ich Sie mit dem Meißel auf Stein. Aber ob so oder so, ob im Gespräch oder im Hall meiner Hammerschläge – wir lernten uns dabei kennen, und so glaube ich inzwischen eine ganze Menge über Sie zu wissen.«

David sah Samuel einige Sekunden nachdenklich an, bevor er seine Erkenntnisse in Worte faßte: »Es gibt gewisse Situationen, in denen Sie sehr ungeduldig werden können – und doch sind Sie der geduldigste Mensch, wenn es darum geht, einem Kranken Achtung, Aufmerksamkeit, ja sogar Liebe entgegenzubringen. Ich habe Sie als Ankläger erfahren, als Mann, der gnadenlos und rechthaberisch erscheint, wenn man ihm mit Ignoranz und Dummheit begegnet – und doch sind Sie der gütigste und liebevollste Mensch, wenn Sie an Ihrem Gegenüber Herzensbildung und Zivilcourage erkennen. Sie sind, verzeihen Sie, uralt und gleichzeitig so jung und dem Leben zugewandt wie kaum ein Zwanzigjähriger. Sie sind ein Freidenker, und doch haben Sie eine Heilmethode entwickelt, die sich strengsten Grundsätzen unterordnen muß, will sie funktionieren. Kurz – Sie scheinen auf den ersten Blick so widersprüchlich zu sein wie Gott und der Teufel. Aber auch Gott und der Teufel sind ja zwei Seiten derselben Medaille, und wir wissen, daß der eine ohne den anderen nicht existieren könnte.«

Samuel nickte. »Wie wahr! Aber mich mit dem Teufel zu vergleichen ist natürlich schon ein großes Wagnis – für den Teufel!«

Die Gäste lachten, Mélanie und Samuel tauschten verliebte Blicke.

»Teufel hin, Hahnemann her – auf jeden Fall haben Sie es geschafft, all die scheinbaren Widersprüche in sich zu vereinen und zu einer Art von Vollkommenheit werden zu lassen, die man nicht oft bei einem Menschen findet. Ich sage das nicht, um Ihnen zu schmeicheln, lieber Freund. Ich sage es, weil es das ist, was mir dieser Stein …«, er legte seine Hand auf das roten Seidentuch, unter dem die Büste verborgen war, »von Ihnen erzählt hat. Ich habe ihn über eine lange, lange Zeit hin bearbeitet, um ein Bildnis von Ihnen zu schaffen, Ein Bildnis, das Ihnen hoffentlich gerecht werden kann und dem aufmerksamen Betrachter, also dem, der nicht nur mit den Augen, sondern auch mit dem Herzen sieht, etwas von Ihrem vielschichtigen, tiefgründigen Wesen offenbart.«

Er beugte sich zu Sophie und flüsterte ihr etwas ins Ohr, woraufhin die Kleine nickte und an dem Seidentuch zog. Es rutschte von dem glatten Stein, Samuels Büste kam zum Vorschein, und alle klatschten Beifall.

Samuel war gerührt. Er hatte Tränen in den Augen, die er mit dem Handrücken abwischte, bevor er aufstand und zu David d'Angers kam, um ihn zu umarmen.

»Danke, lieber Freund! Bei all den Anfeindungen, denen ich ausgesetzt bin, tut es mir gut, solche Worte über mich zu hören.«

Er verschränkte die Hände auf dem Rücken und betrachtete die Büste. »Nun, die Nase ist ein wenig spitz geraten!«

sagte er schließlich. »Aber das ist wohl nicht Ihr Fehler, sondern der meines Vaters, der sie mir in einer glückseligen Nacht mitsamt allem anderen, was an meinem Äußeren nicht so gut gelungen ist, mit auf den Weg gegeben hat.«

Die Gäste lachten, und Samuel wandte sich um. »Na, nun kommt schon her, das müßt ihr euch aus der Nähe ansehen!«

Während man sich um die Büste drängte, erklang Musik, und die Diener brachten Getränke. Es wurde angestoßen, gelacht, und man forderte Samuel auf, mit seiner Frau zu tanzen.

Er drehte sie im Walzertakt, die anderen klatschten dazu. Dann übergab er sie an Charles und setzte sich wieder in seinen Sessel, von wo aus er dem ausgelassenen Treiben seiner Gäste zusah.

Nach einer Weile kam Dr. Chatron zu ihm. Mit einem Nicken deutete er auf Sébastien. »Wie ich sehe, zählt Monsieur Colbert nun zu Ihren Freunden? Hat sich diese unglückselige Geschichte, damals, als Ihre Frau zu einem Kind gerufen wurde, das es dann gar nicht gab, denn aufgeklärt?«

»Ja, es hat sich aufgeklärt. Am Tag, als der Arc de Triomphe eingeweiht wurde, hat er mir das Leben gerettet und seines dafür riskiert. Da mußte ich ihm zuhören und einsehen, daß wir ihm Unrecht getan hatten. Sébastien Colbert war selbst hereingelegt worden. Wie sich herausstellte, war es ein Komplott zwischen seinem Onkel und seinem Hausmädchen. Und was meine Frau betrifft ... Sie wissen selbst, wie treu sie zu mir steht. Es gibt also keinen Grund, warum ich diesem Mann meine Freundschaft verwehren sollte.«

Dr. Chatron nickte. »So gesehen, haben Sie recht, aber die Damen und Herren der Pariser Gesellschaft vergessen nichts! Man zerreißt sich bereits die Mäuler. Gerüchte gehen um, daß Sie von Ihrer Frau und Sébastien Colbert schamlos betrogen und hintergangen werden. Ich wollte es Ihnen nur sagen, damit Sie gewappnet sind.«

»Ich weiß, Chatron, Sie meinen es gut, doch Sébastien gehört inzwischen fast schon zur Familie.« Er sah Dr. Chatron nachdenklich an, dann sagte er: »Was die Lästermäuler betrifft – ein Berg ist für die Wolken dasselbe wie ein Baum für die Hunde. Hauptsache ist, wir wissen, ob wir ein Berg oder ein Baum, ein Hund oder die Wolken sind. Und darum: Was die Leute sagen, interessiert mich nicht.«

Vier Wochen später zog das Ehepaar Hahnemann in das neue Haus in der Rue de Milan, am Rande der Stadt. Alles wäre wunderbar gewesen, hätte es nicht wieder neue Anschuldigungen gegeben. Es wurde behauptet, Hahnemann hätte den Tod eines jungen Kaufmanns verursacht. Es war aber Mélanie, die Monsieur Barbéris behandelt hatte – einen Neffen des Kutschers ihres Vaters, der sich tief verschuldet hatte, um aus dem Nichts einen Reithosenhandel aufzubauen.

Zufällig war sie bei ihrem Vater gewesen, als Monsieur Barbéris mit letzter Kraft die Türglocke zog. Mit kaltem Schweiß auf der Stirn, das Gesicht vor Schmerzen zu einer Grimasse verzogen, stand er da und bat darum, seinen Onkel sprechen zu dürfen. Doch das Mädchen, das ihm geöffnet hatte, holte nicht nur den alten Henry, sondern auch Mélanie, die gerade dazukam, als der Sterbende seinen Onkel anflehte, sich um seine Frau und das Neugeborene zu kümmern.

»Ich habe höllische Schmerzen im Bauch! Onkel, ich weiß, daß ich sterben werde. Ich bitte dich, sorge nach meinem Tod für Louise und unser Kind! Du mußt Louise heiraten! Ohne dich landen sie beide auf der Straße! Ich kann diese Welt nicht verlassen, wenn du mir nicht versprichst, für sie zu sorgen!«

Mélanie hatte dem Sterbenden dann einige Globuli Arsenicum gegeben, weil es den Bauchschmerzen entsprach und weil es einem Sterbenden Erleichterung verschaffte.

Später hatte sie mit Samuel darüber gesprochen, und er hatte bestätigt, daß er genauso gehandelt hätte. Woher man aber wußte, daß Monsieur Barbéris in seiner letzten Stunde überhaupt von einem der Hahnemanns behandelt wurde, blieb unklar. Weder der Kutscher noch Mélanies Vater hatten etwas darüber verlauten lassen. Vermutlich hatte das Dienstmädchen über den Vorfall geredet, und man hatte den Namen Hahnemann in Zusammenhang mit Homöopathie unweigerlich mit Samuel in Verbindung gebracht.

Da die Gerüchte nun einmal in Umlauf waren, sprach sich Samuel dafür aus, den Irrtum nicht aufzuklären. »Am besten äußern wir uns überhaupt nicht dazu und lassen die Leute glauben, was sie wollen.«

Mélanie trug die Vorkommnisse zur Sicherheit ins Patientenbuch ein. Sie notierte alles genauestens: Datum und Uhrzeit, den Hergang, die Symptome, die ihr von dem Sterbenden berichtet worden waren und die auf einen Magendurchbruch hinwiesen, die genaue Mittelgabe und auch den Namen des Arztes, der Monsieur Barbéris vor seinem Tod behandelt hatte. Sie schrieb sogar darunter: *Kein Honorar verlangt.* Nur ob von ihr oder von Samuel behandelt worden war, ließ sie offen.

Die unglückselige Geschichte verfolgte die Hahnemanns jedoch. Es war wie ein Echo in den Bergen, das von allen Seiten widerhallte. Weil sie es gewesen war, die den armen Mann behandelt hatte, um ihm das Sterben ein wenig zu erleichtern, fühlte sie sich Samuel gegenüber schuldig. Er hatte ohnehin genug Ärger am Hals!

Paganini

Eines Mittags erschien Niccolò Paganini bei Samuel Hahnemann. Zum Glück war Charles im Haus und öffnete die Tür. Als ihm der berühmte Geigenvirtuose seine Visitenkarte reichte und ihm bewußt wurde, wen er da vor sich hatte, führte er ihn umgehend in den kleinen Salon, am Ende des Flures, um ihn nicht der Neugierde anderer Wartender auszusetzen. Dann sagte er Mélanie Bescheid.

Mélanie war eine große Bewunderin Paganinis. Als sie hörte, daß er in die Praxis gekommen war, um sich von Samuel behandeln zu lassen, reagierte sie vollkommen konfus. Sie konnte sich nicht mehr auf die laufende Anamnese konzentrieren, und als der Patient gegangen war, ließ sie Tee in den kleinen Salon bringen und ging hin, um den Virtuosen zu begrüßen.

Paganini war ein begnadeter Musiker. Er spielte so schnell, daß andere Geiger in derselben Zeit nicht einmal die Noten lesen konnten. Außerdem kleidete er sich grundsätzlich schwarz und fuhr auch immer in einer schwarzen Kutsche mit schwarzen Pferden. So wurde unter den Abergläubischen der Verdacht geschürt, er habe mit dem Teufel einen Pakt geschlossen, und man gab ihm den Beinamen »der Teufelsgeiger«.

Als Mélanie den kleinen Salon betrat, stand Paganini auf und sah sie mit unverhohlener Bewunderung an. »Obwohl man mich bereits vorwarnte, habe ich nicht mit so viel Schönheit gerechnet«, sagte er, wobei er ihr viel zu tief in die Augen sah. Dann beugte er sich mit einem Kuß über ihre Hand.

Mélanie hatte dem Blick standgehalten. Die eigenartige Aura, die diesen Mann umgab, fesselte sie. Er hatte langes schwarzes Haar, einen schwarzen Backenbart, und sein schmales Gesicht wurde von einer langen, dünnen Hakennase beherrscht. Dazu die schwarze Kleidung und der glühende Blick – ja, in der Tat hatte er etwas Diabolisches an sich!

Sie setzten sich, und Mélanie goß ihm Tee ein. »Ich habe Sie vor vier Jahren zum ersten Mal auf der Bühne erlebt«, erzählte sie ihm, »und vor einem Jahr zum zweiten Mal. Ich war überwältigt, aber solche Komplimente werden Sie sicher nur langweilen.«

»Nicht, wenn sie aus so schönem Mund kommen.« Er neigte sich vor.

»Außerdem habe ich in Robert Schumanns *Neuer Zeitschrift für Musik* einen interessanten Artikel über Sie gelesen. Er schrieb, daß Sie als Komponist leider ungeeignet seien, da niemand die Virtuosität entwickeln kann, die nötig wäre, um Ihre Kompositionen zu spielen.«

Paganini nickte. »Schumann und sein *David-Club gegen musikalisches Spießbürgertum* – ein interessanter junger Mann, der es bestimmt noch sehr weit bringen wird!«

»In *Le Temps* wiederum konnte ich lesen, daß Sie planen, ein Spielkasino in Paris zu eröffnen!«

Paganini seufzte. »Sie sind gut informiert. Geplant habe ich das in der Tat, aber leider wurde mir die Erlaubnis dazu nicht erteilt.«

»Es wäre ja auch zu schade, wenn Sie Ihr Talent an einen Spielklub vergeudeten.«

»Ah, dann sind Sie also doch nicht so gut unterrichtet! Denn sonst wüßten Sie, daß ich in den Kasinos ein zweites Zuhause gefunden habe und mein Geld beim Glücksspiel genau so schnell verliere, wie ich es zuvor beim Spielen auf meiner Violine verdient habe.«

Nun war Mélanie es, die nickte. Gewiß wußte sie davon, die Spatzen pfiffen es ja von den Dächern. Daß Paganini der Spielsucht verfallen war, verwunderte sie nicht einmal, denn ein Mann wie er war von Leidenschaft getrieben. Alles, was er tat, tat er bis zum Exzeß. Die Musik, das Spiel, die Frauen ... Und diese Neigung zum Exzessiven würde ihn eines Tages alles kosten. Das Glücksspiel brachte ihn um sein Vermögen, die Frauen um den Verstand, die Musik ruinierte seine Gesundheit. Schon jetzt war er körperlich vollkommen aufgezehrt und ein gebrechlicher Mann, und das, obwohl er nur achtzehn Jahre älter war als sie.

Mélanie stand plötzlich auf. »Gewiß sind Sie nicht zum Plaudern gekommen. Wir sollten ins Ordinationszimmer gehen. Mein Mann erwartet Sie bereits.«

Sie wollte vorausgehen, aber er griff schnell nach ihrer Hand und zog sie an sich. »Wenn ich Ihnen ein Billett schickte, würden Sie zu meinem nächsten Konzert kommen? Nur Sie? Um mir Glück zu bringen?« Er sah ihr tief in die Augen.

»Ich bin verheiratet, Monsieur.«

»Das ist keine Antwort auf meine Frage.«

»Nein, Monsieur.«

Im selben Moment ging die Tür auf, und Samuel kam herein. Als er seine Frau und Paganini so nah beieinander stehen sah, daß man annehmen konnte, sie hätten sich soeben geküßt, verfinsterte sich sein Blick. Zwar blieb er ruhig, sagte lediglich, daß noch fünf Patienten warteten und er darum gerne weiterarbeiten würde, doch Mélanie kannte ihn gut genug, um zu spüren, daß er ärgerlich und eifersüchtig war.

Beim Anamnesegespräch beklagte sich Paganini über nervöse Erschöpfung und mangelnde Inspiration. »Ich erhielt deshalb über einen langen Zeitraum hinweg Quecksilberpräparate. Leider fielen mir darauf hin alle Zähne aus, und ich mußte mir ein Gebiß anfertigen lassen. Außerdem leide ich unter eitrigen Geschwüren im Mund und Abszessen an den Kieferknochen.« Er streckte Samuel seine Hände entgegen. »Und sehen Sie nur – immer öfter zittern meine Hände wie die eines alten Mannes!«

»Nun, Monsieur, auch das Händezittern dürfte eine Folge der Quecksilberpräparate sein.«

Mélanie sah erschrocken auf. Samuels Stimme klang ungewöhnlich scharf.

»Es sollte Ihnen außerdem klar sein, daß nervöse Erschöpfung und mangelnde Inspiration bei einem Mann, wie Sie es sind, weniger mit Krankheit als vielmehr mit einer unverantwortlichen Lebensweise zu tun haben. Wenn Sie ein Faß bis zum Boden leer schöpfen, wieso wundern Sie sich dann, daß am Ende nichts mehr drin ist?«

Paganini antwortete ähnlich aggressiv. »Muß ich das so verstehen, daß Sie mir nicht helfen wollen oder können?«

»Selbstverständlich kann ich Sie behandeln. Daß Sie sich vollkommen erschöpfen und in Exzessen ergehen, zeigt mir, welche Arznei Sie brauchen. Aber im Gegensatz zu Ihnen bin ich kein Wunderknabe! Zaubern kann *ich* nicht. Das Faß, von dem ich vorher sprach, müssen Sie schon selbst wieder füllen. Dazu brauchten Sie Ruhe, vernünftiges Essen, viel Bewegung bei Sonne und frischer Luft. Ein Medikament kann nur helfen, daß das Wasser in Ihrem Faß nicht fault – wenn Sie etwas mit diesem Vergleich anfangen können.«

»Ich mag maßlos sein, Monsieur le Docteur, aber ich bin kein Idiot!«

An dieser Stelle mischte sich Mélanie ein. »Meine Herren, das führt zu weit. Zwei erwachsene Männer von so viel Intelligenz sollten sich auch wie zivilisierte Menschen begegnen.«

»Dazu gehört aber, daß der eine die Besitzverhältnisse des anderen respektiert!« Samuel sah Paganini tief in die Augen. Es war wie ein stiller Zweikampf, der vom Schrillen einer Glocke unterbrochen wurde. Mélanie hatte nach Charles geläutet.

»Bitte kümmere du dich weiter um unseren Patienten.« Sie sah von Charles zu Samuel. »Dr. Hahnemann wird dir erklären, welche Arznei du Monsieur Paganini verabreichen mußt!« Es klang zynisch, wie sie das sagte. Dann verließ sie mit einem kurzen »Au revoir, Messieurs!« den Raum.

Es war ihr erster wirklicher Streit mit Samuel.

»Falls du mit Besitzverhältnissen mich gemeint hast«, fuhr sie ihn später an, »so muß ich dir sagen, ich bin niemandes Besitz! Auch deiner nicht!« Sie schüttelte die Hand ab, die Samuel versöhnlich auf ihren Arm gelegt hatte. Zorn brannte in ihren Augen.

»Und ich muß dir sagen, daß ich es nicht akzeptiere, daß ein Mann meiner Frau in derart unverblümter Weise nachstellt.« Er sah sie ruhig, aber bestimmt an. »Ich habe wirklich nicht vor, mich wie ein eifersüchtiger Gockel zu benehmen. Es gibt allerdings Grenzen. Dir zu sagen, daß du eine schöne, intelligente und anziehende Frau bist, ist eine Sache; dir mit eindeutigen Absichten den Hof zu machen eine andere.«

»Wie kommst du darauf, daß er mir den Hof gemacht hätte? Nur weil wir nahe beieinander standen?«

»Ich bin ein Mann. Ich kenne mich in den Schlupflöchern männlicher Seelen aus! Was würdest *du* sagen, wenn ich zum Beispiel so nahe an unser Linchen käme?«

Linchen war die Küchenmagd, gerade erst achtzehn und sehr hübsch. Mélanie dachte ernsthaft nach. Dann lachte sie plötzlich und sagte: »Ich würde ihr das Messer zeigen, mit dem sie unser Brot schneidet, und würde sagen: ›Das findest du zwischen deinen Rippen wieder, falls du es wagen solltest, meinem Mann schöne Augen zu machen!‹«

Nun war Samuel es, der lachte. »Das würdest du wirklich tun?« Er kam zu ihr, faßte sie um die Taille und zog sie zärtlich an sich.

»Ganz sicher, darauf kannst du das ganze Quecksilber nehmen, das man dem armen Paganini verabreicht hat!«

Als Paganini zwei Tage später wieder erschien, um über die Wirkung des Medikamentes zu berichten, stießen die beiden Männer neuerlich zusammen. Paganini behandelte

Samuel wie Luft, richtete sich mit seinen Fragen und Aussagen ausschließlich an Mélanie. Als er sich dann beim Abschied auch noch erdreistete, Mélanies Hand wirklich zu küssen, statt den Kuß in aller Höflichkeit nur anzudeuten, konnte sich Samuel kaum noch beherrschen.

Zum endgültigen Bruch kam es aber erst, als ein Bote am nächsten Tag ein Billett von Paganini brachte, in dem er Mélanie – und zwar sie allein – zu seinem nächsten Konzert einlud.

Samuel schrieb ein Billett zurück. Der Inhalt war kurz und bündig.

Geehrter Paganini!
Da Sie sich meines Vertrauens nicht würdig erweisen, sehe ich mich gezwungen, die Behandlung abzubrechen. Ich bitte Sie, nicht mehr in meinem Hause zu erscheinen.
Dr. Samuel Hahnemann

Erfolge

Samuel sah auf die Uhr. Er hatte zwei Stunden an diesem Brief an Clemens von Bönninghausen geschrieben. Das Kaminfeuer war erloschen, und seine Augen brannten. Trotzdem las er ihn noch einmal durch.

Paris, den 31. August 1838

Mein lieber, verehrter Freund!
Dies wird vermutlich vorerst mein letzter Brief an Sie sein, denn wie wir hoffen, werden wir Sie schon bald als Gast in unserem Haus begrüßen können. Meine Frau freut sich darauf ebenso wie ich selbst, denn es liegt ihr sehr am Herzen, meine besten Freunde zu kennen.
Sie haben sich in Ihrem letzten Brief erkundigt, wie Georg Heinrich Jahr und ich mit einer schriftlichen Zusammenfassung der interessantesten und wichtigsten Krankenberichte aus unseren Praxen vorankommen. Nun, wir mußten das Projekt ausstellen, denn ich habe mit der Überarbeitung meiner »Chronischen Krankheiten« begonnen, und er ist mit seiner homöopathischen Zeitschrift mehr als genug beschäftigt. Schon das Sortieren des vorliegenden Materials wäre ja sehr zeitaufwendig, und wir kämen zu nichts anderem mehr.
Nun zu meiner Frau: Wie Sie ja wissen, behandelt sie neben den Patienten, die wir gemeinsam empfangen, längst auch ihre eigenen Fälle und tut dies ganz ohne meine Hilfe. Es sind zumeist Fälle, die sich schnell handhaben lassen: Dienstboten, Arbeiter oder Kinder, also Patienten, die aufgrund ihres jungen Alters oder beschränkter finanzieller Verhältnisse vorher nicht bei Ärzten waren, wodurch sie auch nicht medikamen-

tös entstellt und allzu kompliziert sind. Außerdem hat sie nachmittags eine Konsultationsstunde für Arme eingerichtet, mittellose Leute, von denen sie kein Geld nimmt. Diese Leute verehren sie fast wie eine Heilige. Wenn sie durch die Straßen von Paris geht, kommt es immer wieder vor, daß man sie umringt, einfache Leute ihr etwas schenken, Kinder ihre Hand an sich drücken oder ehrfurchtsvoll küssen.

Aber egal, ob arm oder reich, berühmt oder ein ordinäres Fischweib, wir behandeln all unsere Patienten mit der gleichen Sorgfalt. Nur was das Honorar betrifft, machen wir Unterschiede. Mal verlangen wir gar nichts, mal 50 oder 100 Francs, von Reichen nehmen wir auch schon mal 200. Es kommt eben darauf an, wieviel einer zur Verfügung hat, danach richten wir uns. Trotzdem erzürnt unser bescheidener Wohlstand so manchen Neider, und man sagt uns nach, wir würden unverschämte Honorare einstreichen und das Geld dann mit beiden Händen zum Fenster herauswerfen.

Aber wenden wir uns Erfreulicherem zu: Wir hatten in letzter Zeit einige sehr interessante und schwierige Fälle, die wir zur vollsten Zufriedenheit behandeln konnten. Darunter war eine Nonne, die wegen eines Hautleidens an gewissen intimen Stellen zu uns kam und sehr froh war, daß sie sich zur Untersuchung nicht ausziehen mußte. Nennenswert ist auch »der Fall La Brune« – es handelt sich um das Kutschpferd von Mélanies Vater. Der Gaul ist dem Kutscher ans Herz gewachsen wie ein eigenes Kind und war an Husten erkrankt – bei Pferden, wie man weiß, eine fatale Sache, die leicht zum Tode führt. Auch La Brune wurde wieder ganz gesund.

Ebenso Erfreuliches gibt es aus dem privaten Bereich zu berichten. Wie jedes Jahr haben wir am 10. April groß meinen Geburtstag gefeiert. Es war ein rauschendes Fest, an dem sogar der berühmte Kaffeehausmusiker Musard aufspielte, der »Erfinder« der sogenannten Promenadenkonzerte, die sich hier in Frankreich immer größerer Beliebtheit erfreuen und inzwischen sogar in England Mode geworden sind. Auch Mu-

sard ist unser Patient und uns außerdem freundschaftlich verbunden.

Auf diesem Fest hätten Sie meine liebe Frau sehen sollen! Wie rot ihre Wangen glühten, als sie mit Charles, ihrem Ziehsohn, einen ausgelassenen Galopp tanzte oder mit Sébastien, einem lieben und treuen Freund, Wienerwalzer! Alle Männer lagen ihr zu Füßen! Mit Stolz kann ich sagen, sie ist nicht nur der beste Homöopath, sondern auch die schönste Frau, die ich kenne.

Auch Charles macht uns sehr viel Freude. Er ist inzwischen Apotheker und bereitet unsere Medikamente zu, wodurch wir sicher sein können, daß wir sie tatsächlich in der von uns gewünschten Aufbereitung erhalten. Nebenbei wird er Medizin studieren und sich danach von mir zum Homöopathen ausbilden lassen. Er hat ein warmes, treues Wesen und interessiert sich sehr für unsere Sache. Wir sind sehr stolz auf ihn.

Wie sie ja wissen, habe ich bereits in den letzen Monaten vor meiner Abreise aus Köthen mit einer neuen Methode zur Verabreichung homöopathische Arzneien experimentiert. Ich bin der Meinung, daß es besser ist, die Mittel nicht trocken zu geben, da sie flüssig mehr Nervenenden im Körper erreichen können. Ich löse deshalb die potenzierten Arzneien in einer Mischung von Wasser und Alkohol auf, wovon der Patient dann täglich einen Teelöffel voll einnimmt. Vorher muß die Flasche aber kräftig geschüttelt werden, denn auf diese Art erhöht sich die Potenzierung jedesmal leicht, was zur Folge hat, daß niemals exakt die gleiche Potenz eingenommen wird. Ich habe die Arzneien, seit ich in Paris bin, nur noch auf diese Weise verabreicht und damit sehr gute Erfahrungen gemacht. Trotzdem experimentiere ich weiter. Wir setzen inzwischen viel höhere Potenzen ein als früher. Charles ist gerade dabei, eine Reihe von Arzneien bis zur 200* zu potenzieren.

---

* Da Hahnemann niemals mit D-Potenzen arbeitete, handelt es sich bei Angaben in diesem Buch immer um C-Potenzen.

Über diese Dinge mehr, wenn Sie hier sind. Gerne können Sie dann auch in unsere Krankenjournale Einblick nehmen.

Zum Schluß noch eine traurige Nachricht. Der berühmte Bildhauer David schuf zwei Büsten von mir. Eine steht in unserem Salon – meine Gattin liebt sie beinahe so sehr wie mich und streichelt sie immer, wenn sie daran vorbeikommt. Die zweite habe ich Henry Detwiller und Constantin Hering zur Ausstattung der Allentown Academy in Pennsylvania versprochen – dabei handelt es sich um die erste homöopathische Ausbildungsstätte der Welt, die diese beiden Herren in Amerika vor etwa zwei Jahren gründeten. Als die Büste nun fertig war, schiffte ich sie wie versprochen ein, jedoch ging das Schiff unter und die Büste verloren. Nun liegt also mein Abbild irgendwo auf dem Grund des Meeres und dient den Fischen zur Erheiterung oder als Unterschlupf, wenn sie sich vor Feinden verstecken müssen. Man stelle sich vor, in einigen hundert Jahren hätte irgendein Verrückter eine Technik entwickelt, die ihm ermöglichte, in die Tiefen der Meere hinabzutauchen, und dort fände er ausgerechnet mich ... nun ja, ein Abbild von mir. Vielleicht hielte er mich gar noch für einen Kaiser oder sonst ein hohes Tier!

Nun bleibt mir nur noch, Ihnen eine gute Reise zu wünschen, und kommen Sie wohlbehalten bei uns an. Auch meine Gattin läßt Sie herzlich grüßen, und so verbleibe ich als Ihr ergebener
Samuel Hahnemann

Er faltete den Brief zusammen, versah ihn mit von Bönninghausens Adresse, versiegelte ihn und legte ihn dann zur übrigen Post, die der Kutscher morgen früh zur Poststation bringen würde.

Inzwischen war es 22 Uhr. Bestimmt war Mélanie bereits zu Bett gegangen und wartete auf ihn. Er stand auf, wollte gerade sein Arbeitszimmer verlassen, als laut gegen die Haustür gepocht wurde. Kurz danach waren auf der Treppe Schritte zu hören, dann die Stimme Jeans, des Hausdieners.

»Qu'est ce qui est là? Wer ist da?«

»Amaury Duval – ich muß Dr. Hahnemann sprechen! Es ist sehr dringend!«

Samuel wunderte sich. Amaury Duval war ein guter Freund der Familie. Warum kam er unangemeldet und mitten in der Nacht? Etwas mußte passiert sein!

Er trat auf den Flur. »Öffne, Jean«, sagte er und zu Mélanie, die im selben Moment aus dem Schlafzimmer kam: »Es ist Amaury Duval.«

Als Jean die Verrieglung zurückgeschoben und die schwere Tür aufgezogen hatte, stürmte ein kleiner, dunkelhaariger Mann herein. Er war um die Dreißig, hatte einen sehr auffälligen Schnauzbart und eine etwas schiefe, knorpelige Nase. Als er Samuel auf der Treppe sah, ging er mit ausgestreckten Armen auf ihn zu.

»Entschuldigen Sie die späte Störung, Dr. Hahnemann, aber es geht um Leben und Tod!«

»Kommen Sie, Duval, wir gehen in den kleinen Salon.« Samuel sah nach oben und stellte fest, daß Mélanie sich wieder ins Schlafzimmer zurückgezogen hatte, bestimmt wollte sie sich nur rasch umkleiden und würde dann zu ihnen kommen. Er schob den Freund vor sich her, schloß dann die Tür hinter ihm und bot ihm einen Platz an.

»Nun, was gibt es?«

»Man hat mich am frühen Abend zu Ernst Legouvé gerufen ...«

»Sie meinen Ernst Legouvé, den Schriftsteller?«

»Ja, er hat eine ganz reizende vierjährige Tochter mit blondem, langem Engelshaar und wunderschönen blauen Augen. Doch vor etwa einem Monat ist das Mädchen schwer erkrankt. Alles fing mit Halsschmerzen an, und man dachte, sie sei erkältet. Dann jedoch kamen Übelkeit mit Erbrechen hinzu, Schüttelfrost, Kopfschmerzen, Fieber ...

Verschiedene Ärzte wurden zu Rate gezogen, Dr. Doyen, Dr. Jacobus und einige andere von bestem Ruf, aber alles wurde immer noch schlimmer. Heute hatte man die Kleine schließlich aufgegeben. Die verzweifelten Eltern schickten nach mir, damit ich zu ihrer Erinnerung ein Porträt von der Kleinen zeichnen sollte. Natürlich fuhr ich sofort hin und fand folgende Situation vor: Der Raum war heiß und stickig. Es stank nach Schweiß, Angst und Krankheit. Rotglühend lag das Mädchen in ihrem Bettchen, und es schien mir, als würde sie regelrecht verbrennen. Ich nahm mir einen Stuhl, setzte mich und fing an zu zeichnen. Dabei hörte ich das Weinen der Mutter, das Beten der Bediensteten, den schweren Atem des Vaters. Es war grausig. Ich zeichnete und fühlte den Tod neben mir, wie einen kalten Hauch, der voller Ungeduld nach diesem jungen Leben gierte. Als ich mit meiner Arbeit schließlich fertig war, hatte mich das Mitleid ganz aufgezehrt. Ich fragte die Eltern, ob sie schon daran gedacht hätten, Dr. Hahnemann zu konsultieren.«

Duval seufzte. Er hob hilflos die Schultern, bevor er fortfuhr: »Das hatten sie gar nicht in Betracht gezogen. Sie hatten alles Schlechte über Sie gehört. Sie wissen ja selbst am besten, wie man über Sie so redet. Daß Sie ein Scharlatan seien und mit Medikamenten behandelten, die nur aus Zucker bestünden, der in Wasser aufgelöst ist. Ich erzählte, daß ich selbst Patient bei Ihnen sei und nur die allerbesten Erfahrungen gemacht habe, und gab zu bedenken, daß sie, die Legouvés, doch nichts mehr zu verlieren hätten, falls sie es mit Ihnen versuchten!«

An dieser Stelle wurde die Tür geöffnet, und Mélanie trat ein. Sie hatte sich wieder angezogen und reichte Duval die Hand.

»Es geht um ein vierjähriges Kind, das im Sterben liegt, die Tochter von Ernst Legouvé«, erklärte Amaury.

Mélanie nickte. »Ich dachte schon, daß es sich um einen

Notfall handelt, und habe den Kutscher bereits anspannen lassen. Bitte erzählen Sie einfach weiter.«

»Nun, es war auch noch ein Freund der Legouvés anwesend, ein junger Mann, der hier ganz in der Nähe wohnt, und er riet den armen Eltern ebenfalls dazu, Sie zu konsultieren. Schließlich schlug ich vor, mit dem Mann hierher zu fahren und Sie dann zu den Duvals zu bringen – vorausgesetzt natürlich, Sie sind bereit, das Kind zu behandeln.«

Mélanie und Samuel tauschten Blicke. Schließlich stand Mélanie auf und ging zur Tür. »Ich hole die Tasche und sage Rose Bescheid, damit sie unsere Mäntel bringt.«

Es war bereits elf Uhr, als sie vor dem Haus der Legouvés ankamen. Sofort wurde geöffnet, und ein Mädchen führte die Hahnemanns über eine breite Treppe und einen langen Korridor in das Krankenzimmer. Die Eltern saßen am Bett. Die Mutter blaß, vom Kummer ausgezehrt, der Vater, den Kopfschmerzen quälten, rieb sich erschöpft die Stirn. Als er aufblickte und den Arzt wahrnahm, der plötzlich in der Tür stand, kam er auf ihn zu.

»Wir danken Ihnen, daß Sie so spät noch gekommen sind!«

Ohne ein Wort ging Samuel zum Krankenbett. Nachdem er die Kleine aufmerksam betrachtet hatte, fing er an, Fragen zur Krankheit zu stellen, ohne dabei einen Blick von dem Mädchen zu lassen.

Während der Vater antwortete, brachte die Mutter einen Korb mit Arzneien, die man dem Kind verabreicht hatte. Samuel starrte die Gläser und Flaschen an. Plötzlich verfinsterte sich sein Gesicht, die Wangenknochen spielten, die Adern an den Schläfen schwollen an, und mit unüberhörbarem Ärger in der Stimme befahl er: »Werfen Sie das ganze Zeug fort, nichts davon darf dem Kind noch gegeben werden! Dann bringen Sie das Bett aus diesem Zimmer, nehmen Sie frische Kissen, wechseln Sie die Bett- und Leibwäsche, und geben Sie dem Kind so viel Wasser, wie es nur trinken kann! Man hat aus ihm einen brennenden Ofen gemacht – bevor irgend etwas hilft, müssen wir das Feuer in ihr löschen.«

»Aber glauben Sie denn nicht, daß wir ihr schaden, wenn wir jetzt die Wäsche wechseln ... und sie in ein kühleres Zimmer bringen ... Das ist doch gefährlich!« Die Mutter brach mit einem Schluchzen ab, Tränen liefen aus ihren vor Müdigkeit und Trauer rotverquollenen Augen.

»Gefährlich«, entgegnete Samuel, »sind diese Medikamente, die abgestandene Luft hier und die Hitze. Bringen Sie das Kind in den Salon – und vor allem flößen Sie ihm Wasser ein, so viel irgend möglich! Ich komme in einigen Stunden wieder, und wir werden sehen, was wir tun können.«

Ein paar Sekunden war es still im Raum. Niemand bewegte sich. Die Eltern des todkranken Kindes sahen den alten Arzt nur an. Dann nickte Ernst Legouvé plötzlich. »Alles wird gemacht, wie von Ihnen gewünscht. Auch wenn wir es nicht tun, wird unsere Kleine sterben. Die Hoffnung, daß Sie noch helfen könnten, ist alles, was wir haben.«

Als Samuel wieder kam, ging es dem Kind etwas besser. Es war nicht mehr ganz so erhitzt und ausgetrocknet. Die Kleine röchelte, der Puls war kaum zu fühlen, und als Samuel ihr den Mund öffnete, entdeckte er einen grauweißen Belag auf der Mundschleimhaut und im Rachen. Auch die Lymphknoten in den Kieferwinkeln waren geschwollen und die Milz etwas vergrößert. Er war sicher, das Mädchen litt an Diphtherie.

Große Sorgen bereiteten ihm die Herzrhythmusstörungen und der kaum noch fühlbare Puls.

Er besprach sich kurz mit Mélanie, die die ganze Zeit hinter ihm gestanden hatte, machte Bemerkungen zu den Symptomen, die ihm aufgefallen waren, begründete die Wahl der Arznei, um die er sie dann bat, und flößte dem Kind einen Teelöffel davon ein.

»Diese Arznei geben Sie ihrer Tochter stündlich. Mehr können wir jetzt nicht tun – wir müssen abwarten.« Damit stand Samuel auf, sah den vom Kummer schier verzweifelnden Eltern lange in die Augen, nickte dann und verließ mit Mélanie das Haus.

Am Abend kam er wieder, dann am nächsten Morgen. Jedesmal nickte er und sagte: »Gut, wir haben wieder einen Tag gewonnen.«

Auch den Vater, der an starken Kopfschmerzen litt, behandelte er, und der Mutter verschrieb er vor allem gutes Essen und regelmäßigen Schlaf.

Am zehnten Tag erlebte das Kind nochmals eine Krise. Die Hahnemanns kamen um acht Uhr abends und wurden wie immer vom Hausmädchen in das Zimmer der Kranken gebracht. Samuel blieb lange am Bett seiner kleinen Patientin sitzen, beobachtete jede Regung und untersuchte den Körper von Kopf bis Fuß. Besorgt stellte er fest, daß die Beine gelähmt waren, und den Puls konnte er kaum noch fühlen. Schließlich gab er dem Kind Lycopodium und sagte zum Vater: »Achten Sie sorgfältig darauf, ob der Puls bis ein Uhr kräftiger wird. Ich komme gleich morgen früh und sehe nach ihr.«

Er stand auf, ging zu Madame Legouvé, nahm sie mit väterlicher Fürsorge in den Arm und sah ihr fest in die Augen. »Verlieren Sie nicht den Mut. Die Kleine war längst aufgegeben, trotzdem haben wir bereits zehn Tage gewonnen.«

»Aber jetzt sind auch noch die Beine steif – ist das schon die Todeskälte, die unser Liebstes erstarren läßt?« Tränen quollen aus den Augen der verzweifelten Frau.

»Nein. Lähmungserscheinungen kommen bei Diphtherie vor. Glauben Sie an den Überlebenswillen Ihrer Tochter! Sie braucht jetzt alle Kraft, die Sie ihr geben können. Wenn sie diese Krise überstanden hat, ist sie endgültig über den Berg.«

Ein langgezogener Jammerlaut, ein gequältes Schluchzen war ihre Antwort. Seufzend nahm Samuel seine Tasche, dann ging er hinter Mélanie her zur Kutsche, und die beiden fuhren schweigend nach Hause.

Als sie am nächsten Morgen wiederkamen, lief ihnen nicht wie sonst das Hausmädchen, sondern die Hausfrau selbst entgegen. Sie breitete die Arme aus und fiel Samuel weinend um den Hals. »Monsieur le Docteur, sie hat es geschafft! Sie hat es tatsächlich geschafft!«

»Ja, aber warum weinen Sie denn dann?« Er schüttelte lächelnd den Kopf.

»Weil ich so glücklich bin! Ich hätte mein eigenes Leben gegeben für das Leben meines Kindes ... und jetzt ...«

»Jetzt ist es auch ohne diesen Tausch gegangen.« Samuel klopfte ihr auf die Schulter.

Madame Legouvé umarmte auch Mélanie. »Auch Ihnen müssen wir danken! Mein Gott, ich weiß gar nicht, wie!«

Während sie nach oben gingen, erzählte Madame Legouvé, was sie am Vorabend erlebt hatten. »Als Sie fort waren, setzte sich mein Mann ans Bett, hielt den Arm unserer Tochter und ließ ihn keine Sekunde mehr los. Um elf Uhr kam es ihm vor, als hätte er eine leichte Veränderung des Pulses wahrgenommen. Er rief sofort nach mir, denn ich hatte mich ein wenig hingelegt. Zusammen schauten wir nun auf die Uhr und zählten die Pulsschläge. Tatsächlich, der Puls war stärker! Noch wagten wir allerdings nicht, unserer Wahrnehmung wirklich zu glauben. Wir zählten wieder und wieder, und dabei gerieten unsere eigenen Herzen immer mehr außer Rand und Band. Schließlich waren wir sicher, und wir fielen uns weinend vor Glück in die Arme.«

Die drei waren oben angekommen. Madame Legouvé öffnete vorsichtig die Tür. Im Zimmer war niemand außer dem Kind, das schlief.

»Ich habe darauf bestanden, daß mein Mann sich hinlegt. Er ist ja nur noch ein Schatten seiner selbst.« Madame Legouvé schob einen Stuhl für Samuel ans Bett und fuhr ihrer Tochter mit einer zärtlichen Handbewegung über die Stirn.

Zufrieden stellte Samuel fest, daß der Puls deutlich kräftiger war und die Haut der Kleinen etwas rosiger aussah. Auch die Knie waren nicht mehr steif und das Fieber gesunken.

Er nahm die Hand des schlafenden Kindes und drückte sie sanft. »Du hast uns große Sogen bereitet, aber ich bin sicher, bald schon wirst du wieder lachend durchs Haus springen.«

Er stand auf, gab Madame Legouvé Anordnungen für die nächsten Stunden und versprach, am Abend noch einmal nach dem Kind zu sehen.

Eine Woche später saß die Kleine wieder aufrecht im Bett, aß mit Heißhunger Hühnerbrühe und Crêpe mit Kompott, sang mit ihrer Mutter lustige Lieder und ließ sich von ihrem Vater Geschichten erzählen.

Daß sie in Paris zu einer Sensation geworden war, ahnte sie nicht. Natürlich hatte das schwere Schicksal der kleinen Tochter des berühmten Dramaturgen und Schriftstellers die Runde gemacht. Die Pariser Gesellschaft hatte bereits mit einem pompösen Begräbnis gerechnet, einige Ärzte, allen voran Dr. Doyen, hatten sich über die Versuche eines Dr. Hahnemann lustig gemacht, »mit nichts« das Leben des todgeweihten Kindes retten zu wollen.

Und nun war es also doch gelungen! Der Skandal war perfekt. Die einen sprachen von Wunder und Auferstehung, andere, vor allem die Medizinische Fakultät, zeigten tiefen Unmut.

Nicht dieser Quacksalber hat sie geheilt, sondern die Natur, war dem Leserbrief eines Arztes zu entnehmen, den eine Tageszeitung abgedruckt hatte. Und ein anderer schrieb: *Ihm ist ganz einfach die allopathische Behandlung seiner Vorgänger zu Hilfe gekommen.*

Die Legouvés nahmen diese Äußerungen kopfschüttelnd zur Kenntnis. Sie hatten nicht geahnt, mit wieviel Neid und Haß man diesem Arzt begegnete, der mit soviel Aufopferung und fachlicher Kenntnis das Leben ihrer kleinen

Tochter gerettet hatte, und sie wußten auch nicht, wie sie ihm zur Seite springen konnten. Doch vollkommen fassungslos waren sie, als ein Arzt sich nicht einmal schämte zu sagen: »Ich bedauere sehr, daß das Kind nicht gestorben ist.«

Ein neuer Patient

Dr. Pierre Doyen hatte gehofft, Hahnemann würde sich mit seinen Versuchen, das Kind Ernst Legouvés zu retten, derart lächerlich machen, daß er sich damit von ganz alleine das Grab schaufelte. Doch nun war ihm die Rettung gelungen, und das Gegenteil war der Fall. Gleichgültig, mit welchen Schachzügen Doyen und seine Mitstreiter den alten Arzt aus Deutschland auch als Scharlatan zu entlarven versuchten, die Leute ließen sich nicht beirren und rannten den Hahnemanns die Türen ein. Selbst die Veröffentlichung eines Artikels, den Doyen von Christian Labourier, seinem Journalistenfreund, schreiben ließ, ging wie ein Schuß nach hinten los, denn so berühmte Leute wie Balzac, Lady Belfast, Anton Bohrer, Philippe Musard und allen voran Ernst Legouvé sprangen für die Homöopathie in die die Bresche. Immer öfter war nun der Spruch zu hören: »Geh zu Hahnemann, dort stirbt man nicht!«

An einem Freitagnachmittag kam auch der Schriftsteller Eugène Sue in die Praxis. Er sah schlecht aus. Mélanie hatte sein feines Gesicht mit schön geschwungenen, bogenförmigen Brauen, dazu volles, dunkles Haar und einen ebenso dunklen Backenbart vor Augen. Doch nun war das Haar in kleinen Schübeln ausgefallen, und sie sah einen Mann mit fahler Haut, kleinfleckigem blaßrosa Ausschlag und eingefallenen Wangen vor sich.

Er beugte sich mit einem angedeuteten Kuß über ihre Hand. »Erinnern Sie sich an mich, Madame Hahnemann? Wir trafen uns einmal beim Eisessen.«

»Selbstverständlich. Monsieur Balzac hat uns bekannt gemacht.« Sie sah ihn forschend an. »Es scheint Ihnen nicht gutzugehen.«

»Um nicht zu sagen sehr schlecht!« Sue verbeugte sich vor Samuel, dann nahm er auf dem Stuhl Platz, den man ihm angeboten hatte.

»Ich weiß jetzt, ich hätte früher kommen sollen, aber immer wieder zu hören, daß Sie mit nichts als Wasser und Zucker behandeln, das verunsichert einen doch sehr. Zumal in meiner Lage – mit Geschlechtskrankheiten ist nicht zu spaßen. Ich habe einige Männer aus meinem Bekanntenkreis daran sterben sehen.«

Samuel nickte, sagte jedoch nichts.

»Aber später ist man immer klüger! Ich hoffe, Sie können mir noch helfen.«

»Wir werden es versuchen. Es ist bei anderen gelungen, warum nicht auch bei Ihnen, Monsieur.«

Die Befragung dauerte etwa eine Stunde. Mélanie notierte wie immer alles genau. Am Schluß berieten sich die Hahnemanns.

»Ich denke, es ist die Syphilis und nicht die Gonorrhö«, sagte Mélanie.

Samuel nickte.

»Aber sind die Syphilis und die Gonorrhö denn nicht ein und dasselbe?« Sue sah Dr. Hahnemann erstaunt an.

»Man sagt, es sei dasselbe, Monsieur, ich bin hingegen ganz sicher, daß es sich um zwei verschiedene Krankheiten handelt. Doch abgesehen davon interessiert uns Homöopathen die Diagnose nicht sonderlich. Wenn wir die Krankheit benennen, legen wir uns fest, und das lenkt uns von dem ab, was wesentlich ist – nämlich die Symptome, die die Krankheit hervorbringt und die uns den Weg zur einzigen, richtigen Arznei weisen. Wenn meine Frau hier eine Diagnose stellt, dann nur, um sich zu vergewissern, ob ihre Beobachtungen mit meinen übereinstimmen.«

Samuel wandte sich wieder an Mélanie.

»Ich würde in diesem Falle Mercurius geben«, schlug sie vor.

Wieder nickte er. »Wir nehmen die Q-Potenz.«
»Einen halben Teelöffel, dreimal täglich.«
»Richtig.«

Sie schickten nach Charles, der aus der hauseigenen Apotheke ein kleines braunes Fläschchen mit der gewünschten Arznei brachte. Mélanie bedankte sich, reichte das Fläschchen an Monsieur Sue weiter und erklärte ihm genau, wie er das Medikament einzunehmen hatte. Dann stand sie auf und gab ihm die Hand. »Bitte kommen Sie am Montag wieder, um uns Bericht zu erstatten. Sollte es allerdings Komplikationen geben, zögern Sie nicht, uns aufzusuchen.«

»Ich danke Ihnen. Madame – Monsieur.« Er verneigte sich auch in Samuels Richtung, dann folgte er Charles, der ihn zur Tür brachte.

Mélanie ging zu ihrem Mann, stellte sich hinter ihn und massierte sanft seine Schultern.

»Es ist ein Schrecken mit diesen Geschlechtskrankheiten!« sagte er. »Und immer wieder dasselbe – man kommt zu spät. Dabei könnte man bei frühzeitiger Behandlung das Ärgste verhindern. War das der letzte Patient für heute?«

»Ja, der letzte – du wirkst müde und abgespannt.«

»Es war viel zu tun in letzter Zeit, aber mach dir keine Sorgen, es geht mir gut.«

Sie beugte sich zu ihm und hauchte ihm einen Kuß auf die Wange. »Weißt du eigentlich, was heute für ein Tag ist?«

Samuel spitze die Lippen. »Heute? Laß mich überlegen! Wir haben den 8. Oktober. Also, ich weiß nicht ... Nein, tut mir leid. Was ist denn für ein Tag?« Seine Augen blitzten, als er sie ansah, in seinen Mundwinkeln zuckte ein Lächeln.

»Natürlich weißt du es! Du bist ja wirklich ein Schwindler, ein Scharlatan, Friedrich Christian Samuel Hahnemann!«

Er nahm ihren Arm, zog sie zu sich auf seinen Schoß und küßte zärtlich ihren Hals. »Natürlich weiß ich, daß wir uns heute vor vier Jahren zum ersten Mal begegnet sind. Und es waren die vier schönsten Jahre meines Lebens!«

Lächelnd strich sie ihm eine weiße Locke aus der Stirn. »Und das sagst du nicht nur so?«

»Ich würde es niemals wagen, Sie zu belügen, Madame!«

Sie lachte. »Ach, das behauptet jeder Mann – und dann tut er es doch!«

Er küßte sie hinterm Ohr, dort, wo sie es besonders liebte, und dabei bahnte sich seine Hand unter ihren Röcken einen Weg zu ihrem Venusdelta.

Ein Schauder durchzuckte sie, denn seine Zärtlichkeiten erinnerten sie an die gestrige Nacht. An seinen heißen Atem auf ihrer Haut. An das Pulsieren in ihrem Körper, als er sie so lange gestreichelt und liebkost hatte. Immer wenn er sie auf diese Art liebte, dann schien sie für Sekunden nicht mehr wirklich zu existieren. Dann schien sie in winzige Scherben zersprungen zu sein und mußte sich zusammensammeln, bevor sie atemlos zurückkehren konnte auf diese Welt, in der sie einen Körper hatte und Mélanie hieß.

Sie genoß seine Zärtlichkeiten auch diesmal wieder, doch plötzlich hielt er inne und sagte: »Ich habe einen Entschluß gefaßt.« Er sah sie ernst an. »Sobald ich die Überarbeitung der *Chronischen Krankheiten* abgeschlossen habe, werde ich an einer neuen Auflage des *Organon* arbeiten und meine neuesten Erkenntnisse veröffentlichen!«

»Du willst über unsere Arbeit mit den Q-Potenzen schreiben?«

»Ja. Ich glaube, es ist an der Zeit.« Er gab sich Mühe, sich nicht anmerken zu lassen, daß er im tiefsten Inneren keineswegs davon überzeugt war, daß die Zeit reif dafür war, die Öffentlichkeit an seinen neuen Erkenntnissen teilhaben zu lassen. Man hatte ja noch nicht einmal die höheren C-Potenzen akzeptiert! Aber er war nun fast 84 Jahre alt und wußte, daß auch er nicht ewig leben würde. Wenn er nicht anfing, seine Erfahrungen aufzuzeichnen, dann würde er sie vielleicht eines Tages mit ins Grab nehmen. Doch das war ein Thema, über das er mit Mélanie nicht offen reden konnte.

Jeden Gedanken an seinen möglichen Tod blockte sie sofort ab.

Er nahm ihre Hand und führte sie an seine Lippen. »Ich dachte, wo ich doch ohnehin gerade mit Jahr über den Krankenberichten sitze und alles ordne, sei die Gelegenheit günstig. Ich könnte zwei Fliegen mit einer Klappe schlagen – meinst du nicht?«

»Doch, natürlich.« Sie küßte ihn auf die Nase. »Wenn du dich nur nicht überanstrengst und noch ein wenig Zeit für mich übrig hast.«

Er lachte. »Wir teilen es auf. Die erste halbe Nacht für die Homöopathie, die zweite halbe Nacht für dich.«

Mélanie seufzte und versuchte sich an einem Lächeln. »Und wann willst du dann schlafen?«

»Na, nun sei nicht so ängstlich!« Er zwickte sie liebevoll in die Wange. »Du kannst nicht immer alles von mir fernhalten und mich behandeln wie ein rohes Ei. Du wirst sehen, alles wird gut!«

Eine wunderbare Frau

Als Georg Jahr den letzten Patienten verabschiedet hatte und in Samuels Arbeitszimmer erschien, fand er ihn über einen Brief gebeugt.

»Einen schönen guten Abend, mein Lieber.« Samuel sah den großen blonden Mann mit den blauen Augen und den buschigen Augenbrauen an und nickte freundlich. »Ich bin gleich soweit. Ich schreibe einen Brief an meine Töchter Charlotte und Luise.«

»Dann richten Sie doch bitte auch von mir einen herzlichen Gruß aus.«

»Das werde ich tun.« Er lächelte, denn er erinnerte sich noch sehr gut daran, wie gerne Charlotte den jungen Mann gesehen hatte, damals, als er acht Monate bei ihm in Köthen hospitierte. Und später, als er eine Stelle als Leibarzt bei der preußischen Prinzessin Friedrich in Düsseldorf antrat, hatte sie es kaum verwunden, daß er nicht um ihre Hand anhielt und sie mitnahm. Aber das alles lag viele Jahre zurück, und Charlotte würde es ihm wohl inzwischen verziehen haben.

Weil er nie einen Brief verschloß, ohne ihn nach Fehlern durchzusehen, las er auch diesen noch einmal. Dabei bewegten sich seine Lippen leise murmelnd.

Paris, am 9. Februar 1843

Luise und Charlotte, meine lieben Töchter!

Euren Neujahrsgruß habe ich dankend erhalten. Es freut mich, daß es Euch gut geht und Ihr mit meiner Enkelin Angeline und meinem kleinen Urenkel, den ich sehr gerne einmal kennenlernen würde, eine gute Zeit hattet. Daß der Kleine etwas kränkelt, tut mit sehr leid, aber ich glaube, bei Freiherr von Gersdorff sind Mutter und Kind in guten homöopathischen Händen.

Was mich betrifft, ich strotze vor Gesundheit, und das, obwohl es mitten im Winter ist und alle Welt sich mit den üblichen Erkältungen herumschlägt.

Auch privat geht es mir ausgezeichnet! Zwar ist mein Leben angefüllt mit Arbeit – ich habe so viele Patienten und eine so große Schar von Schülern, daß ich fast jeden Tag arbeite und nur die großen Feiertage einhalten kann –, aber auch das Vergnügen kommt nicht zu kurz. Nie hatte ich so viele interessante, aufgeklärte und gebildete Freunde. Menschen aus ganz Europa gehen bei uns ein und aus, viele von ihnen sind große Künstler, Literaten und Politiker.

Im Sommer gehen wir an schönen Abenden regelmäßig zum Arc de Triomphe und von dort wieder nach Hause und kehren unterwegs »bei Tortoni« ein, um ein Eis zu essen – das ist eine wunderbare süße Köstlichkeit, die aus Italien stammt. Und jeden Donnerstagabend gehen wir bis Mitternacht mit Mélanies Vater d'Hervilly in die italienische Oper. Am letzten Donnerstag, als Mélanie Geburtstag hatte, nahmen wir auch Charles, Éa, deren Mann und Sébastien Colbert, einen guten und treuen Freund, mit. Es wurde »Nabucco« gegeben – die Oper eines jungen Italieners namens Verdi. Dabei ging es um das Schicksal der Juden während der babylonischen Gefangenschaft. So »schwere« Unterhaltungskost kommt den Parisern nicht unbedingt entgegen – wir waren jedoch hingerissen von der Musik dieses äußerst talentierten jungen Mannes.

Neben dem Vergnügen, in die Oper zu gehen, hören wir auch Konzerte, sehen Ausstellungen, führen interessante Gespräche, und so vergeht kein Tag, an dem ich Zeit hätte, mich zu langweilen.

Auch gesundheitlich habe ich nichts zu klagen. Sieht man von der regelmäßig im Frühjahr wiederkehrenden Bronchitis ab, die ich im allgemeinen mit Bryonia ganz gut in den Griff bekomme, habe ich nicht die geringste Krankheit und auch nicht die kleinste Gedächtnisschwäche. Erst kürzlich schrieb man über mich, daß ich aussehe wie »ein grüner Sechziger«.

Das habe ich aber nicht alleine meiner guten Konstitution und der Homöopathie zu verdanken, sondern auch meiner lieben Frau, die sich um mich sorgt und mich pflegt wie andere ihr liebstes Pflänzchen im Garten.

Ihr seht also, ich genieße das Leben, und ich habe auch vor, es mir weiterhin so gut gehen zu lassen. Nach all den Verleumdungen und Schmähungen der früheren Jahre habe ich mir ein wenig Anerkennung, Liebe und Wohlstand verdient.

Ihr habt Euch nach meiner Arbeit erkundigt, insbesondere nach der sechsten Auflage des »Organon« und wann sie nun endlich erscheinen würde. Ich habe diesbezüglich so lange geschwiegen, weil ich überhaupt nicht sicher war, wie ich in der Sache weiter verfahren sollte. Geschrieben ist die sechste Auflage längst, das wißt Ihr ja. Ich habe auch bereits mit meinem deutschen Verleger Schaub verhandelt, und selbst von einer französischen Ausgabe war die Rede – doch nun habe ich alles rückgängig gemacht! Nein, ich werde die sechste Auflage nicht veröffentlichen – noch nicht! Die Zeit ist nicht reif dafür, die Kontroversen um die Homöopathie sind noch zu groß. Außer Mélanie, Charles und Georg Jahr habe ich, was die neue Methode der Aufbereitung meiner Arzneien betrifft, so gut wie niemanden hinter mir stehen. Selbst mein alter und vielleicht bester Freund von Bönninghausen hat, als ich ihm gegenüber meine Ideen ansatzweise durchscheinen ließ, nur mit Zweifel und Widerständen reagiert. Wir warten ab. Man kann eben eine Kirsche nicht vor der Blüte ernten.

Georg Jahr gibt jetzt eine homöopathische Zeitschrift heraus und hat damit erst einmal genug zu tun, und ich will mich wieder ein wenig mehr meinen Schülern und Patienten und vor allem meiner geliebten Frau widmen. Sie hat übrigens jetzt ihr Diplom als Homöopathin erhalten. Constantin Hering von der Allentown Homoeopathic Academy in Amerika hat es ihr ausgestellt. Natürlich ist mir bewußt, daß es hier in Frank-

reich keinen großen Wert hat, zumal ihr die medizinische Qualifikation fehlt – aber es ist immerhin etwas. Ich verstehe nicht, warum Frauen nicht studieren und nicht praktizieren dürfen. Es heißt, sie seien intellektuell nicht fähig zu höheren Berufen, dabei ist Mélanie so manchem Mann geistig haushoch überlegen und zudem der beste Homöopath, den ich kenne. Aber bei wem klage ich – Ihr beide wißt, wovon ich spreche. Ihr habt Euer Leben ja auch der Homöopathie verschrieben und konntet Euerer Berufung nicht gerecht werden, aus dem einzigen Grund, weil Ihr Frauen seid.

Nun möchte ich Euch noch bitten, alle ganz herzlich von mir zu grüßen. Die Lehmanns, die Nachbarn und alle, die mich kennen und sich über einen Gruß von mir freuen. Ganz besonders umarmt mir Angeline und den Kleinen. Auch Ihr seid herzlich umarmt von Eurem Vater, der Euch vermißt.

Samuel griff noch einmal zur Feder und setzte ein Postskriptum unter den Brief.

PS: Auch der gute Jahr läßt Euch einen lieben Gruß ausrichten. Er sitzt mir gegenüber, und sieht man davon ab, daß er etwas überarbeitet ist, scheint es ihm bestens zu gehen.

Samuel verstreute Löschsand auf dem Papier, faltete den Brief, versah ihn mit einem Siegel und legte ihn beiseite. Dann griff er nach seiner Pfeife stopfte sie, zündete sie an und lehnte sich in seinem Sessel zurück.

»Nun, was gibt es, mein Lieber?«

»Heute kam eine junge Frau zu uns, die an Epilepsie leidet. Sie erlitt gestern einen Anfall. Es war auf einer Abendgesellschaft von Madame Michelon, und die riet ihr hierherzukommen. Als sie hörte, daß sie in absehbarer Zeit keinen Termin bei Ihnen bekommen kann, war sie bereit, es mit mir zu versuchen, zumal ich ihr versicherte, daß ich all meine Fälle mit Ihnen bespreche.«

Samuel nickte. »Und was war das Ergebnis der Anamnese?«

»Da sie vor den Spasmen heftigen Schluckauf hat und boshaft und mürrisch ist, und auch aufgrund ihrer bläulich marmorierten Haut, gab ich ihr *Cuprum metallicum* und ordnete an, sie solle es alle zwei Stunden nehmen.«

Wieder nickte Samuel. »Ich hatte einmal einen Epileptiker als Patienten, der Barré hieß. Der Mann war zwei Jahre lang von einem gewissen Larote behandelt worden, einem Scharlatan, der ihm nur das Geld aus der Tasche zog. Monsieur Barré konsultierte mich ebenfalls nach einem schweren epileptischen Anfall, der zu einer Serie akuter Schübe gehörte. Wir gaben ihm während der akuten Anfälle alle zwei Stunden Valeriana. Als die akuten Schübe dann nachgelassen hatten, zeigte er Symptome, die auf Cuprum hinwiesen. Wir gaben es ebenfalls alle zwei Stunden. Später behandelten wir mit Sulfur weiter. Monsieur Barré wurde vollkommen gesund. Als er nach zwei Jahren wegen einer anderen Sache wiederkam, berichtete er, daß er seitdem keinen einzigen Anfall mehr gehabt hatte.«

Eine Weile schwiegen die beiden Männer. Samuel stopfte seine Pfeife nach und paffte vor sich hin. »Und wie geht es mit Ihrer Zeitschrift?« fragte er schließlich.

»Auch darum bin ich hier. Ich wollte Sie um ein paar Monate Beurlaubung bitten. Es wäre gut, wenn ich mich selbst um den Vertrieb und einiges andere kümmern könnte. Ich habe vor, für einige Zeit nach Belgien zu reisen, um dort meine Zeitschrift einzuführen. Pierre Sigisberg Dam, ein Apotheker aus Brüssel, der begeisterter Anhänger der Homöopathie ist, will mich unterstützen. Natürlich werde ich nur reisen, wenn Sie für eine Weile auf meine Mitarbeit verzichten können.«

Samuel blies den Rauch aus, schürzte die Lippen und dachte nach. »Es gibt da einen jungen Arzt unter meinen Schülern, Dr. Nicolas Deleau, der scheint mir recht begabt zu sein. Ich werde mit ihm reden, ob er eine Weile unser Assistent sein will. Einfachere Fälle kann man ihm schon anvertrauen.«

»Ich danke Ihnen für Ihr Verständnis.«

»Ihre Zeitschrift, mein lieber Jahr, ist ebenso wichtig wie Ihre Arbeit bei mir. Wir müssen alles tun, die Homöopathie zu verbreiten und Kollegen, die bereit sind, ganz und gar nach ihren Regeln zu behandeln, umfassend zu informieren.«

Es klopfte, und plötzlich flog die Tür auf. Mélanie stürmte herein. In ihrem Gefolge waren Charles und Sébastien.

»Bonsoir, Monsieur Jahr!« Sie reichte Georg die Hand und küßte Samuel auf die Wange.

»Du bist ja ganz kalt, liebes Kind!« Samuel nickte Charles und Sébastien zu, die sich vor ihm verbeugten und sich dann fröstelnd die Hände rieben. »Hattet ihr einen schönen Nachmittag?«

»Wunderbar! Sébastien hat gestern bei Notre-Dame ein kleines Karussell mit weißen Pferden gesehen. Wir waren gerade dort und fanden es auch noch vor. Stell dir vor, wir konnten den Besitzer überreden, zu deinem Geburtstag sein Karussell in unserem Garten aufzustellen.«

Samuel nahm Mélanies Hand und küßte sie zärtlich. »Ich kann mir schon vorstellen, wie eure Überredungskünste ausgesehen haben. Du hast deinen ganzen Charme eingesetzt und dem Mann vermutlich auch noch das Versprechen gegeben, deine Börse sehr weit zu öffnen.«

Sie lachte. »Ach, mein Lieber, du wirst 88 Jahre alt! Zweimal die Lemniskate! Das ist eine Glückszahl, das müssen wir noch schöner und noch größer feiern als sonst!«

Sie sah zu Georg Jahr. »Rose deckt gerade den Tisch für ein Abendessen. Haben Sie Lust zu bleiben?«

»Gerne, Madame.«

Eine halbe Stunde später saßen alle bei Tisch. Bette, die Köchin, hatte gedünsteten Fisch und gekochte Kartoffeln mit Butter und Senf zubereitet. Dazu gab es einen leichten Weißwein, nur Samuel trank wie immer Wasser, mit ein paar Löffeln Champagner vermischt.

Man lachte und erzählte sich Geschichten. Sébastien brachte Sues Roman *Les Mystères de Paris*, der in den Armenvierteln von Paris spielte und zur Zeit als Fortsetzungsroman in der Morgenzeitung abgedruckt wurde, ins Gespräch.

»Kennen Sie ihn, Madame?«

»Den Roman? Natürlich – ich lasse mich morgens eine Viertelstunde früher wecken, um gleich die neue Folge lesen zu können. Er berührt mich tief. Und ich weiß, daß man Sue unter den Armen sehr verehrt.« Sie trank einen Schluck und tupfte sich den Mund mit der Serviette ab. »Eugène, mein Kutscher, hat mich gebeten, ihm die Morgenzeitung zu überlassen, sobald wir sie gelesen haben. Er nimmt sie dann mit nach Hause. Dort versammelt sich die ganze Familie, und man läßt sich von einem der Söhne den Roman vorlesen. Anschließend wird die Zeitung an die Nachbarn weitergegeben, wo man den Roman ebenfalls liest. Schließlich bringt ihn die Tochter der Nachbarn ins Armenhaus, denn dort wartet man bereits begierig darauf.«

Charles nickte. »Einen Roman über die Armen von Paris zu schreiben ist eine Sache. Daß es Sue aber gelungen ist, sogar die Betroffenen selbst anzurühren, eine andere. Sie betrachten ihn als ihren Verteidiger!«

Das Mädchen kam, räumte ab und servierte als Nachtisch Weingelee und Mandeltorte. Dann gingen alle in den Rauchsalon. Samuel zündete sich seine Pfeife an, die drei anderen Männer rauchten Zigarren, und Mélanie ließ sich ein Glas Orangenlikör einschenken.

Sébastien nahm das Gespräch wieder auf. »Ich bin heute morgen nach Montrouge geritten, um eine geschäftliche Angelegenheit zu regeln. Dabei kam ich an der Baustelle der neuen Stadtmauer vorbei. Man hatte gerade einen schauerlichen Fund gemacht – sieben Kinderleichen und die eines Hundes hatte man ausgegraben. Das heißt, viel war nicht mehr übrig von den bedauernswerten Geschöpfen. Nur noch die Skelette und etwas verwestes Fleisch, das in Fetzen von ihnen hing. Unmöglich, sie zu identifizieren. Ersten Gerüchten zufolge könnte es sich aber um Kinder handeln, die kurz nach der Julirevolution aus einem Waisenturm verschwanden. Erst eins, dann drei, dann nach und nach die anderen drei.«

Charles nickte. »Ja, ich erinnere mich, daß damals auch ein Hund verschwand – einer, der im Waisenturm als Rattenfänger geduldet war und der mit den Kindern Freundschaft geschlossen hatte.«

»Damals hieß es, die Kinder hätten sich davongemacht und den Hund mitgenommen.«

Sébastien sah dem Rauch seiner Zigarre nach. »Unter diesen Umständen liegt allerdings die Vermutung nahe, daß der Hund die Kinder verteidigen wollte und darum ebenfalls dran glauben mußte.«

»Daß solche Verbrechen überhaupt möglich sind, liegt an der verdammten Doppelmoral!« Mélanie stellte ihr Glas hart auf den Beistelltisch. Solche Themen brachten sie in Rage. »Man verteufelt die unehelich geborenen Kinder und überläßt sie ohne Recht und Gesetz ihrem Schicksal! Aber was können sie dafür, daß ihre Eltern nicht verheiratet waren oder verheiratet, aber nicht miteinander? Und überhaupt – warum sind immer nur die Frauen schlecht, wenn sie unehelich schwanger werden? Haben denn die Männer nichts damit zu tun?«

Weil alle betreten schwiegen, fuhr Mélanie fort: »Wir konnten froh sein, daß wir die Waisentürme hatten. Lamartine und seine politische Genossen haben einmal lange genug darum kämpfen müssen! Zwar macht es mich wütend, daß die biologischen Väter und Mütter mit ihren unehelichen Sprößlingen nichts zu tun haben wollen, aber immerhin wurden die

Kinder dank der Waisentürme nicht mehr umgebracht, um sie aus dem Weg zu haben. Und jetzt ... weil der Staat sich nicht mehr kümmern mag, wird einfach behauptet, daß die Zahl von Kindesaussetzungen so angestiegen ist, *weil* es die Waisentürme gibt! Prompt wird ein Waisenturm nach dem anderen geschlossen, und die Kinder werden wieder umgebracht wie die Ratten! Ist das denn nicht hanebüchen?«

»Du hast recht, meine Liebe.« Samuel griff nach Mélanies Hand. »Wir alle geben dir recht. Nur – was können wir tun?«

»Nicht immer nur zusehen! Auf die Barrikaden gehen! Unsere Meinung kundtun! Handeln!«

»Aber du tust doch schon genug.« Charles kam zu Mélanie und küßte sie auf die Wange. »Damals, als unser Großvater starb, hast du mich und Éa bei dir aufgenommen, obwohl du selbst noch so jung warst. Heute gehst du trotz all deiner Arbeit in die Armenviertel, um dort zu helfen. Trotzdem hast du immer noch das Gefühl, zuwenig zu tun?«

Sie schüttelte den Kopf und strich Charles liebevoll eine Haarsträhne aus der Stirn. »Aber nein, es geht nicht um mich. Es geht um uns alle, um die Bürger Frankreichs! Um die Menschen überall! Wir müssen die Dinge in unseren Köpfen verändern. Die Waisentürme abzuschaffen, weil durch sie die Anzahl der unehelichen Kinder offensichtlich wird, ist genau so falsch, als würde man das Licht löschen, um nicht mehr zu sehen, wie schmutzig man ist. Und es ist genau so falsch, wie das Unterdrücken von Krankheiten, so wie es die Allopathie handhabt. Wir behandeln homöopathisch, um den Körper zu veranlassen, seine dynamische Kraft zu stärken und sich selbst zu heilen. Unter Umständen werden dadurch die Symptome für kurze Zeit verstärkt. Doch die Krankheit wird letztendlich bezwungen. Die Allopathie unterdrückt die Symptome, wodurch die Krankheit nach innen geht und an anderer Stelle andere Symptome produziert. Zusätzlich wird der Patient auch noch durch viel zu stark dosierte Drogen vergiftet. Genauso verhält es sich mit der Moral. Männer tun alles, um eine Frau ins Bett zu bekommen. Ist es gelungen, sagen sie, die Frauen seien schlecht. Und kommen dann Kinder zur Welt, bringt man diese lieber um, als sich mit ihnen und der eigenen Doppelmoral zu konfrontieren.«

Sie stand auf und ging zu Samuel. Sie stellte sich hinter ihn, legte ihre Hände auf seine Schultern und sah dabei Charles an. »Vielleicht ist dir nun klar, mein Lieber, warum mir die Homöopathie so wichtig ist. Sie entspricht der reinsten Lehre des Seins. Sie bringt nach oben und nach außen, statt zu verstecken und zu vertuschen.«

Mélanie beugte sich zu Samuel und küßte ihn lächelnd auf die Stirn. »Ich bin müde, Liebster, ich gehe zu Bett.« Sie sah die anderen an. »Aber laßt euch nicht stören. Ich wünsche euch noch einen schönen Abend.«

»Gute Nacht, Madame Hahnemann.« Die Männer standen auf, verbeugten sich und sahen ihr nach, bis die Tür hinter ihr zufiel.

»Sie ist eine wunderbare Frau«, sagte Georg Jahr.

»Ja, das ist sie!«

Das Karussell

Der Winter ging, das Frühjahr kam. Zu all ihrer Arbeit mußte Mélanie nun auch noch das Geburtstagsfest vorbereiten. Sie schrieb Briefe an Menschen, die Samuel besonders wichtig waren, stellte mit Bette, der Köchin, einen Speiseplan zusammen und zusätzliches Personal ein. Sie ließ sich sogar ein neues Kleid schneidern und den Garten mit Blühpflanzen und Lampions bestücken. Auch das Karussell wurde wie geplant aufgestellt. Zwar war es im April am Abend noch kühl, aber mit ein wenig Glück konnte man sich für ein oder zwei Karussellfahrten auch draußen aufhalten.

Daß Samuel oft über Müdigkeit klagte und abends früher zu Bett ging, irritierte Mélanie nicht. Sie hielt es für seine Art, sich dem ganzen Trubel zu entziehen. Er liebte Feste, aber die Vorbereitungen störten seine täglichen Rituale.

Zwei Tage vor dem Fest kam Sébastien. Mélanie stand gerade an der Tür und verabschiedete den Boten, der ihr die neuen Schuhe gebracht hatte. Sie waren passend zum Kleid angefertigt worden.

Sébastian küßte ihre Hand und folgte ihr nach drinnen. Dort sah er zu, wie sie den Karton auf die Konsole stellte, den Deckel abhob, das Seidenpapier zurückschlug und ein paar dottergelbe Atlasschuhe herausnahm.

»Schau nur, wie schön sie geworden sind!« Ihr Zeigefinger zeichnete den kleinen, sichelförmigen Absatz nach, strich dann über die Paspelverzierung der Vorderkappe und die Bänder, die man um die Knöchel band.

»Ja, sie sind wirklich sehr schön. Und es tut mir leid, daß ich das Kleid dazu nicht sehen werde.«

Mélanie sah ihn an. Erstaunen lag in ihrem Blick. »Ja, wirst du denn nicht zum Fest kommen?«

»Ich bedaure es sehr, aber ich muß nach England. Ein Schiff der Stella-Compagnie ist verlorengegangen. Außer der Besatzung waren zwölf Passagiere an Bord und eine wertvolle Ladung. Stoffe, Edelsteine, Gewürze ... ich muß heute noch abreisen.«

Mélanie stellte die Schuhe zurück in den Karton, kam zu ihm und nahm seine Hände. »Das ist schade. Wir werden dich vermissen.«

»Ich hätte auch viel lieber mit euch gefeiert.«

»Und wie lange wirst du in England bleiben?«

»Es kommt darauf an, was die Ermittlungen ergeben. Vielleicht drei Wochen, vielleicht drei Monate.«

Mélanie nickte. »Dann wünsche ich dir eine gute Reise. Und komm gesund zurück!« Sie küßte ihn rechts und links auf die Wangen.

»Bitte richte deinem Mann zu seinem Geburtstag die allerbesten Wünsche von mir aus. Er wirkt müde in letzter Zeit – ich hoffe, es geht ihm nicht schlecht?«

»Aber nein. Der ganze Trubel ist manchmal ein bißchen zuviel für ihn, aber sonst ist alles in Ordnung.«

Sébastien nickte. Er selbst hatte das Gefühl, daß Samuel in den letzten Wochen abgebaut hatte. Er war stiller, in sich gekehrter, wirkte ein wenig eingefallen, doch Mélanie mußte es schließlich wissen.

»Also dann – mach es gut!« Er küßte ihre Hand, sah ihr in die Augen, dann ging er zu seinem Pferd, schwang sich in den Sattel und ritt im leichten Trab über den Hof davon.

Es wurde ein rauschendes Fest. Die Gäste hatten sich im großen Salon des ersten Stockes versammelt, der prächtig geschmückt war. Mélanie hatte Samuels Marmorbüste mit einem goldenen Lorbeerkranz verziert und zusätzlich zur Gasbeleuchtung überall Kerzen aufstellen lassen. Vor den

Fenstern saß ein kleines Orchester und spielte zur Unterhaltung. Eine Sängerin, ein Zauberer und eine kleine Theatergruppe waren engagiert.

Als Mélanie und Samuel Hand in Hand den Raum betraten, unterbrach das Orchester den Kontertanz, und Applaus setzte ein, der einige Minuten lang anhielt. Gerührt sah sich Samuel um. Fast alle seine liebsten Freunde waren da. Angefangen von Mélanies Vater und ihrem Bruder über Charles bis hin zu David d'Angers und Eugène Sue. Auch Musiker wie der Pianist Friedrich Kalkbrenner, dessen Vater vor vielen Jahren aus Deutschland an den Hof Napoleons geholt worden war, und Samuels guter Freund, der Dirigent Musard, waren gekommen. Außerdem unzählige Freunde und gute Bekannte aus Deutschland, dem Süden Frankreichs, England und Schottland.

Sichtlich gerührt bedankte sich Samuel und nahm in seinem Lehnstuhl Platz. »Ein Greis wie ich darf sitzen!« sagte er. »Sie müssen zur Strafe für Ihre Jugend derweilen stehen.«

Ein Diener brachte Samuel ein Glas, damit er mit seinen Gästen anstoßen konnte. »Vielen Dank, daß Sie alle mit mir feiern.«

Reden wurden gehalten und Gedichte vorgetragen. Eine junge Dilettantin sang und rührte mit ihrer wunderbaren Stimme so manchen zu Tränen. Robert, der Zauberer, ließ Charles verschwinden und holte statt dessen drei Tauben aus der Kiste, die aufgeregt umherflatterten und die Damen in Schrecken versetzten.

Schließlich bat Mélanie alle Gäste an die Fenster. Auf ihr Zeichen hin zündeten einige Bedienstete draußen im Garten Lampions an. Immer mehr wurden es, und so tauchte aus der Dunkelheit wie aus dem Nichts das Karussell auf.

Die Gäste applaudierten, ein Leierkastenmann, der im Garten stand, drehte seine Orgel, und Mélanie forderte alle auf, nach Lust und Laune hinauszugehen und sich auf dem Karussell zu vergnügen.

»Zuerst der Herr Hofrat Hahnemann!« rief jemand aus den hinteren Reihen.

»Jawohl! Er muß mitkommen und uns anführen auf unserem wilden Ritt durch seinen Garten!«

Eine der Damen kam auf ihn zu, nahm ihn an der Hand und sah ihn bittend an.

»Sie glauben, ich kann das nicht mehr?« Samuel stand lächelnd auf. »Na gut, ich werde es beweisen! Ein Roß aus Holz kann ich noch allemal besteigen!«

Allen voran ging er hinunter. An der Tür ließ er sich seinen Stock mit dem Goldknauf geben, setzte seinen Zylinder auf und legte den weißen Schal um, trat dann vors Haus und ging über den Hof in den Garten. Nun, wo alles hell erleuchtet war, sah man, daß Tulpen und Hyazinthen, Osterglocken und auch die Forsythiensträucher Blüten und Knospen trugen. Bei Tag und bei Sonnenschein mußte dieser Garten eine wahre Pracht sein!

Samuel half Mélanie auf das Karussell. Im Seitsitz nahm sie auf einem der Pferde Platz und drapierte den Rock ihres dottergelben Satinkleides um dessen hölzernen Leib. Um Schultern und Dekolleté hatte sie eine Mantille aus Wollstoff gelegt, die sie nun fester zusammenzog, denn ein kalter Windhauch wehte vom Hof herüber. Lachend sah sie zu, wie Samuel auf dem Pferd vor ihr Platz nahm. Dann kamen noch Charles, Dr. Jenner und Madame Sandrine und besetzten die übrigen Pferde.

Die Fahrt ging los. Dazu drehte ein Mann mit einer Kurbel das Karussell, ein anderer den Leierkasten. Ein Galopp ertönte, und wer um das Karussell herumstand, klatschte im Rhythmus dazu.

Samuels Schal und die Federn in Mélanies Haar wehten im Fahrtwind. Sie sah hinauf zum Himmel, wo die Sterne an ihr vorbeisausten, und sie dachte an damals, als sie an Samuels Arm vom *Bunten Fasan* zu seinem Haus gegangen war und ebenfalls in den Himmel gesehen hatte. Damals hatten die Sterne so hell geleuchtet wie heute, und sie hatte plötzlich gewußt, daß dieser Mann ihr Schicksal war.

Als Mélanie wieder nach vorne sah, bemerkte sie, wie Samuel fast vom Pferd rutschte. Sie gab dem Mann, der das Karussell ankurbelte, ein Zeichen, zu stoppen. Als es hielt, richtete Samuel sich wieder auf. Er lächelte, aber sie kannte ihn zu gut, um sich täuschen zu lassen. Etwas war nicht in Ordnung. Sie ging zu ihm und nahm seine Hände, und als sie den Drehteller verlassen hatten, wünschten die beiden ihren Gästen viel Spaß mit dem Karussell und gingen, von Charles und Georg Jahr begleitet, hinein.

»Geht es dir nicht gut, Liebster?« Im Licht sah Mélanie ihren Mann besorgt an.

»Wie kommst du darauf? Ich fühle mich prächtig!« Er gab Henry, dem Diener, seinen Zylinder, den Schal und den Stock und ging hinauf in den Salon.

Als er in seinem Sessel saß, hustete er.

»Möchtest du Tee?« Mélanie wartete seine Antwort gar nicht erst ab. Sie rief eines der Mädchen zu sich. »Bringen Sie Tee mit Honig und etwas Bisquitkuchen.«

Die Kapelle spielte, und Mélanie hielt Samuels Hand. Beunruhigt sah sie ihn an, doch es war offensichtlich nur ein kurzer Schwächeanfall gewesen, er lachte schon wieder.

Nach Mitternacht wurde ein Souper serviert. Man unterhielt sich in kleinen Grüppchen, und es wurden die neuesten Gerüchte ausgeplaudert. Dann verabschiedeten sich die Gäste nach und nach, und als die letzen gingen, war es bereits zwei Uhr morgens.

Samuel sah blaß aus. Seine Hände waren klamm und zitterten, und Mélanie mußte ihm beim Auskleiden helfen. Als er im Bett lag, ließ sie eine kupferne Wärmflasche für ihn bringen und legte sie an seine Füße.

Er fing wieder an zu husten, und sie legte sich zu ihm. »Ich mache mir Vorwürfe. Ich hätte das Karussell nicht mieten sollen.«

»Das ist doch Unsinn, du kannst nichts dafür. Es ist einfach nur die Bronchitis, die ich jedes Frühjahr bekomme. Der Schmerz in den Augäpfeln, im Kopf, die Unruhe, Husten und Rasseln auf der Brust ... Ich nehme Bryonia, damit habe ich es noch jedesmal in den Griff bekommen.«

»Ja«, sagte Mélanie, und es schwang Hoffnung mit. »Du hast recht – ich gehe hinunter in die Apotheke und hole es!«

Schon war sie aufgestanden, war in ihre Hausschuhe geschlüpft und hatte sich ein Umschlagtuch übergeworfen.

Als sie das Zimmer verlassen und leise die Tür hinter sich geschlossen hatte, überfiel Samuel ein lähmendes Gefühl von Angst. Sein Herz begann zu rasen. »Liebste, laß mich nicht allein!« flüsterte er, und seine Hand krampfte sich hilfesuchend in das Kissen.

Gegen fünf Uhr morgens bekam er Schüttelfrost. Mélanie war zu panisch, um die Zeit zu registrieren. Sie gab ihm wieder Bryonia. Eine leichte Besserung stellte sich ein.

Als sie am Morgen aufstand, ging sie zum Fenster und blickte hinaus. Weit hinten im Garten sah sie das Karussell. Eine Bank, die man aufgestellt hatte, war umgefallen, der Himmel war verhangen, und es nieselte. Der Tag war so trist, und ihr Herz war so schwer. Eine Ahnung von Krankheit und Tod machte sich in ihr breit.

»Bitte nicht!« flüsterte sie und lehnte ihre heiße Stirn gegen das kühle Fensterglas. »Bitte, wenn es einen Gott gibt und du Mitleid mit mir hast, dann nimm ihn mir nicht!«

Eine kurze Zeit schien es Samuel etwas besser zu gehen. Er verlangte sogar nach seiner Pfeife, aber zwei Züge genügten, und ihm war so übel, als hätte er verdorbenes Fleisch gegessen. »Es ist auch besser, wenn du nicht rauchst«, sagte Mélanie und nahm ihn zärtlich in den Arm.

Sie führte die Praxis allein weiter. Georg Jahr war gleich am Morgen nach dem Fest nach Lüttich abgereist. Der junge Dr. Nicolas Deleau ging ihr statt seiner zur Hand, aber er konnte nur einfache Fälle übernehmen, ansonsten schrieb er, wie sie es früher getan hatte, die Berichte ins Krankenjournal.

Nach jedem Patienten eilte sie in Samuels Zimmer, um zu sehen, wie es ihm ging. Er war reizbar und depressiv. Saß er im Sessel neben seinem Bett, eine Decke auf den Knien, wirkte er stumpf und niedergeschlagen. Ließ man ihn im Bett liegen, wurde er unruhig und wollte unbedingt aufstehen. Kam sie, war er ärgerlich; ging sie, steigerte sich seine Ruhelosigkeit zur Angst.

Am 30. April schickte Samuel einen Brief an Luise und Charlotte.

Es geht mir nicht gut. Die übliche Frühjahrsbronchitis ist schlimmer als gewöhnlich und erweist sich als äußerst hartnäckig. Aber macht Euch keine Sorgen, es wird schon wieder werden. Das Schreiben ermüdet mich, darum richtet bitte auch Eurem Bruder und Euren Schwestern von mir die allerbesten Grüße aus, und sagt ihnen, ich bin stolz auf sie und habe sie ins Herz geschlossen. Niemand auf der Welt war mir je so wichtig wie Eure Mutter, Ihr und meine zweite Frau, Mélanie.
Für immer Euer liebender Vater

Als Mélanie den Brief las, beschlich sie wieder dieses Gefühl von Panik. Es war ein Brief, der nach Abschied klang!

Auch Amalie, Samuels Viertgeborene, schien das so zu empfinden, denn kaum hatte sie die Nachricht von der Krankheit ihres Vaters erhalten, machte sie sich zusammen mit ihrem Sohn Leopold auf die Reise nach Paris, um ihn zu sehen.

Mélanie schloß die Praxis bald ganz und betreute nur noch Notfälle. Die übrige Zeit pflegte sie Samuel, der zusehends verfiel.

Bryonia half nicht. »Bitte, laß uns einen homöopathischen Arzt zuziehen«, flehte sie Samuel an, aber er wies sie ärgerlich zurecht. »Wenn du es nicht kannst, wenn wir beide es zusammen nicht können, wer sollte mir dann noch helfen?«

»Hast du deinen Schülern nicht immer wieder gesagt, sie sollen sich niemals selbst behandeln? Weil man bei sich selbst die wesentlichen Unterschiede nicht erkennen kann? Weil man mit Blindheit geschlagen ist, wenn es um die Gemütssymptome geht?«
»Aber du bist doch ...«
»Was verlangst du von mir!« nahm sie ihm das Wort aus dem Mund und sprang auf. Einen Moment war sie zornig, aber dann sank sie mit Tränen in den Augen vor ihm auf die Knie, nahm seine Hand und drückte sie gegen ihre Brust. »Ich sterbe vor Angst um dich! Ich schlafe keine Nacht mehr richtig. Mein Kopf ist bleischwer und unfähig zu denken! Wie kann ich dich da behandeln? Wie kann ich einen klaren Gedanken fassen und erkennen, welche Arznei du wirklich brauchst? Wir müssen Hilfe holen!«
»Gut.« Er war endlich einverstanden. »Dann laß Dr. Chatron kommen. Ihm vertraue ich.«
Erleichtert stand Mélanie auf und klingelte nach Rose.
»Bitte schick Eugène zu Dr. Chatron. Er soll ihn herbringen – wenn möglich sofort!«
Als Dr. Chatron endlich kam, war es bereits später Nachmittag. Er besah sich seinen Freund und Kollegen und befragte ihn lange und ausführlich.
»Und Sie haben mit Bryonia behandelt?«
Mélanie nickte. »Ich dachte auch einmal an Arsenicum, aber ...«
»Das hätten Sie nehmen sollen!«
»Aber seine Furcht vor dem Tod und der Zukunft, seine Unruhe ... Immer öfter hat er nachts im Traum davon gesprochen, daß ich ...«
Sie brach ab. Tränen liefen über ihre vom Kummer abgemagerten Wangen. Sie begriff plötzlich, daß sie die Symptome falsch gedeutet hatte. Daß sie aus Angst, der Wahrheit ins Gesicht zu sehen, die Augen verschlossen hatte. Sie begriff plötzlich, daß es zu Ende ging mit Samuel.

Charles holte Arsenicum aus der Apotheke. Mélanie gab es Samuel. Eine kurze Besserung trat ein, aber Samuels Lebensgeister waren bereits zu sehr geschwächt.

Dr. Chatron kam am nächsten Morgen wieder. Der Zustand seines Patienten hatte sich nicht wesentlich verändert. Mélanie saß an Samuels Bett und weinte.

Am Nachmittag stand plötzlich Rose neben ihr. »Besuch aus Deutschland ist da, Madame Hahnemann«, flüsterte sie und reichte ihr eine Karte.

Mélanie starrte auf den Namen. *Frau Dr. Amalie Süß* – Samuels Tochter. »Nein!« Sie sprang auf und verließ mit Rose das Zimmer. »Sag ihr, ihr Vater könne unmöglich Besuch empfangen!«

»Aber sollten Sie denn nicht selbst ...«

»Nein, ich will und kann jetzt nicht mit ihr reden. Erklär ihr, daß wir sie holen werden, sobald Monsieur sich gut genug fühlt, jemanden zu sehen.«

Mélanie blieb an der Treppe stehen und hörte, wie Samuels Tochter unten in der Halle in gebrochenem Französisch auf die Haushälterin einredete. Plötzlich schob Amalie Rose zur Seite und ging mit wütenden Schritten an ihr vorbei auf die Treppe zu.

Da trat Mélanie an die Brüstung. »Ich bitte Sie, Madame, Sie sind in meinem Haus. Es geziemt sich nicht ...«

»Es geziemt sich nicht, die Tochter eines Sterbenden zurückzuweisen, wenn sie ihren Vater sehen und ihm in seiner letzten Stunde beistehen will!« unterbrach Amalie sie scharf. »Zumal ich tagelang unterwegs sein mußte, um herzukommen!«

Mélanie war ihr entgegengegangen. Nun packte sie Amalie an den Schultern und hielt sie fest.

»Ich bitte Sie, sprechen Sie leise!« Sie sah Samuels Tochter zornig an. »Und reden Sie nicht vom Tod!«

Amalie wollte sie zurückstoßen, doch Mélanie hatte mehr Kraft als vermutet.

»Machen Sie den Weg frei!«

»Nein!« blieb Mélanie fest. Sie sah Amalie verständnislos an. »Was haben Sie vor, um Himmels willen? Wollen Sie hineingehen, sich an seine Brust werfen und ihm sagen, daß er sterben wird? Wir haben die Hoffnung noch nicht aufgegeben, wir werden um sein Leben kämpfen! Und nun gehen Sie! Und lassen Sie Ihre Adresse da! Wir werden Sie rufen, sobald es Ihrem Vater gut genug geht und er Sie sehen will.«

Eine Weile starrten sich die beiden Frauen feindselig an. Dann schüttelte Amalie Mélanies Hände ab und verließ, von ihrem Sohn gefolgt, das Haus ihres Vaters.

Rose schüttelte seufzend den Kopf. »Madame, Sie hätten nicht so hart sein dürfen und Madame Süß wenigstens für einen Moment zu ihrem Vater lassen müssen.«

»Sie war in all den Jahren nicht hier! Niemand hat den Weg nach Paris auf sich genommen, um ihn zu sehen. Jetzt, wo man glaubt, er stirbt und es könnte vielleicht noch etwas zu holen geben, kommen die Ratten aus ihren Löchern!«

Mélanie griff in ihre Röcke und ging wieder nach oben.

»Möglicherweise tun Sie ihr aber auch Unrecht, Madame«, murmelte Rose, doch da hatte Mélanie bereits die Tür hinter sich zugezogen.

Der Abschied

Es war ein wunderschöner Frühsommertag. Kinder tobten lachend durch den Nachbargarten, die Sonne spiegelte sich in den Fenstern der Häuser, und auf der Ulme im Hof saß eine Amsel und sang mit Leidenschaft ihr Lied. Doch Mélanie nahm all dies nur am Rande war. Es konnte doch nicht sein, daß die Welt sich einfach immer weiterdrehte, während Samuel starb? Es war unmöglich, daß Menschen sich liebten, tanzten, lachten und er seine letzten Atemzüge tat! Bestimmt war alles nur ein böser Traum!

Doch Dr. Chatron ließ keinen Zweifel offen. »Ihr Mann wird sterben«, sagte er. »Ein, vielleicht zwei Tage noch, mehr Zeit bleibt ihm nicht mehr.«

»Aber ...« Mélanie hatte Tränen in den Augen. »Dann geben wir ihm die falsche Arznei!«

»Nein, Madame, machen Sie sich nicht länger etwas vor. Hahnemanns Lebenskraft ist so geschwächt, daß keine Medizin mehr helfen kann. Wenn es noch etwas zu regeln gibt, tun Sie es jetzt. Nehmen Sie Abschied, lassen Sie ihn gehen.«

»Aber ich kann ihn doch nicht aufgeben!«

»Meine Mutter sagte, einen Sterbenden darf man nicht festhalten, weil seine Seele sonst zwischen den Welten gefangen bleibt. Aber gleichgültig, ob Sie an solche Dinge glauben oder nicht – quälen Sie Dr. Hahnemann nicht, Madame, machen Sie es ihm nicht unnötig schwer.«

Mélanie entriß ihm ihre Hände, die Dr. Chatron genommen und festgehalten hatte, und lief davon. Im Ordinationszimmer brach sie schluchzend auf dem Sessel zusammen, in dem Samuel sonst seine Patienten empfing. Nicht einmal neun Jahre wären ihnen vergönnt gewesen, müßte Samuel jetzt sterben!

Plötzlich fühlte sie eine Hand auf ihrem Arm. Sie hob den Kopf, es war Charles. Mit tränenverschleiertem Blick sah sie ihn an. »Dr. Chatron behauptet, daß Samuel sterben wird!«

»Ich weiß. Er hat es mir schon gestern gesagt.«

»Aber ich kann es nicht glauben! Vielleicht sollten wir ihm Aconitum geben ... oder ...«

»Quäl dich nicht!« Charles nahm sie in die Arme. Eine Weile ließ sie es zu, dann schob sie ihn von sich.

»Du mußt sie holen – Amalie und Leopold.« Sie wischte sich die Tränen ab. »Ich werde Samuel sagen, daß sie in Paris sind.« Sie stand auf, richtete sich das Haar, strich sich das Kleid glatt und verließ das Zimmer.

Samuel schlief. Sie setzte sich an sein Bett, nahm seine Hand und lauschte auf das Rasseln in seinen Bronchien. Ein plötzlicher Hustenanfall ließ ihn sich aufbäumen. Er hustete, bis er erschöpft wieder in die Kissen sank. Dann sah er sie betrübt an.

»Aber du hast ja geweint, mein Engel!«

»Es fällt mir schwer, dich so krank zu sehen«, sagte sie.

»Du mußt bald wieder gesund werden!«

»Ich werde nicht wieder gesund – ich werde sterben.«

Sie öffnete die Lippen, um etwas zu entgegnen, aber er legte seine Hand auf ihren Mund. »Wir waren stark genug für die Herausforderungen, die das Leben an uns stellte, jetzt sollten wir auch stark genug für den Tod sein!«

Mélanies Lippen zitterten, ein Schluchzen drang aus ihrem Mund.

»Du mußt mir versprechen, nicht aufzuhören, für unsere Sache zu kämpfen. Ich werde kaum unter der Erde sein, und schon werden sie versuchen, meine Lehre zu untergraben. Wie die Wölfe werden sie über alles herfallen und es zerreißen. Aber du darfst es nicht zulassen, du mußt ihnen die

Stirn bieten! Sie dürfen nicht die Oberhand gewinnen, diese Halbhomöopathen! Du mußt ...«

Wieder quälte ihn ein Hustenanfall. Als es endlich vorbei war, fühlte er sich so geschwächt, daß er kaum noch sprechen konnte. Er griff Mélanies Hand und sah sie beschwörend an. »Und du darfst auf gar keinen Fall aufhören zu behandeln, versprich mir das!«

»Aber ...« Sie schüttelte verzweifelt den Kopf. »Du weißt, daß sie es nicht zulassen werden. Ich bin eine Frau! Die Ärzte werden mich hassen, wenn ich tue, was sie tun.«

»Was kümmert dich das? Tue, was *ich* will! Du mußt kämpfen. Du bist stark, und nur durch dich kann alles fortbestehen.«

Sie schmiegte ihr heißes, tränennasses Gesicht in seine geöffnete Hand und seufzte. »Gut, ich verspreche es dir. Ich werde einen Weg finden ...«

Mélanie legte sich zu ihm aufs Bett, nahm seine Hand und hielt sie fest an ihre Brust gedrückt. So schliefen sie beide ein.

Nach einer Weile klopfte es. Mélanie schrak aus unruhigen Träumen hoch, kroch aus dem Bett und richtete sich das Haar. »Es werden Amalie und Leopold sein – denk dir nur, Liebster, sie sind aus Deutschland angereist, wollten dich unbedingt sehen!« Sie versuchte ihrer Stimme einen möglichst unbefangenen Beiklang zu geben. »Ja, bitte!«

Rose trat ein. »Frau Dr. Süß-Hahnemann und ihr Sohn aus Deutschland sind nun da, Madame.«

»Danke, Rose.«

Amalie und Leopold erschienen in der Tür. Die Mutter hatte sich in Schwarz gekleidet, dafür hätte Mélanie sie erwürgen können. Der Junge war blaß und schweigsam wie immer. Schüchtern sah er von ihr zu seinem Großvater, schlug dann die Augen nieder und trat hinter Amalie ans Krankenbett.

»Na, das ist mir aber eine Überraschung.« Samuel lächelte,

hob seiner Tochter die Hand entgegen. Amalie ergriff sie und preßte sie an sich.

»Wir sind schon einige Tage in Paris, aber deine ...« Sie stockte, suchte nach einer Bezeichnung für Mélanie. »Aber Madame meinte, es ginge dir nicht gut genug, uns zu sehen.«

»Meine Frau hatte recht. Ich war nicht in der Verfassung, Besuch zu empfangen.« Samuel drückte Amalies Hand. »Ich bin es auch jetzt noch nicht, aber es wird wohl zu Ende gehen mit mir, und wir können keine bessere Verfassung mehr abwarten.«

»Vater, so dürfen Sie nicht reden.«

»Es ist, wie es ist.« Samuel winkte Leopold zu sich. »Na, mein Junge – du mußt Leopold sein!«

»Ja, Großvater.«

»Als ich dich das letzte Mal sah, warst du sieben, und du hattest dir gerade einen rostigen Nagel in den Fuß getreten.«

»Das ist inzwischen verheilt, Großvater.«

Samuel lächelte. »Na, das will ich doch hoffen. Und was hast du vor mit deinem Leben?«

»Ich gehe auf die Lateinschule, und dann werde ich Homöopath wie Sie.«

Samuel nickte. »Das ist gut, aber dann mußt du mir auch versprechen, nichts zu vermischen und ganz im Sinne deines Großvaters zu behandeln.«

»Ich verspreche es, bei meiner Ehre.«

»Und wenn du Hilfe brauchst, wende dich getrost an meine liebe Frau. Sie ist der beste Homöopath, den ich kenne!«

Amalie sah Mélanie kühl an, und es war klar, daß eher der Arc de Triomphe auf den Kopf gestellt werden würde, bevor das passierte.

Mélanie brachte zwei Stühle und stellte sie an Samuels Bett. Dann verließ sie das Zimmer und ließ Rose Tee und Kekse servieren. Sie selbst ging in ihren Salon, setzte sich an den Schreibtisch und starrte blicklos vor sich hin. Sie fühlte sich so leer, so ausgelaugt und verloren.

Wie mechanisch griff sie nach der Mappe, die auf dem Tisch lag. Ihre Hand fuhr zärtlich über das dunkelgrüne Leder, auf das in goldenen Lettern ihr Monogramm geprägt war. Samuel hatte sie ihr zu ihrem vierzigsten Geburtstag geschenkt, und sie bewahrte noch unbeantwortete Briefe darin auf.

Sie zog die Mappe zu sich und öffnete sie. In einem Seitenfach befand sich ein Billett, es war der letzte Neujahrsgruß von Samuel. Sie nahm es heraus, faltete es auf und las es.

Meine liebste Mélanie!

Ich kann nur immer wieder sagen, daß ich Dich von Herzen liebe, so sehr, wie ich in meinem ganzen Leben noch nie jemanden geliebt habe. Als Frau und als Mensch übertriffst Du alles, was ich mir je für mich erhofft und vorgestellt habe, und Du bist so sehr meine Liebe, daß es mich manchmal schmerzt. Dein ganzes Wesen entspricht so genau dem, was ich in mir selbst spüre, daß wir eins geworden sind, und darum kann uns nichts und niemand je trennen. Selbst über den Tod hinaus werden wir verbunden bleiben, jetzt und immer, bis in alle Ewigkeit –

Du, mein Herz, mein Leben, meine Liebste.

Mit zitternder Hand ließ Mélanie das Blatt auf ihren Schoß sinken. Plötzlich nahm dieser Neujahrsgruß eine ganz andere Bedeutung an. Sie hatte ihn als Beteuerung seiner Liebe gesehen, aber nun wußte sie, es war bereits ein erster Abschied gewesen. Eine Ahnung war zwischen den Zeilen zu lesen, als wollte Samuel ihr Mut machen und Trost schenken für die schwere Zeit, die ihr bevorstand.

Ein Schluchzen zerriß die Stille. Mélanies Tränen fielen auf den Brief und verwischten die Tinte. Sie legte ihn auf den Tisch und schlug beide Hände vors Gesicht.

Als sie in Samuels Zimmer zurückkehrte, war mehr als eine Stunde verstrichen. Samuel war erschöpft eingeschlafen, Amalie und Leopold waren bereits gegangen. Mélanie legte sich wieder zu ihm und hielt seine Hand. Es war still, nur das Ticken der Uhren war zu hören, die Samuel mit so viel Liebe gesammelt hatte und die auf allen Simsen standen.

Gegen Mitternacht wurde Samuel wieder wach. Er beugte sich zu Mélanie und küßte sie zärtlich auf den Mund. Sie schlug sofort die Augen auf.

»Brauchst du etwas?«

»Nur dich, Liebste.« Es war dunkel im Zimmer, sie konnte ihn nicht sehen, aber sie wußte, er lächelte für sie.

»Du mußt mir noch etwas versprechen. Du darfst die sechste Auflage des *Organon* nicht veröffentlichen. Nicht jetzt! Es ist zu früh, die Zeit ist noch nicht reif. Wenn sie erfahren, wie hoch wir potenziert haben, werden sie von Demenz und Altersschwachsinn reden und mich für verrückt erklären! Du mußt warten, bis andere Leute den Acker gepflügt haben, bevor du meine Samen säst, und dauert es noch so lange.«

»Ich verspreche es dir.«

»Du versprichst es mir an meinem Totenbett! Es ist mein Letzter Wille!«

Tränen traten über den Rand ihrer Wimpern. »Ja, Liebster – ja, ich verspreche, ich werde erst veröffentlichen, wenn die Zeit reif ist dafür!«

»Das bedeutet, daß auch die Krankenjournale bei dir verbleiben müssen. Hüte sie wie einen Schatz – es ist mein Lebenswerk.«

»Du kannst dich auf mich verlassen.«

»Ja, das weiß ich.« Seine Lippen suchten ihre. »In dir hat sich alles erfüllt. Kein Mann kann glücklicher sterben.«

Sie umarmten sich und hielten sich fest, bis sie wieder einschliefen.

Noch einmal, im Morgengrauen, wurde Samuel wach. »Wir müssen auch darüber sprechen, was mit mir geschehen soll, wenn ich gestorben bin«, sagte er seiner verzweifelten Frau. »Ich will keine pompöse Bestattung und nicht das heilige Geschwafel eines Priesters. Ich will mein Leben beschließen, wie ich es immer gelebt habe. Ohne Aberglaube, im Spiegel der Vorsehung.« Die Brust wurde ihm eng, er rang nach Atem, hustete bis zur Erschöpfung, sank dann wieder in die Kissen zurück und sah Mélanie an. »*Non inutilis vixi* – ich habe nicht umsonst gelebt – das sollst du auf mein Grab schreiben.«

»Ja – ja, das werde ich tun.« Weinend hielt sie ihn fest, preßte ihre Stirn gegen seine kühle Wange und seine Hand an ihre Brust.

»Weißt du noch, wie du einmal für mich gesungen hast... Eine Arie aus einer Oper. *Mir ahnt, hier liegt ein Geheimnis verborgen...*«

»Es war aus *Die weiße Dame*.«

»Ja, die weiße Dame – auch der Tod ist ein Geheimnis. Unser letztes. Ich werde es jetzt ergründen.«

»Samuel...«

»Sing ein Lied für mich, dieses Lied. Ich will nicht traurig von dir gehen.«

Bilder tauchten aus Mélanies Erinnerung auf. Auch damals, als sie zu Samuel fuhr, war ein Mensch in ihren Armen gestorben. Sabine, dieses liebe, schattenhafte Wesen, so zerbrechlich und voller Sehnsucht nach einer anderen, glücklicheren Welt. Und auch damals hatte sie ein Lied gesungen.

Mit erstickter Stimme begann sie: »*Mir ahnt, hier liegt ein Geheimnis verborgen...*«

Er schlief wieder ein. Sie lag neben ihm und lauschte wie gebannt auf das Rasseln seiner Bronchien. Mein Gott, du darfst nicht sterben! Vielleicht gibt es doch noch eine Rettung... vielleicht finden wir doch noch eine Arznei...

Die Uhren tickten.

Die Amsel im Garten trällerte ihr Lied.

Das Rasseln verstummte. Einfach so. Kein Hustenanfall mehr. Kein letztes Aufbäumen. Ein Herzschlag und dann keiner mehr. Christian Friedrich Samuel Hahnemann war eingeschlafen – diesmal für immer.

Seine Frau lag neben ihm. Stumm. Leer. Verloren. Ihre Tränen waren versiegt, das Herz blutete. Er war alles für sie gewesen, und er hatte sie verlassen.

Zweites Buch

Verloren im Dunkel

Georg Jahr legte den Brief, den er von Clemens Freiherr von Bönninghausen bekommen hatte, zur Seite und sah betrübt aus dem Fenster. Draußen schien die Sonne, aber in seinem Innersten war die Stimmung düster. Als ob Madame Hahnemann nicht schon genug zu leiden hätte, fielen nun auch noch die Lästermäuler über sie her. Bis nach Deutschland hatten sich die falschen und gemeinen Gerüchte bereits ihren Weg gebahnt! Möglicherweise durch Amalie, die Tochter Hahnemanns, die sich von Mélanie gekränkt fühlte und nun ihrem Ärger freien Lauf ließ. Ein Medusenhaupt mit Schlangenhaar, das Gift und Geifer spie! Doch auch wenn Madame Hahnemann Fehler gemacht und sich der Tochter ihres Mannes gegenüber nicht so verhalten hatte, wie es die Höflichkeit erforderte – so üble Nachrede verdiente sie nicht!

Jahr griff entschlossen in die Schublade seines Schreibsekretärs, zog eine Mappe mit Briefpapier heraus, tunkte die Feder ins Tintenfaß und fing an zu schreiben:

Paris, den 7. August 1843

Sehr geehrter Herr Kollege!
Ihren Brief habe ich mit großer Bestürzung gelesen. Ich kann Ihnen versichern, daß nichts von all den Gerüchten wahr ist, die Ihnen da zu Ohren gekommen sind. Man hat Tatsachen verdreht und in einer Weise ausgeschmückt, durch die sie eine völlig unzutreffende Bedeutung bekamen.
Ich schreibe Ihnen als Mann, dem Sie immer Ihr Vertrauen schenken konnten und der die Vorkommnisse selbst miterlebte

und nicht nur aus zweiter Hand kennt. Sie erhofften sich einen detaillierten Bericht, und ich werde mir in Erinnerung an unseren guten Freund die Zeit nehmen, Ihnen die Ereignisse rund um seinen Tod in allen Einzelheiten zu schildern.

Am frühen Morgen des 2. Juli schlief Dr. Hahnemann nach zehnwöchiger Krankheit in den Armen seiner Frau friedlich ein. Er starb an einer Lungenlähmung, und erst gegen Ende zu, als ihm die Brust immer enger wurde, hat er wohl etwas gelitten.

Zu Anfang seiner Krankheit hatte er sich selbst behandelt, doch dann konnte ihn seine Frau überreden, einen gewissen Dr. Chatron hinzuzuziehen – einen homöopathischen Arzt, der oft an Hahnemanns Diskussionsabenden teilgenommen hatte und dem er vertraute. Ich selbst war leider nicht zu erreichen, da ich mich noch in Brüssel befand. Als ich jedoch erfuhr, wie schlimm es um unseren Freund stand, machte ich mich sofort auf den Weg nach Paris. Doch zu diesem Zeitpunkt war bereits klar, daß er höchstens noch ein paar Tage zu leben hatte.

Nachdem er dann seinen letzten Atemzug getan hatte, schloß sich Madame Hahnemann mit ihm in ihrem Schlafzimmer ein. Man hörte sie fortwährend weinen, wie mir Rose, ihre Haushälterin, später erzählte. Es vergingen einige Stunden, bis sie wieder aufschloß, um mich rufen zu lassen. Ich fuhr auch sofort hin und fand sie in Tränen aufgelöst neben ihrem toten Gemahl auf dem Bett liegend. Dr. Hahnemann war bereits kalt und starr, und ein Blick auf die Uhren, die Madame Hahnemann angehalten hatte, sagte mir, daß er bereits vor fünf Stunden gestorben war.

Ich war zutiefst betroffen. Nicht so sehr wegen Dr. Hahnemanns Tod. Daß es so weit kommen würde, wußte ich ja, und ich konnte mich darauf einstellen. Sein Verlust schmerzte mich natürlich so sehr wie alle seine Anhänger und Schüler, aber es tröstete mich auch zu wissen, daß ihn dort drüben, in dieser anderen Welt, in der es keinen Schmerz, keine Krankheit, keinen Streit und auch keinen Tod mehr gibt, nun nichts mehr quä-

len konnte. Doch zu sehen, wie sehr diese Frau litt, die ihn mehr geliebt hatte als ihr Leben, erschütterte mich zutiefst. Ich wußte nicht, wie ich sie trösten konnte, und ich ahnte auch nicht, daß das, was ich an diesem Morgen erlebte, noch lange nicht die Spitze des Eisberges sein würde.

Denn stellen Sie sich nur vor: Der Tod ihres geliebten Gatten hatte diese ansonsten so starke, intelligente und eigenständige Frau in so tiefe Verzweiflung gestürzt, daß sie es einfach nicht fertigbrachte, sich von seinem Leichnam zu trennen! Sie beantragte bei der Polizei eine Sondergenehmigung, um seine Überreste bis zu vierzehn Tage nach seinem Tod zu Hause behalten zu dürfen. Dann bestellte sie Monsieur Gannal, einen in Frankreich berühmten Balsamierer, und ließ unseren lieben Freund einbalsamieren. So verschanzte sie sich mit ihrem toten Gemahl bis zum Morgen des 11. Juli alleine im Haus.

An den Gerüchten ist richtig, daß sie keine öffentliche Mitteilung von seinem Tod machte, auch keine Einladungen zu einer Trauerfeier verschickte und keinen Beisetzungstermin bekanntgab. Aber nicht, wie Ihnen zugetragen wurde, weil der Tote ihr offensichtlich gleichgültig war oder sie gar Kosten und Mühen scheute und ihn möglichst ohne großen Aufwand loswerden wollte! Nein, ganz im Gegenteil: weil sie unfähig war, ihren Kummer zu teilen, eine pompöse Feierlichkeit durchzustehen und die Beileidsbezeugungen in aller Öffentlichkeit zu ertragen. Schon die Unzahl von Blumen und Kränzen, die man ihr ins Haus geschickt hatte und die ganze Zimmer füllten, müssen für sie ein wahres Martyrium gewesen sein!

Sie haben Madame Hahnemann nur ein- oder zweimal gesehen. Ich kenne sie aber sehr gut, denn ich ging in ihrem Hause ein und aus. Wir haben oft miteinander gearbeitet, diskutiert und manchmal auch gelacht. Ihr Stolz, ihre Schönheit, ihre Klugheit haben mich immer wieder beeindruckt. Aber heute, lieber Freiherr von Bönninghausen, ist sie nur noch ein Schatten ihrer selbst. Es ist, als ob ihre Seele mit der Hahnemanns in diese andere Welt hinübergeglitten wäre, und ich habe so manches Mal Angst, auch ihr Körper könnte noch an ihrem Kummer vergehen.

Wenn es böse Zungen gibt, die behaupten, Madame Hahnemann hätte ihren Mann lieblos verscharrt, dann zeugt das, mit Verlaub, von der Dummheit und Gemeinheit der Leute.

Natürlich gebe ich zu, daß nicht alles so war, wie es hätte sein sollen. Mancher hatte sich wohl einen Leichenzug gewünscht mit Fahnen und Trompeten, ein Dutzend Grabredner und eine Gruft, die in einem Blumenmeer versinkt. Aber seien Sie ehrlich – hätte das zu Hahnemann gepaßt, dem schon das heilige Geschwafel an fremden Gräbern lästig gewesen war? Und hätte man seiner Witwe das wirklich antun mögen?

Nun gut, kommen wir zum Schluß – in den frühen Morgenstunden des 11. Juli, etwa gegen fünf Uhr, fuhr dann bei strömendem Regen endlich der Leichenwagen vor, um Hahnemann abzuholen und zum Friedhof von Montmartre zu bringen. Außer mir, einem gewissen Dr. Gustav Puhlmann und Monsieur Colbert – das ist ein Freund der Hahnemanns, der sich zum Zeitpunkt des Todes in England aufgehalten hatte und überstürzt angereist war – hatte niemand davon gewußt. Vor dem Haus waren alle Bediensteten angetreten, um Spalier zu stehen. Vorneweg die gute Rose, die seit vielen Jahren Madames Haushälterin ist und manchmal eine Art Freundin oder liebe Mutter. Dem Toten folgten Madame Hahnemann am Arm ihres Ziehsohnes Dr. Lethière, dann Frau Dr. Amalie Süß-Hahnemann und deren Sohn Leopold und schließlich, in einigem Abstand, die Bediensteten. Sie alle gingen trotz des Regens zu Fuß, auch Madame, die sich kaum aufrecht halten konnte.

Ich selbst, Dr. Puhlmann und Monsieur Colbert akzeptierten den Wunsch der Witwe, in ihrem Kummer allein zu bleiben, deshalb hielten wir uns im Hintergrund. Auch auf dem Friedhof blieben wir in einiger Entfernung stehen, und vermutlich hat uns Madame Hahnemann nicht einmal gesehen.

Die Witwe bestattete den Leichnam Hahnemanns in ihrer Familiengruft, wo sie Jahre zuvor auch schon ihren Ziehvater Lethière und einen sehr guten Freund bestattet hatte. Diese beiden Männer waren für sie wie Mitglieder der Familie. Der eine wie ein Vater, der andere wie ein Onkel oder Pate. Wenn man Ihnen, verehrter Freund, nun einzureden versucht, Madame Hahnemann hätte ihren Gatten mit irgendwelchen ehemaligen Liebhabern in eine Gruft gesperrt, tut man ihr schreckliches Unrecht! Es erschüttert mich sehr, auch nur darüber nachzudenken, daß solche Gerüchte in Umlauf sind!

Freilich hätte man sich vorstellen können, daß jemand wie Dr. Hahnemann, der sich an der Menschheit so verdient gemacht hat, in einer Gruft alleine ruht, vielleicht mit seiner Büste davor und großen Worten als Inschrift, die aller Welt verkünden, was er geleistet hat. Aber das hätte einer gewissen Vorbereitung bedurft. Madame hätte planen müssen. Sie hätte dem Tod ins Gesicht sehen müssen, doch das hatte sie nicht zustande gebracht. Bis zum allerletzten Moment hatte sie noch gehofft, ihn bei sich behalten zu können – sogar über den Tod hinaus!

Den unermeßlichen Schmerz dieser Frau können wir alle nur erahnen! Und sie zu verurteilen, dazu haben wir kein Recht.

Noch etwas möchte ich Ihnen sagen. Es sind gerade mal fünf Wochen seit Hahnemanns Tod vergangen, und schon hat sich Madame mit Erbschaftsstreitereien auseinanderzusetzen. Und das, obwohl doch alles per Testament geregelt war. Offensichtlich glaubt man im Kreise der Familie, hier seien märchenhafte Reichtümer angehäuft worden. Doch das ist ein Irrtum! Wenn die Hahnemanns auch von manchen Patienten gutes Geld verlangt haben – viele andere wurden umsonst behandelt! Und man darf nicht vergessen, daß ihr Leben kostspielig war. Wer in Paris zur oberen Gesellschaft gehört, hat Verpflichtungen. Man muß große Bankette geben, die Oper und Abendgesellschaften besuchen, ein großes Haus unterhalten,

Dienstboten bezahlen. Doch auch das kann sich Madame Hahnemann nun nicht mehr leisten. Sie hat bereits beschlossen, in ein kleineres Haus umzuziehen, weil sie ohne die Verdienste aus der Praxis die Kosten für das große Haus und die dazugehörigen Dienstboten nicht erwirtschaften kann.

Ich hoffe, ich konnte mit diesem Brief Ihre Bedenken zerstreuen. Ich gebe zu, Madame Hahnemann hat sich in den letzten Wochen etwas eigenartig verhalten, aber wir sollten vorsichtig sein mit unserem Urteil über sie.

Ich weiß nicht, wie es ist, so sehr zu lieben, wie diese Frau geliebt hat – ich selbst habe so etwas nie erlebt. Und um ehrlich zu sein: Ich bin nicht sicher, ob ich es überhaupt erleben wollte. Wen sein Herz so weit hinaufträgt, über den ersten, den zweiten und dritten bis in den siebten Himmel, der muß eines Tages um so tiefer stürzen. Und es gibt niemanden, der einen da auffangen kann – man kann nur hoffen, diesen Sturz irgendwie zu überleben.

Wir werden abwarten müssen, um zu sehen, wie alles weitergeht. Und im Namen des von uns allen verehrten Verstorbenen möchte ich Sie bitten: Seien Sie Madame Hahnemann so sehr ein Freund, wie Sie es ihrem Gatten waren. Er würde es Ihnen danken.

Damit verbleibe ich
Ihr ergebener Georg Heinrich Jahr

Zwischen den Fronten

Allein mit dem Ticken der Standuhr und ihren quälenden Gedanken, starrte Mélanie aus dem Fenster. Als es plötzlich klopfte, drehte sie sich um und blickte in das fast leer geräumte Zimmer. Schon in zwei Tagen würde sie hier nicht mehr wohnen. Sie zog aus diesem Haus fort, in dem sie an Samuels Seite so glücklich gewesen war. Sie verließ es nicht nur, weil sie hier alles an ihn erinnerte und sie die Erinnerung nicht länger ertragen konnte, sondern auch, weil es ihre finanziellen Möglichkeiten nicht mehr erlaubten, hier zu leben.

Rose trat ein und sah seufzend auf den Teller mit Sagoauflauf. Kaum zwei Bissen fehlten. Dabei hatte Madame Hahnemann diese Speise doch immer so gerne gemocht!

»Sie müssen essen, Madame!«

»Ich habe keinen Hunger.«

»Monsieur hätte ...«

Mélanie schlug mit der flachen Hand auf den Tisch und schrie Rose an: »Aber Monsieur lebt nicht mehr!«

»Entschuldigen Sie, Madame.« Rose senkte den Kopf. »Soll ich die Bücher auch schon einpacken lassen?«

»Ja, bitte. Und achte darauf, daß Linchen sie in derselben Reihenfolge in die Kisten legt, wie sie im Schrank stehen.«

»Ja, Madame. Monsieur Colbert ist gekommen. Er wartet im kleinen Salon.«

Rose wollte gehen, aber Mélanie hielt sie zurück und nahm sie in den Arm. »Bitte entschuldige, Rose, ich bin launisch. So ein Verhalten hast du nicht verdient.«

»Ist schon in Ordnung, Madame. Mir fehlt Monsieur auch.« Die alte Haushälterin hatte Tränen in den Augen.

»Ich weiß.« Mélanie drückte sie an sich, dann ging sie, um Sébastien zu begrüßen.

Auch der kleine Salon war bereits fast leer geräumt. In der Mitte standen noch das Sofa, ein Sessel und ein kleiner Tisch, und an der Wand hing ein Porträt von Samuel, das Mélanie in den ersten Wochen nach ihrer Heirat in Köthen gemalt hatte. Sie hatte sein spitzbübisches Lächeln so gut getroffen, daß es ihr jedesmal das Herz zerriß, wenn sie einen Blick auf das Bild warf.

Sébastien stand auf und küßte Mélanie die Hand. Er sah sie besorgt an, sagte aber nichts über ihr schlechtes Aussehen.

»Schön, daß Sie gleich gekommen sind, Sébastien. Ich wollte Sie in einer Erbschaftsangelegenheit um Rat fragen.« Mélanie reichte ihm einen Brief. »Da verbreiten Samuels Kinder Gerüchte über mich, ich hätte es kaum erwarten können, meinen Mann los zu sein, hätte ihn nie geliebt und sei nur hinter seinem Geld hergewesen, und dann haben sie selbst nichts anderes zu tun, als um das Erbe zu streiten, kaum daß ihr Vater begraben ist!«

Sébastien war als Anwalt zwar hauptsächlich für eine Handelsgesellschaft tätig, doch er kannte sich auch in Erbschaftsdingen aus. Er setzte sich und las das Schreiben aufmerksam durch. Hin und wieder seufzte er oder schüttelte den Kopf, schließlich sah er Mélanie bekümmert an. Warum ließ man diese Frau nicht in Frieden? Sie waren wie die Hyänen hinter ihr her! Nicht nur die Verwandtschaft aus Deutschland, auch die Pariser Gesellschaft hatte nichts Besseres zu tun, als ihr mit Verleumdungen nachzustellen. Die Hahnemanns hätten mit ihrer Praxis Reichtümer angehäuft, hieß es, und seine Witwe würde das Geld nun zum Fenster hinauswerfen. Er hingegen wußte es besser. Was in den letzten Jahren verdient worden war, war auch ausgegeben worden. Zwar hatte Mélanie einigen Grundbesitz aus ihrer eigenen Familie, aber die Güter erbrachten nicht mehr die Erträge von einst, und wenn sie von den Einnahmen leben wollte, mußte sie haushalten. Praktizieren, um dazuzuverdienen, durfte sie nicht.

»Es existiert doch ein Testament – haben Sie eine Abschrift davon?«

»Natürlich.« Mélanie holte es, und Sébastien las es durch. Offensichtlich hatte Samuel geahnt, daß es nach seinem Tod in Erbschaftsangelegenheiten Probleme geben könnte. Er hatte verfügt, daß Mélanie alles bekommen sollte, was eventuell noch in Paris erwirtschaftet werden würde. Zu Mélanies Absicherung hatte er eine Klausel einfügen lassen, die besagte, daß, würde jemand das Testament nach seinem Tod anfechten, sich dessen einstiges Erbe aus Köthener Zeiten noch im nachhinein um einen gewissen Prozentsatz verringern sollte.

»Wir könnten diese Klausel geltend machen.«

Mélanie schüttelte den Kopf. »Das ist sinnlos, sie besitzen nichts mehr. Sie hatten das Geld in Staatsanleihen angelegt, weil sie glaubten, das sei sicher. Doch dann ging beim Staatsbankrott das gesamte Vermögen verloren. Nun haben sie finanzielle Probleme und neiden mir meinen angeblichen Reichtum. Sie haben das Gefühl, ich hätte sie um etwas betrogen, und hassen mich dafür. Dabei ist das doch alles so unlogisch! Wäre ihr Vater in Köthen geblieben, wäre das Geld genauso verloren gewesen, und man hätte ganz von vorne anfangen müssen. Mit dem Unterschied, daß Samuel dort sicher nur das Nötigste hätte erwirtschaften können. Aber es geht wohl gar nicht ausschließlich um das Geld – sie wollen mich im Staub liegen sehen und würden nicht zögern, dann auch noch nach mir zu treten.«

»Es scheint so«, gab Sébastien zu. »Und was bedeutet dieser Absatz, in dem man Sie auffordert, die Krankenjournale herauszugeben?«

»Da muß ich weiter ausholen.« Mélanie wechselte zum vertrauteren Du. Es galt als unschicklich, aber solange niemand sie hören konnte, war ihr das gleichgültig. Neben Charles war Sébastien ihr einziger Vertrauter, und er war ihr mit den Jahren nähergekommen als ihr eigener Bruder. »Wie du weißt, hat Samuel das *Organon* für eine sechste Auflage überarbeitet.«

Sébastien nickte.

»Er hatte es auch bereits Schaub, seinem Verleger in Deutschland, angeboten und stand sogar wegen einer französischen Ausgabe in Verhandlungen. Dann zog er das Manuskript jedoch zurück, und das aus gutem Grunde. Er beschrieb in der sechsten Überarbeitung, daß und in welcher Weise er die Aufbereitung der Arzneien verändert hatte. Diese neue Art der Herstellung von Medikamenten bezeichnete er mit dem Begriff Q-Potenzen. Sie wird in Fünfzigtausender-Verdünnungen vorgenommen, und zwar pro Arbeitsschritt. Konkret bedeutet das, sogar in der allerersten Verdünnung ist nicht mehr viel von der Urtinktur vorhanden. Für Laien vollkommen unverständlich, wie so eine Arznei noch Wirkung zeigen kann, aber die Wirkung wird ja vor allem durch das Verschütteln erzielt.«

Sébastien nickte. »Da mußte er natürlich damit rechnen, daß er bei Ärzten und vermutlich auch bei vielen Homöopathen große Proteste auslösen würde.«

»Genau das war seine Angst. Für uns gab es nie einen Zweifel, daß wir mit den Q-Potenzen richtig lagen, denn selbstverständlich haben wir die Wirkung dieser Arzneien in unserer Praxis mit Erfolg getestet. Auch in Amerika wird schon lange und sehr erfolgreich mit höheren Verdünnungen behandelt. Aber wie du ja selbst schon einmal gesagt hast, sind immer diejenigen, die von einer Sache nichts verstehen, die größten Kritiker.«

Mélanie stand auf und ging zum Fenster. Dort drehte sie sich um und sah Sébastien an. »Samuel hatte Angst, daß man ihn für verrückt erklären und daß man behaupten würde, er sei senil und seines hohen Alters wegen nicht mehr zurechnungsfähig. Aber du weißt so gut wie ich, daß er bis zuletzt bei klarem Verstand war und ganz genau wußte, was er tat.

Natürlich haben wir auch Belege für die Richtigkeit unserer Arbeit – eben unsere Krankenjournale. Doch wenn wir diese nun herausgäben, so wie Luise es verlangt, hätte man nichts Eiligeres zu tun, als sie zu veröffentlichen, um Geld damit zu verdienen. Es war aber Samuels ausdrücklicher Wunsch, daß nichts von seinen neuen Erkenntnissen an die Öffentlichkeit gelangt, solange sich die Denkweise der Ärzteschaft nicht verändert hat. Die Zeit ist einfach nicht reif, und ich werde Samuels letzten Wunsch respektieren. So schlecht könnte es mir gar nicht gehen, daß ich seine Manuskripte und Aufzeichnungen verkaufen würde! Und erst recht bekommt sie Luise nicht.«

Sébastien war erstaunt. »Wieso glaubt sie, daß sie ein Recht auf diese Krankenjournale hat?«

»Die frühen Krankenjournale aus der Zeit, bevor ich Samuel kannte, blieben damals, bei unserer Abreise, in Köthen. Später, als wir in Paris zu praktizieren anfingen, ließ Samuel sie nachkommen. Luise behauptet nun, daß er versprochen hätte, sie ihr zurückzugeben. Er hat mir gegenüber so etwas nie erwähnt, im Gegenteil! An seinem Sterbebett bat er mich eindringlich, ich solle weder die sechste Überarbeitung des *Organon* veröffentlichen noch die Krankenjournale herausgeben. Er nahm mir das Versprechen ab, weiter zu praktizieren. Als ich ihm sagte, daß man mich wohl kaum ließe, wurde er zornig. Und jetzt frage ich dich – wie könnte ich weiter praktizieren, wenn ich nicht über Samuels Aufzeichnungen verfügte? Mrs. Erskin zum Beispiel war bereits in Köthen Patientin bei Samuel. Ich weiß, sie käme gerne zu mir, wenn ich die Praxis weiterführte. Wenn ich sie aber behandeln will, brauche ich die Krankenjournale. Ich muß ja ihren medizinischen Werdegang kennen und nachvollziehen können, wann und aus welchen Gründen sie welche Arzneien bekam.«

»Aber wenn überhaupt, hätte Luise doch ohnehin nur auf die alten Krankenjournale Anspruch.«

»Mehr will sie vorerst auch nicht. Doch hätte man die alten Krankenjournale veröffentlicht, wäre man sehr schnell auch hinter den neuen her. Außerdem hat Samuel mir, und zwar mir ganz allein, die Aufgabe übertragen, seinen homöopathischen Nachlaß zu verwalten. Und er hat mir genaueste Anweisungen gegeben! Ich allein werde bestimmen, wann was veröffentlicht wird – wenn überhaupt. Und ich schwöre dir, Sébastien, ich werde lieber mein Leben lassen, bevor ich irgendwelche Manuskripte meines Mannes herausgebe, ohne überzeugt zu sein, daß der richtige Zeitpunkt dafür gekommen ist.«

Inzwischen hatte sich Mélanie wieder gesetzt. Sébastien beugte sich nun vor und drückte ihre Hand. »Keine Angst, das mußt du auch nicht. Ich schreibe einen Brief an diesen Anwalt. Immerhin haben wir Zeugen, die bestätigen werden, daß Samuel gegen eine Veröffentlichung seiner sechsten Überarbeitung des *Organon* und auch der Krankenjournale war. Da ist zum Beispiel Georg Jahr; bestimmt weiß er davon. Da ist Charles. Und vor allem ist da dieser Verleger – wie hieß er noch?«

»Schaub.«

»Ja, Schaub! Samuel wird ihm ja erklärt haben, aus welchen Gründen er sein Manuskript zurückzieht und nicht veröffentlichen will. Kein Richter wird die Angaben dieses Mannes bezweifeln! Er war schließlich ein Leidtragender und hätte nichts lieber getan, als eine sechste Auflage herauszubringen.«

Mélanie lächelte erleichtert. »Danke, Sébastien. Ich bin froh, daß ich dich habe. Dich, Charles, und einige wenige andere, die mir beistehen, statt mir in den Rücken zu fallen.«

»Du kannst immer auf mich zählen.«

Mélanie nickte. »Ja, ich weiß.«

Eine Weile schwiegen sie. Mélanie starrte auf ihre Hände, die in ihrem Schoß lagen. Dann hob sie plötzlich den Kopf.

»Da ist noch etwas. Ich habe gehört, daß Charlotte und Luise den Köthener Schulmeister Franz Albrecht beauftragt haben, eine Biographie über ihren Vater zu schreiben. In dieser Biographie soll ihre Mutter als Heilige und ich als lieblose und treulose Gattin hingestellt werden.«

»Woher weißt du das?«

»Annelie Lehmann schrieb es mir. Sie ist die Frau von Samuels früherem Assistenten. Ich habe einige Zeit bei ihr im Haus gewohnt, und wir haben uns angefreundet. Franz Albrecht war Samuels Nachbar und ein Freund von ihm. Er war sogar bei unserer Hochzeit anwesend. Ich hatte geglaubt, er würde mich mögen, aber Charlotte und Luise haben wohl mehr Macht, als ich vermutete. Obwohl er sich offensichtlich nicht wohl fühlt bei dieser Arbeit, hat er sie doch in Angriff genommen.«

»Vielleicht hofft er, sich durch eine Hahnemann-Biographie einen Namen machen zu können«, gab Sébastien zu bedenken.

»Möglich, aber egal, aus welchen Gründen er es schreibt – ich möchte dieses gemeine Machwerk verhindern!«

»Das scheint mir das kleinere Problem zu sein. Ich werde dem Herrn ein wenig einheizen und ihm mit einer Verleumdungsklage drohen.«

Es klopfte. Charles trat ein. Er stellte sich hinter Mélanie und legte ihr eine Hand auf die Schultern. »Hast du es ihm schon gesagt?«

Mélanie sah zu ihm auf und schüttelte den Kopf, dann sah sie wieder zu Sébastien. »Da ist noch etwas – sobald ich in der Rue de Clinchy wohne, werde ich eine Praxis eröffnen und wieder praktizieren.«

Sébastien war nicht sehr erstaunt über diese Eröffnung. Er hatte damit gerechnet, daß sie diesen Schritt wagen würde.

»Du sagst nichts?« Charles seufzte.

»Was soll ich sagen? Daß sie als Frau nicht praktizieren darf, erst recht nicht ohne offiziell anerkannte Qualifikation, weiß sie selbst. Was sie tut, ist geradezu vermessen! Aber hätte es denn einen Sinn, ihr das vorzuhalten?« Sein Blick ruhte auf Mélanie.

»Danke, Sébastien.« Sie legte eine Hand auf seinen Arm und sah ihm in die Augen. »Ich bin froh, daß du nicht versuchst, mich von meinem Vorhaben abzubringen. Es ist nicht nur mein, sondern auch Samuels Wille, und ich gehe davon aus, daß man mich gewähren läßt. Immerhin bin ich Madame Hahnemann und habe einflußreiche Freunde. Und wenn nicht ...« Sie zuckte die Schultern. »Ich muß es einfach riskieren!«

»Aber ich muß dich warnen – wenn es rechtliche Probleme gibt, kann ich dir nicht helfen. Dann wirst du dir einen anderen Anwalt nehmen müssen, einen, der sich mit solchen Verfahren auskennt.«

»Hoffen wir, daß es nicht so weit kommt.«

»Ja.« Sébastien seufzte. »Hoffen wir!«

Doyens Rückkehr

Rose hatte Feuer im Kamin angezündet und einen Zweig getrockneten Salbei hineingeworfen. Nun setzte sich Mélanie in einen der Sessel und starrte ins Feuer. Die Flammen züngelten tanzend ums Holz, und der Salbei verbreitete angenehmen Duft. Eine von Samuels Uhren stand auf dem Sims und schlug halb fünf. Es war Nachmittag, und Mélanie wartete vergeblich auf Patienten.

Wie mechanisch nahm sie eine ihrer Visitenkarten, die neben ihr auf dem Tisch lagen, und las laut: *Madame Hahnemann, Docteur en Médicine Homéopathique, Rue de Clichy Nr. 48, Paris.* Bereits vor drei Wochen hatte sie diese Karten drucken lassen und mit einer kleinen, unauffälligen Annonce in *Le Temps* bekanntgegeben, daß sie die Praxis wieder eröffnen würde, aber noch kaum ein Patient hatte sich gemeldet. Ganze vier Behandlungen hatte sie durchgeführt. Mrs. Erskin war mit neuralgischen Schmerzen gekommen – eine Nervenentzündung, die ihr so große Schmerzen an den Zähnen verursachte, daß sie eigens aus London angereist war. Sie hatte ihr *Natrium muriaticum* gegeben, und vier Tage später waren die Schmerzen so weit abgeklungen, daß sie nach Hause zurückfahren konnte. Auch der Dirigent Philippe Musard hatte Mélanie konsultiert, außerdem eine Madame Broggi mit Herzbeschwerden und ein Monsieur Leroy wegen Rheumatismus. Aber sonst schienen es die Leute eher mit der vorherrschenden Meinung zu halten, die besagte, daß eine Frau unfähig war, eigenständige Gedanken zu hegen und ohne männliche Hilfe ernsthafte Arbeit zu leisten.

Plötzlich legte Mélanie die Karte weg und nahm die homöopathische Zeitschrift zur Hand, in der dieser Artikel über sie erschienen war. Bleich vor Wut las sie ihn noch einmal durch.

Es ist ja hinreichend bekannt, daß sich niemand lieber in ärztliche Behandlung mischt als das zweite Geschlecht, insbesondere alte Jungfrauen und alte Weiber. Dabei mag man noch hinnehmen, daß sich eine Dame in Paris »Doctor artis obstetriciae« nennt und versucht, sich mit ihren Schriften als Autorität in der Geburtshilfe hinzustellen, denn sie leistet schließlich nur mechanische Hilfe. Daß sich nun aber eine gewisse andere Dame sogar als Doktor der Medizin ausgibt, läßt uns entsetzt aufschreien. Wie will sie, ohne die Medizin genau studiert zu haben, anders als stümperhaft behandeln! Entweihen wir auf diese Art nicht die Homöopathie, der Hahnemann den Großteil seines Lebens widmete? Ich glaube, jetzt, wo er in einer anderen Welt lebt und von dort alles deutlicher erkennt, wird er sich an dem gewagten Unternehmen seiner Gattin nicht gerade erbauen.

Mélanie war nicht fähig weiterzulesen. Zitternd legte sie den Artikel zur Seite. Diese Schmähschrift war eine einzige Beleidigung. Nicht nur sie wurde persönlich angegriffen, auch Samuel wurde hingestellt, als sei er in den letzten Jahren seines Lebens von ihr getäuscht worden und nicht mehr ganz bei Trost gewesen. Dabei war sie nicht die einzige, die homöopathisch behandelte, ohne Doktor der Medizin zu sein. Georg Jahr, Clemens Freiherr von Bönninghausen, August Freiherr von Gersdorff und viele andere hatten wie sie ausschließlich die Homöopathie studiert. Zudem hätte kein Medizinstudium der Welt ihr oder einem dieser Herren mehr vermitteln können, als Samuel es gekonnt hatte. Aber sie war eben eine Frau, und das war wohl das wirkliche Verbrechen, dessen sie sich schuldig machte! Frau sein und trotzdem denken, handeln und etwas erreichen wollen, das war noch schlimmer als alles andere!

Ein leises Klopfen ließ Mélanie aus ihren Gedanken schrecken. Rose schlüpfte ins Zimmer und kündigte einen Patienten an.

Der Name auf der Visitenkarte sagte Mélanie nichts. Sie sah auf. »Ist Charles noch im Hause?«

»Nein, Madame.«

Mélanie überlegte einen Moment, dann nickte sie. »Gut, Rose, führe ihn in den Behandlungsraum – ich komme gleich.«

Vor allem wenn männliche Patienten kamen, zog Mélanie es vor, daß Charles oder Dr. Deleau dabei waren. Schließlich galt es für eine Frau in ihrem Alter als unschicklich, mit einem Mann allein zu sein – erst recht, wenn sie ihn über sein Befinden befragen mußte. Andererseits konnte sie es sich auch nicht leisten, jemanden wegzuschicken.

Sie warf einen Blick in den Spiegel und stellte fest, daß ihr Äußeres keinen Grund zur Beanstandung gab. Darüber hinaus aber sah sie schlecht aus. Sie war blaß, ihre Wangen waren eingefallen, der Blick von den vielen schlaflosen Nächten verhangen. Man könnte meinen, man hätte es mit einer Schwindsüchtigen zu tun, und das war nun wirklich kein gutes Aushängeschild für eine Praxis!

Entschlossen ging sie in das Zimmer hinüber, das ihr als Ordinationszimmer diente. Dort bewahrte sie Samuels Bücher, die Krankenjournale, die Arzneien auf, und in der Mitte stand ein Tisch, an den drei Stühle gerückt waren. Einer für sie, einer für den Patienten, einer für einen Assistenten, der die Aufzeichnungen führte – sofern ihr jemand für diese Aufgabe zur Verfügung stand.

Sie öffnete die Tür, trat ein und zog sie hinter sich zu.

»Bonjour Monsieur!«

»Bonjour Madame.« Der Mann, der am Fenster stand und hinaussah, drehte sich zu ihr um. Da erkannte sie ihn. Es war Dr. Pierre Doyen.

»Sie werden verzeihen, Madame, aber hätte ich nicht diesen kleinen Trick mit der fremden Visitenkarte angewandt, hätten Sie mich wohl kaum empfangen. In der Öffentlichkeit sind Sie ja schon seit geraumer Zeit nicht mehr zu sehen.«

Ihre Antwort klang kühl. »Ich bin in Trauer, Monsieur, da gibt es keine Öffentlichkeit für mich.«

»Ich weiß, der Etikette muß Genüge geleistet werden.«

Mélanie zählte im stillen bis zehn, bevor sie fragte: »Worum geht es, Monsieur. Ich nehme nicht an, daß Sie hier sind, um mit mir über Etikette zu diskutieren oder sich gar von mir behandeln zu lassen.«

Er nickte. »Immer schon habe ich Ihren scharfen Verstand bewundert.« Er kam näher und sah ihr in die Augen. »Also gut, reden wir nicht lange um die Sache herum. Es geht um Sie und mich. Ich möchte mein Angebot wiederholen. Heiraten Sie mich – selbstverständlich erst nach Ablauf der Trauerzeit –, und Sie haben es nicht mehr nötig, sich mit einer dubiosen Praxis gegen das Gesetz zu stellen.«

Mélanie öffnete den Mund und schloß ihn wieder. Perplex starrte sie Doyen an. Nie zuvor war ihr ein solch taktloses Benehmen untergekommen. Wie konnte dieser Mann nur annehmen, daß sie ihre Meinung über ihn je ändern würde! Wie konnte er nur so arrogant und vermessen sein zu glauben, daß er für sie Nachfolger eines Mannes wie Samuel Hahnemann sein könnte und sie sich ausgerechnet von ihm abhängig machen würde!

»Ich habe es Ihnen bereits vor Jahren gesagt: Ich werde Sie nicht heiraten! Niemals! Und ich möchte Sie bitten, mich nie wieder zu belästigen.«

Mélanie wollte sich umdrehen und zur Tür gehen, aber er packte sie am Arm, riß sie zu sich herum und starrte sie mit funkelndem Blick an.

»Sie dürfen nicht praktizieren! Sie sind eine Frau! Und Sie haben keine Qualifikation!«

»Ich habe ein Diplom, Monsieur, ausgestellt von der Allentown Homoeopathic Academy.«

»Mon Dieu!« Er lachte laut und hart. »Das Diplom, falls Sie es denn tatsächlich haben sollten, ist so gut wie nichts wert! Nicht bei uns in Frankreich, Madame. Ich werde Sie anzeigen, wenn Sie sich nicht endlich fügen.«

Mélanie schüttelte den Kopf. Sie konnte diesen Mann nicht begreifen. »Was hätten Sie von dieser Ehe, wenn sie doch nur erpreßt wäre.«

»Es geht nicht um die Ehe, schon gleich gar nicht um Liebe, Zuwendung oder sonstige Emotionen.«

»Nein, natürlich nicht. Es geht um Macht. Sie wollen mich in die Knie zwingen. Eine starke Frau ist für Sie beinahe noch schlimmer, als zugeben zu müssen, daß ein anderer Ihnen beruflich überlegen ist. Und ich bin beides – eine starke Frau und Ihnen beruflich überlegen!«

»Sie sollten vorsichtig sein, Madame.« Er war erst blaß, dann rot geworden, und die Adern an seinen Schläfen waren angeschwollen.

»Ja, drohen Sie nur – drohen und erpressen, das ist alles, was Sie können. Doch damit kriegen Sie mich nicht klein, Monsieur.«

Er ließ sie los. »Mag sein«, antwortete Doyen kalt. »Aber ich werde Mittel und Wege finden, Ihren verdammten Stolz zu brechen, darauf können Sie sich verlassen.«

Mélanie antwortete nicht. Sie stand hoch erhobenen Hauptes da. Er ging an ihr vorbei und warf die Tür hinter sich zu.

Tod des Vaters

Als Doyen gegangen war, legte sich Mélanie ins Bett und weinte sich in den Schlaf. Sie schämte sich für all die Tränen, die sie nicht zurückhalten konnte, und sie schämte sich, daß ihr die Kraft fehlte, diesen Tag und all die anderen Tage, Wochen und Monate seit Samuels Tod in Würde zu überstehen. Die Mordanschläge ihrer Mutter, die Hungerjahre ihrer Jugend, das Sterben ihrer besten Freunde hatte sie mit Haltung und einem gewissen Maß an Selbstachtung ertragen, doch Samuels Tod, gefolgt von alldem, was er nach sich zog, war einfach zuviel für sie.

Manchmal wünschte sie, ihr Leben wäre so verlaufen, wie sie es nie gewollt hatte. Ein Mann, ein paar Kinder, ein Haushalt – mehr nicht. Dann hätte sie nicht mit einem Schlag alles verloren, was ihr Lebensinhalt gewesen war. Sie wäre nach Samuels Tod nicht mit Ansprüchen und Visionen zurückgeblieben, die plötzlich unerfüllbar geworden waren. Sie hätte den Gatten begraben, aber die Kinder wären ihr geblieben, und nach Verlauf der Trauerjahre hätte sie sich einen anderen Mann gesucht, an dessen Seite sie ihren Verpflichtungen als Ehefrau und Mutter nachgekommen wäre.

Aber wie konnte sie Samuel austauschen? Wie konnte sie ihre Berufung als Homöopathin vergessen? Und wie konnte sie sich in Zukunft mit einem Leben ohne Inhalt zufrieden geben?

Unmöglich!

Sie hatte alles gehabt, und so hatte sie auch alles verloren ... und mehr und mehr verlor sie nun sich selbst. Wie ein gehetztes Tier jagte sie durch das schauderhafte Dunkel ihrer tränendurchtränkten Schattenwelt. Die Tage wurden zu Nächten, in denen sie sich bleischwer im Bett wälzte und sich nichts als den Tod wünschte. Die durchwachten Nächte, in denen ihre Seele von quälenden Gedanken gepeitscht wurde, tröpfelten minutenschwer ins Stundenglas. Ihr Leben schien verkehrt und sinnlos, denn es gab kein Bild einer Zukunft, keine Hoffnung, kein Streben mehr. Die wunderbare Liebe, die sie durch Samuel erfahren hatte, forderte nun ihren Tribut – und der hieß unerträgliche Leere und Einsamkeit.

Irgendwann fiel sie in traumschweren Schlaf. Ratten, so groß wie Hunde, trieben sie mit Peitschen durch die Straßen von Paris. Sie verbissen sich in ihre Kleider, die in Fetzen von ihr abfielen, bis sie nackt war. Keuchend schleppte sie sich fort und fand sich plötzlich in Samuels Gruft wieder, wo sie zusammenbrach und um die Gnade des Todes flehte. Doch da krallten sich Hände in ihr von Peitschenhieben malträtiertes Fleisch und rüttelten – rüttelten sie ins Leben zurück. Nicht sterben – Madame!

»Sie müssen aufwachen, Madame!«

Mélanie öffnete die Augen und sah Rose vor sich.

»Ihr Vater, Madame. Es geht ihm sehr schlecht. Henry, der Kutscher von Monsieur d'Hervilly, ist gekommen, um Sie zu holen.«

Mélanie setzte sich auf. Im Flackerlicht der Gaslampe, die Rose angezündet hatte, sah sie, daß es zehn Uhr war. Sie versuchte sich zu konzentrieren. Am Vormittag war sie noch bei ihrem Vater gewesen. Er hatte Krebs im Endstadium und quälte sich seit einigen Wochen mit argen Schmerzen. Wieder zu Hause, hatte sie Charles gebeten, Morphium zu besorgen, denn sie wollte ihren Vater keinen Moment länger leiden sehen.

Noch halb im Traum verhaftet, starrte sie Rose an. »Ist Charles inzwischen da?«

»Ja, Madame. Er ist im Apothekenraum und bereitet Arzneien zu.«

263

»Dann soll er bitte zu mir kommen. Und richte mir das schwarze Wollkleid mit dem Leibchen.«

Mélanie quälte sich aus dem Bett, goß Wasser in die Schüssel und wusch sich das Gesicht. Als es klopfte, legte sie ein Schultertuch um.

»Rose hat es mir schon gesagt – deinem Vater geht es wieder schlechter.«

Mélanie nickte und fragte nach dem Morphium.

Charles gab ihr eine kleine emaillierte Dose, die sie auf ihren Toilettentisch stellte. »Wie du es verabreichen mußt, habe ich dir gestern schon erklärt«, sagte er leise.

»Ja. Danke.«

Es klopfte. Rose trat ein, legte Rock und Leibchen aufs Bett und nahm Wäsche heraus.

Mélanie sagte: »Ich werde also für einige Zeit im Hause meines Vaters bleiben, um ihn zu pflegen und ihm beizustehen. Ihr beide, du und Rose, wißt, wo ich zu erreichen bin. Wenn ein Patient nach mir fragt, laßt mich holen. Sébastien könnt ihr sagen, wo ich mich aufhalte. Ansonsten bin ich für niemanden zu sprechen.« Sie ging zu Charles, küßte ihn rechts und links auf die Wangen. »Ich danke dir für alles. Daß du mich liebst und erträgst und für mich da bist.« Sie sah Rose an. »Und dir danke ich auch.«

»Ach, Madame. Das dürfen Sie doch nicht sagen, ich bin doch bloß ...«

»Zusammen mit Charles und Sébastien bist du das Wertvollste, was ich habe«, fiel Mélanie ihrer alten Haushälterin ins Wort. Dann sagte sie, an Charles gewandt: »So, und jetzt raus mit dir, ich muß mich beeilen.«

Charles verließ das Zimmer, und Rose half Mélanie beim Umkleiden.

Durch das Morphium wurde ihr Vater ruhiger. Mélanie saß beinahe den ganzen Tag an seinem Bett. Nachts schlief sie bei offener Tür im Nebenraum. Wenn sie ihn stöhnen hörte, ging sie zu ihm und nahm ihn in den Arm. Dann entspannte er sich zumeist ein wenig. Manchmal erzählte er wirre Geschichten aus früheren Zeiten. Sie hörte ihm zu. Sie wusch ihn und fütterte ihn, so gut es ging. Dann gab sie ihm wieder Morphium, und wenn er in einen erlösenden Schlaf sank, hielt sie ihm die Hand und streichelte ihn zärtlich.

Um den Gedanken an den Tod wenigstens für ein paar Stunden am Tag entfliehen zu können, ließ Mélanie sich von Henry jeden Morgen gegen acht in den Bois de Boulogne fahren. Um diese Zeit war hier kaum ein Mensch unterwegs, und sie konnte ein Stück vor der Kutsche herlaufen oder an einem der Seen Enten füttern. Hier gab es auch eine junge Rotbuche, die auf einer weiten Grünfläche stand. Dort hatte man eine Bank aufgestellt, auf der Mélanie gerne saß, um dem Gesang der Vögel zu lauschen, die sich im Geäst über ihr tummelten. Oder sie dachte über ihr Leben, ihre Liebe zu Samuel und ihren sterbenden Vater nach.

Sie hatte ihren *très cher papa* ihr Leben lang geliebt, und sie war ihm dankbar, denn ohne sein Wohlwollen, sein unkonventionelles Denken und seine liberalen Ansichten wäre sie nie geworden, was sie war. Er hatte ihr das Lesen beigebracht und damit ihren Horizont erweitert. Er hatte sie ermutigt, daran zu glauben, daß eine Frau ebensogut denken, handeln und über ihr Leben bestimmen konnte wie ein Mann. Er hatte es ihr ermöglicht, unverheiratet zu bleiben – bis sie Samuel traf, für den sich ihr Herz entschied, ohne von wirtschaftlichen Überlegungen genötigt zu sein. Daß ihr Vater manchmal schwach war und sie nicht vor ihrer gewalttätigen, verrückten Mutter schützen konnte, hatte sie ihm längst verziehen.

Auch an diesem Morgen saß sie wieder auf der Bank im Bois de Boulogne. Es war kaum hell, und die Morgennebel hingen wie Wolken zwischen den Bäumen. Da kam ein Junge über die Wiese auf sie zugelaufen. Er war höchstens acht Jahre alt, und obwohl es Ende November zu so früher Zeit sehr kalt war, trug er keine Schuhe. Er mußte argen Hunger leiden, sonst hätte er sich einer Dame ihres Standes nie so weit genähert.

Sie überlegte, was sie für ihn tun konnte. Bald würde Winter sein, und ohne Schuhe würde er vermutlich nicht überleben. Würde sie ihm allerdings Schuhe besorgen, würden die ihn in noch größere Lebensgefahr bringen. Man würde ihn schon an der nächsten Ecke überfallen, um sie ihm wieder abzunehmen und gegen etwas zu essen oder eine Flasche Fusel einzutauschen.

Er blieb, einen Steinwurf von ihr entfernt, stehen und starrte sie an, ohne etwas zu sagen oder zu tun.

»Wie heißt du?« fragte sie ihn.

Er antwortete nicht.

»Hast du Eltern oder sonst jemanden, der sich um dich kümmert?«

Er antwortete nicht.

»Hast du Hunger?«

Er antwortete nicht.

Als sie ging, legte sie ein paar Münzen auf die Bank, gerade genug für ein warmes Essen, und sie hoffte, man würde es ihm geben, ohne ihn zu prellen oder gar zu verprügeln. Dann würde er wenigstens für diesen einen Tag das Glück verspüren, satt zu sein.

Sie ging, der Junge stürzte sich auf das Geld und rannte davon.

Als sie nach Hause kam, war ihr Vater tot. Das verzieh sie sich nie. Er war allein gestorben, während sie auf einer Bank im Park saß und darüber nachdachte, ob sie einem streunenden Jungen ein Paar Schuhe kaufen sollte.

Der Erfinder

Der Winter war ungewöhnlich kalt und lang gewesen. Mélanie hatte sich in ihrer Wohnung verkrochen wie eine Bärin zum Winterschlaf. Nicht einmal in ihr Landhaus nach Versailles war sie gefahren, obwohl sie dort früher im Winter so gerne lange Spaziergänge unternommen hatte.

Weihnachten hatten Charles und Sébastien bei ihr verbracht, damit sie nicht allein war. Sie hatten ihr auch einen Neujahrsgruß geschrieben und sie an ihrem Geburtstag zu einer Kutschfahrt nach St. Germain eingeladen, wo sie Kakao tranken und kleine Aniskuchen aßen. Nichts berührte sie jedoch, all diese Feste zogen an ihr vorüber wie Bilder aus einem anderen, fremden Leben.

An Samuels Geburtstag hatte sie sich in ihrem Zimmer eingeschlossen und den ganzen Tag weder gegessen noch getrunken. Nicht einmal zum Friedhof war sie gegangen, obwohl sie das sonst fast täglich tat. Aber sie hätte es nicht ertragen, auf Samuels Sarkophag starren zu müssen und dabei an all die rauschenden Geburtstagsfeste zu denken, die er und sie gemeinsam mit ihren Freunden gefeiert hatten. Zuletzt das Fest, an dem er sich auf einem Karussell den Tod geholt hatte. Ihre Schuld! Es war ihre Schuld, dafür mußte sie nun büßen!

Doch das schlimmste war sein Todestag. Blaß und verzweifelt ging sie in der Sterbeminute von Uhr zu Uhr und hielt sie an. Samuels Uhren. Sein Zeitschatz. Seine Liebe zu schönen Dingen. Samuels Hände, sein Mund, sein Lachen. Samuel – wie sehr sie ihn vermißte! Nie wieder würde sie glücklich sein.

Es folgte der Jahrestag ihrer Ankunft in Paris, der Jahrestag von Samuels Promotion, die sie für gewöhnlich noch größer als seinen Geburtstag gefeiert hatten, und schließlich jährte sich auch der Todestag ihres Vaters. Mélanie nahm es zur Kenntnis. Zeit hatte keine Bedeutung mehr für sie. Heute kroch sie im Schneckentempo, morgen zerrann sie wie Schnee im warmen Wasser. Bedeutung hatte allein der Schmerz.

Daß Charles endlich sein zweites Studium abschließen konnte und nun Arzt war, gehörte zu den schönen Begebenheiten dieses Jahres. Hin und wieder empfingen sie gemeinsam Patienten, und wenn Charles keine Zeit hatte, stand ihr manchmal Dr. Deleau als Assistent zur Seite. Aber es kam auch vor, daß keiner von beiden Zeit hatte. Dann war sie mit ihren Patienten allein, womit sie ihre offizielle Kompetenz übertrat. War ein Arzt dabei, konnte sie notfalls behaupten, ihn nur beraten zu haben, und das war ihr erlaubt.

Eines Tages kam ein gewisser Edwin Clifford in die Praxis. Mélanie war allein, denn Charles war nach Versailles gefahren, und Dr. Deleau hatte eigene Patienten zu betreuen.

Der Mann war in Mélanies Alter, groß, etwas füllig und hatte ein freundliches, rundes Gesicht mit Grübchen in den Wangen. Sein blondes Haar hing ihm wirr in die Stirn, und er hatte die Angewohnheit, es mit einer Kopfbewegung nach hinten zu schütteln. Doch schon im nächsten Moment fiel es ihm wieder nach vorne.

Er nahm Mélanies Hand und küßte sie.

»Nun, wie kann ich Ihnen helfen?« fragte sie, nachdem sie ihm den Platz am Tisch angeboten hatte, der für die Patienten gedacht war.

»Oh, falls Sie annehmen, ich sei krank und müßte homöopathisch behandelt werden – nein, darum geht es nicht!« Er legte eine Ledermappe auf den Tisch und tippte mit dem Finger darauf. »Es geht um etwas ganz anderes. Ich suche jemanden, der den Mut hat, an den Fortschritt zu glauben. Einen Partner für eine große Sache. Man sagte mir, in Ihnen könnte ich so jemanden finden. Sie seien mutig und aufgeschlossen und, mit Verlaub – auch ein wenig finanzkräftig.«

Inzwischen hatte er einen Stoß Papiere aus seiner Mappe genommen und vor sich auf den Tisch gelegt. »Es ist nämlich so, Madame Hahnemann, ich bin Erfinder, und ich habe Pläne, einen Luftkompressor zu bauen. Nur fehlt mir das nötige Kapital dazu. Mein Schwager, einer Ihrer Patienten, würde sich gerne an dem Geschäft beteiligen, aber er kann sein Geld, das in einem anderen Projekt steckt, erst in zwei oder drei Jahren freibekommen. Doch mit Erfindungen ist das so eine Sache – man muß sie sofort auf den Markt bringen, denn sonst ist ein anderer schneller, und man hat das Nachsehen!«

»Und dieser Patient hat Sie zu mir geschickt?«

»Es handelt sich um Mr. Brown – erinnern Sie sich an ihn?«

»Mr. Brown?« Mélanie dachte nach. Sie hatten mehrere Browns behandelt. »Meinen Sie Mr. James L. Brown aus London?«

»Ja!« Er nickte. »Das ist mein Schwager!«

»Aber Mr. Brown muß inzwischen beinahe siebzig Jahre alt sein!«

Wieder nickte Mister Clifford. »Ja, in der Tat.« Er stockte, dann lachte er. »Ach, Sie meinen wegen des großen Altersunterschieds. James ist der älteste von dreizehn Kindern, meine Frau ist die jüngste, und sie ist zwei Jahre älter als ich. Nun, Madame, wenn Sie erlauben, würde ich Ihnen gerne erklären, worum es bei meiner Erfindung überhaupt geht. Dann können Sie sich ein Bild machen und ...« Er unterbrach sich und sah sich um. »Entschuldigen Sie, Madame, aber vielleicht sollten wir auch Ihren Gatten zu diesem Gespräch bitten?«

»Meinen Gatten?« Mélanie starrte ihn an. »Wissen Sie denn nicht ... mein Gatte ist vor mehr als einem Jahr verstorben.«

»Oh Verzeihung. Mein Beileid, Madame. Nein, das wußte

ich nicht – mein Schwager hat mir davon nichts gesagt.« Er sah sie betreten an. »Hätte ich das gewußt ...« Er brach ab.

»Was dann?« fragte Mélanie nach.

»Nun, ich habe noch nie mit einer Frau als Geschäftspartnerin ... ich meine ...«

»Sie meinen, eine Frau ist zu dumm? Zu unzuverlässig?« Zornig sah sie ihn an.

»Nein, natürlich ist sie das nicht.«

»Nun, dann zeigen Sie mir Ihre Unterlagen!«

»Wenn Sie es wünschen, Madame.« Er zog eine Zeichnung aus den Papieren, breitete sie vor Mélanie aus und erklärte: »Unter Druckluft versteht man Luft, die unter einem höheren Druck steht als die Luft in der Atmosphäre. Mit Hilfe von Druckluft könnte man Arbeitskolben antreiben – beispielsweise einen Bohrer, mit dem man Gestein bearbeiten kann. Wie Sie vielleicht wissen, fand die erste Erzeugung und Übertragung von Druckluft bereits im Jahr 1700 statt: Der Physiker Denis Papin, ein Franzose, nutzte die Drehbewegung eines Wasserrades, um Luft zu komprimieren, die er durch Röhren weiterleitete. Dann tat sich lange Zeit nichts mehr auf diesem Gebiet, bis vor etwa zwanzig Jahren George Medhurst, ein väterlicher Freund von mir und Engländer wie ich, ein Patent für die Nutzung der Druckluft zum Antrieb eines Motors anmeldete. Leider ging der Motor aber nie in Produktion, weil die Materialien zu seiner Herstellung entweder nicht hitzebeständig genug oder zu teuer waren. Das Projekt geriet wieder in Vergessenheit. Medhurst ist inzwischen verstorben, er hinterließ mir seine Aufzeichnungen. Nun ist es mir aber gelungen, ein besseres und kostengünstigeres Material ausfindig zu machen. Der Herstellerbetrieb liegt in Nordfrankreich.«

»Um was für ein Material handelt es sich da?«

»Um eine Legierung – ich hoffe, Sie verstehen, daß ich darüber im Vorfeld keine allzu genauen Angaben machen kann. Hierzu muß man wissen, daß Eigenschaften wie Festigkeit und Korrosionsbeständigkeit bei Legierungen erheblich größer sein können als bei einzelnen Metallen. Zum Beispiel ist gewöhnlicher Stahl – eine Legierung aus Eisen und Kohlenstoff – fester und härter als Schmiedeeisen, das aus fast reinem Eisen hergestellt wird.«

»Ich verstehe. Wie genau könnte dieser Druckluftkompressor eingesetzt werden?«

»Mit meinem Druckluftkompressor könnte man zum Beispiel einen Gesteinsbohrer betreiben. Ein solcher Gesteinsbohrer wäre beim Tunnel- oder Bergbau von größtem Nutzen. Aber, verstehen Sie, Madame, die Möglichkeiten sind endlos. Von einem Druckluftkompressor könnten sehr viele praktische Werkzeuge angetrieben werden.«

Clifford machte eine bedeutungsvolle Pause und sah Mélanie an. Dann nahm er einen Bleistift, zeichnete ein kompliziertes System auf und erklärte dazu die genaue Funktion seiner Erfindung.

Mélanie war begeistert. Sofort erkannte sie, welch großartige Möglichkeiten in dieser Erfindung steckten. Wieder und wieder dachte sie alles durch und suchte nach einem Haken bei der Sache, aber alles schien ihr logisch und richtig kalkuliert.

»Nun, Madame, was glauben Sie?«

»Ich glaube, daß dies eine wunderbare Erfindung ist!«

Edwin Clifford nickte. »Ja, das ist es tatsächlich.«

»Und wie viel Geld benötigen Sie?«

»Ich selbst verfüge über 40 000 Francs. Mit 100 000 Francs könnten wir anfangen. 60 000 Francs von Ihnen, Madame, und wir sind Partner zu gleichen Teilen. Ich selbst bringe ja zu meinem Teil des Kapitals auch die Erfindung ein.«

Mélanie blies den angehaltenen Atem aus. Das war sehr viel Geld. Sie müßte einigen Besitz verkaufen, und das hätte zur Folge, daß ihre jährlichen Einnahmen empfindlich gekürzt wären.

»Und wann würde das erste Geld fließen?«

»Spätestens in einem Jahr. Zuerst würde ich ein entsprechendes Gebäude anmieten. Ich habe bereits eines im Süden Englands in Aussicht. In England sind die Löhne niedriger als in Frankreich. Ich würde die einzelnen Teile des Kompressors bauen lassen, und wir würden sie zusammensetzen. Nach ersten Tests könnten wir, wenn alles gut läuft, der Welt unseren Kompressor vielleicht schon im Sommer nächsten Jahres vorstellen.«

Eine Weile schwieg Mélanie, dann sagte sie: »Natürlich müßte ich das alles noch von einem Anwalt prüfen lassen.« Sie dachte an Sébastien, aber der war zur Zeit in Marseille und würde frühestens in zwei Monaten wieder zurück sein. Daher bat sie Clifford um Bedenkzeit.

»Ich verstehe selbstverständlich Ihre Bedenken, Madame, aber ich kann unmöglich so viel Zeit untätig verstreichen lassen. Andere sind ebenfalls mit solchen Erfindungen beschäftigt. Leider kann ich meine Unterlagen nicht einfach so bei Ihnen zurücklassen. Nicht, daß ich Ihnen Mißtrauen würde, Madame, aber wenn eingebrochen würde … wenn ein Spion sich einschleichen würde … Nein, ich werde das Projekt in Angriff nehmen. Mit Ihnen oder mit einem anderen Geschäftspartner. Sie müssen sich entscheiden, Madame. Schlafen Sie ein paar Nächte darüber – aber ich bitte Sie, verraten Sie niemandem von diesem Projekt! Alles muß vollkommen vertraulich behandelt werden.«

Clifford stand auf und packte seine Unterlagen wieder in die Mappe, dann sah er Mélanie an. »Ich komme wieder – sagen wir in vier Tagen. Denken Sie über die Sache nach. Besprechen Sie sich mit einem Vertrauten. Ich bin gerne bereit, auch ihm meine Erfindung noch einmal zu erläutern, doch dann müssen wir das Geschäft abschließen oder es lassen.«

Er streifte seine Haare aus der Stirn und lächelte. Mélanie starrte auf die Grübchen in seinen Wangen. »Gut, ich werde mir die Sache durch den Kopf gehen lassen, Monsieur Clifford. Treffen wir uns am Montag zum Tee hier bei mir. Ein Vertrauter, Monsieur Lethière, wird anwesend sein. Dann sehen wir weiter.«

Charles war skeptisch und machte auch vor Clifford keinen Hehl daraus. Zwar konnte er nichts an dieser Erfindung widerlegen, und es schien alles logisch und nachvollziehbar, aber er war ja auch kein Techniker.

»Ich spüre, daß Sie mir nicht vertrauen.« Mister Clifford griff in seine Mappe und zog ein Dokument heraus, das schob er Charles hin. »Da ist das Patent. Wie Sie sehen, ist alles geprüft und genehmigt. Hier haben Sie den Vorvertrag für die Halle, in der wir den Kompressor bauen werden. Sobald ich über genügend Geld verfüge und wir anfangen können, werde ich den endgültigen Vertrag unterzeichnen, und wir können das Gebäude sofort beziehen.«

Charles gab die Papiere an Mélanie weiter. Auch sie sah die Dokumente durch. Dann zog Mister Clifford noch ein weiteres Papier aus seiner Mappe und gab es Charles. »Hier habe ich noch ein Empfehlungsschreiben von meinem Schwager.«

Es war am 11. März des Jahres ausgestellt und direkt an Mr. und Mrs. Dr. Samuel Hahnemann gerichtet. Die Adresse Swan Walk N°. 4 in Chelsea, London, stimmte mit der ihres Patienten überein. Ob die Unterschrift echt war, ließ sich nicht sagen, denn es lag in den Patientenunterlagen keine Unterschrift von Mr. Brown vor.

Mélanie stand auf. »Entschuldigen Sie, Mister Clifford, ich möchte mich noch einmal kurz mit Monsieur Lethière unter vier Augen besprechen.«

Clifford wollte ebenfalls aufstehen, aber Mélanie bat ihn, sitzen zu bleiben, und verließ den Raum.

Charles folgte ihr in den Speisesalon, sie schloß die Tür hinter ihm und sah ihn an. »Ich werde das tun. Wir haben das Patent gesehen und auch das Empfehlungsschreiben von Mr. Brown. Er war ein sympathischer, korrekter Mann mit tadellosen Manieren, und ich sehe keinen Grund, warum ich ihm nicht vertrauen sollte. Ein Risiko bleibt natürlich, aber das muß ich bereit sein einzugehen.«

»Doch wenn das Geld verloren wäre ...«

»Dann hätte ich ein sehr großes Problem.« Mélanie nickte. »Aber verstehst du, ich *muß* etwas tun! Seit Villenoix abgebrannt ist und die Wälder bei Pontoise keinen Ertrag mehr bringen, ist es für mich sehr schwer geworden, meinen Unterhalt zu bestreiten. Man läßt mich nicht praktizieren. In der Malerei ist mein Stil nicht mehr gefragt, und eine Ehe aus Vernunftgründen werde ich nicht eingehen. Diese Erfindung ist meine Chance. Als Unternehmerin kann ich wieder unabhängig sein.«

»Du hast mich um meine Meinung gebeten, und ich habe sie dir ehrlich gesagt. Selbstverständlich bleibt alles deine Entscheidung.«

»Ich weiß, du bist nie besonders risikofreudig gewesen.« Mélanie legte ihre Hand an seine Wange und lächelte ihn zärtlich an. »Immer ein wenig schüchtern, zurückhaltend und sehr, sehr vernünftig.«

»Ich bin gut damit gefahren.«

»Ja, das bist du, aber ich entscheide mich in diesem Fall für das Risiko und hoffe, daß alle guten Geister mir beistehen! Ich habe bereits mit Monsieur Carraud gesprochen. Er ist bereit, mir Villenoix und den Wald bei Pontoise abzukaufen. Ich bekomme siebzigtausend dafür. Mit dem Geld kann ich bei Clifford einsteigen und habe für eine kleine Weile mein Auskommen.«

»Aber nur siebzigtausend? Ist das denn nicht viel zuwenig?«

»Für ein abgebranntes Gut und einen kranken, vom Ungeziefer befallenen Wald, der neu aufgeforstet werden muß, ist das nicht schlecht bezahlt. Das Glück stand in letzter Zeit nicht gerade auf meiner Seite – ich hoffe, das ändert sich nun endlich.«

»Ja.« Charles seufzte. »Das hoffe ich auch.«

Drei Tage später war das Geschäft abgewickelt. Mélanie hatte ihren Besitz verkauft und das Geld auf das von Mister Clifford angegebene Konto einbezahlt. Eine notariell beglaubigte Urkunde wies sie als gleichberechtigte Teilhaberin von Clifford aus.

Mit einem Aufseufzen legte sie die Papiere in ihre Mappe. Vielleicht würde ihr Leben nun schon bald wieder leichter werden.

Ermittlungen in London

Sébastien verschränkte die Arme hinter dem Rücken und starrte aus dem Fenster. Als plötzlich die Tür aufging und Mélanie hereinkam, drehte er sich um.

»Da bist du ja!« Sie ging auf ihn zu, küßte ihn auf die Wangen und suchte in seinem Gesicht nach einem Ausdruck der Freude, doch er sah sie nur betrübt an. »Was ist los? Hast du schlechte Nachrichten?«

Sébastien nickte. »Ja, leider.«

Mélanies Herz fing heftig zu klopfen an. Ihre Hände wurde feucht vor Angst, denn sie ahnte bereits, was er ihr sagen würde.

Vor zwei Monaten war Sébastien aus Südfrankreich zurückgekommen. Mélanie hatte ihm sofort alle Unterlagen von Edwin Clifford gezeigt. Er hatte einen besorgten Gesichtsausdruck angenommen und den Verdacht geäußert, daß es sich bei der Anmeldung des Patents um eine Fälschung handeln könnte. Drei Woche später mußte er nach London. Er hatte Mélanie angeboten, bei dieser Gelegenheit Nachforschungen anzustellen, und sie hatte das Angebot dankbar angenommen.

»Komm, setzen wir uns.« Sébastien nahm ihre Hand und erzählte. »Ich ging zuerst zum Patentamt und mußte feststellen, daß es sich bei diesen Papieren, wie vermutet, um eine Fälschung handelt. Dann fuhr ich zu diesem angeblichen Mr. Clifford, aber die Adresse, die er dir gab, existiert nicht. Als nächstes suchte ich Mr. Brown auf. Er ist, wie du schon sagtest, ein sehr korrekter, freundlicher alter Herr – nur hat er keinen Schwager namens Clifford, und auch mit der Beschreibung des Mannes konnte er nichts anfangen.

Ich zeigte ihm den Brief, und er schüttelte bekümmert den Kopf. Es war weder seine Handschrift noch seine Unterschrift. Es handelte sich noch nicht einmal um eine Fälschung im eigentlichen Sinne – dieser angebliche Mr. Clifford hatte den Brief einfach geschrieben und unterzeichnet, in der Hoffnung, du hättest keine Schriftprobe und könntest es nicht kontrollieren.«

»Ja, aber woher wußte er dann von Mr. Brown?«

»Vielleicht hat Mr. Brown einmal erwähnt, daß er euer Patient war, dieser Betrüger hat es gehört und den Namen für seine Sache verwendet. Oder du hast ihm unwissentlich selbst die nötigen Informationen gegeben. Versuche dich zu erinnern, was sagte der Mann?«

»Er sagte, sein Schwager Mr. Brown hätte ihn geschickt. Und ich fragte ihn, ob er Mister James L. Brown meint.«

»Siehst du! Solche Betrüger wissen, wie man das anstellt! Ihr hattet so viele Patienten aus London. Daß sich ein Mister Brown unter ihnen befand, war ziemlich wahrscheinlich.«

»Und die Adresse auf dem Brief?«

»Zwischen seinem ersten und dem zweiten Besuch bei dir lagen immerhin drei Tage, in denen er Zeit hatte, Nachforschungen anzustellen.«

»Du meinst ...« Mélanie brach ab, Tränen traten ihr in die Augen. »Das ganze Geld ist verloren?«

»Ich fürchte, ja.« Sébastien seufzte und drückte ihre Hand.

»Was für eine Katastrophe!« Mélanies Tränen bahnten sich einen Weg über ihr blasses Gesicht und zerplatzten auf dem anthrazitfarbenen Stoff ihres Kleides. »Jetzt auch noch das! Als ob ich nicht schon genug ertragen müßte.« Mit zitternder Hand gab sie Sébastien den Artikel einer Zeitung. »Das wurde am Donnerstag über mich geschrieben. Es wird vermutlich eine Anklage gegen mich geben.«

Sébastien las den Artikel. Es handelte sich um böse Beschimpfungen und Verleumdungen. Einige Ärzte hatten sich zusammengetan und gegen Mélanies »Machenschaften« protestiert. Sie nannten sie eine gewissenlose Gesetzesbrecherin, die mit dem Leben ihrer Patienten spielte, und verlangten, daß man sie endlich zur Rechenschaft zog.

»Nun weiß ich noch nicht einmal, wie ich einen Anwalt bezahlen soll.«

Sébastien gab ihr den Artikel zurück. »Wenn es wirklich zu einer Anklage kommen sollte und du einen Anwalt benötigst, dann werde ich dir einen besorgen. Mach dir darum keine Sorgen.«

»Mon Dieu ...« Mélanie verbarg das Gesicht in ihren Händen. »Was hab ich nur getan, daß das Schicksal mich so schwer bestraft?«

Der Prozeß

Es roch muffig, denn es hatte geschneit, und die feuchten Wollmäntel und Überzieher der Leute, die sich neugierig auf den Zuschauerbänken des Gerichtssaals drängten, verströmten einen widerwärtigen Geruch nach Talg, Schweiß und dem Schmutz, der an ihnen haftete.

Als Mélanie hereingebracht wurde, sprang ein Mann aus den hinteren Reihen auf und schwang seinen Hut. »Da ist sie – Madame Hahnemann, Gott beschütze sie!«

Mélanie erkannte ihn. Es war Claude Danger, ein Bäckergeselle, dessen Töchterchen sie einmal behandelt hatte.

Der Gerichtsdiener führte sie zur Anklagebank. Auf dem Weg dorthin sah sie sich unter den Zuschauern um, suchte nach Charles und Sébastien. Doch als ihr Blick auf Pierre Doyen fiel, der sich mit einem arroganten, siegessicheren Lächeln vor ihr verbeugte, richtete sie den Blick schnell wieder nach vorne.

Eine Tür, die unsichtbar in die Wandvertäfelung hinter der Richterbank eingelassen war, wurde geöffnet, und Richter Roland Borel, ein älterer korpulenter Mann, dem an der linken Hand der kleine Finger fehlte, betrat mit seinem Gefolge den Saal.

Der Gerichtsdiener forderte die Anwesenden auf, sich zu erheben, und Richter Borel eröffnete den Prozeß.

»Heute, am 20. Februar, im Jahre 1847, wird vor der 8. Kammer des *Tribunal de Police Correctionnelle de la Seine* der Prozeß gegen Madame Mélanie Hahnemann, geborene Marquise d'Hervilly, eröffnet. Anklage wurde von Monsieur Orfila, dem Dekan der Medizinischen Fakultät der Universität von Paris, erhoben. Generalstaatsanwalt ist Monsieur

Sellard.« Er sah kurz auf und Mélanie an. »Als Anwalt für Madame Hahnemann ist Monsieur Chaix-D'Est-Ange erschienen.«

Mélanie sah die Männer einen nach dem anderen an. Orfila saß neben Sellard. Er war groß, schlank, hatte dunkelblondes Haar, einen gezwirbelten Schnauzbart und am Kinn einen kleinen Spitzbart. Er war ein mißmutiger, verbitterter Mensch, der es liebte, seine Macht auszuspielen. Jahre zuvor hatte er versucht zu verhindern, daß Samuel die Erlaubnis zum Praktizieren erhielt. Nachdem es ihm nicht gelungen war, hatte er ihn wiederholt öffentlich angegriffen. Auch andere Männer, die seiner Meinung nach mit unorthodoxen medizinischen Verfahren arbeiteten, hatte er verfolgt und einigen von ihnen den Prozeß gemacht. François Vincent Raspail, der eine Medizin der Selbsthilfe mit Hausmitteln für die Armen propagierte und ein Handbuch darüber veröffentlicht hatte, war nur einer von ihnen. Trotz seiner Beliebtheit und Bekanntheit in Paris war Raspail auf Orfilas Wirken hin verurteilt worden. Nun machte er also ihr den Prozeß.

Sellard, der Generalstaatsanwalt, war etwas jünger als Orfila. Er hatte einen runden, fast schon feisten Kopf, eine korpulente Statur, rechts gescheiteltes dunkles Haar und eine große Nase, die das Gesicht beherrschte. Alles, was Mélanie über ihn wußte, war, daß er Feministinnen verabscheute.

Monsieur Chaix-D'Est-Ange, ihr Verteidiger, war der jüngste der Männer, in deren Händen nun ihr Schicksal lag. Sébastien hatte ihn empfohlen und einen Termin in seiner Kanzlei für sie gemacht. Als sie ihn dann zum ersten Mal sah, war sie enttäuscht. Er wirkte unscheinbar, ein Mann, der in der Menge verschwand wie ein Sandkorn, das man zu Boden fallen ließ. Dunkelblond, mittelgroß, nicht zu schwer, nicht zu leicht, nicht schön, aber auch nicht häßlich – unauffällig, alltäglich, mittelmäßig. Doch schon bald fand sie heraus, daß sein Aussehen und seine Persönlichkeit im Gegensatz zueinander standen. Er war nicht nur äußerst klug, sondern hatte auch etwas von einem Chamäleon. Diese Tiere konnten die Farbe wechseln und sich so mühelos jeder Umgebung anpassen. Außerdem waren sie fähig, die Augen unabhängig voneinander zu bewegen, und konnten dadurch zwei Bildeindrücke gleichzeitig aufnehmen, und sie hatten eine lange, klebrige Zunge, die blitzartig hervorschoß, um ihre Beute zu fangen! Monsieur Chaix-D'Est-Ange tat es ihnen gleich. Manchmal vergaß man seine Anwesenheit beinahe, aber plötzlich stieß er mit einer unerwarteten Frage auf seinen Prozeßgegner zu und stiftete damit größte Verwirrung.

Der Richter forderte Mélanie auf, ihren Namen, ihr Geburtsdatum und ihre Adresse zu nennen, dann bedeutete er ihr, sich zu setzen, und bat den Generalstaatsanwalt, die Anklage zu verlesen. Man warf ihr vor, daß sie Visitenkarten führte, auf denen sie sich *Docteur en Médicine* nannte, obwohl sie kein Arztstudium vorweisen konnte. Das galt als Hochstapelei. Man warf ihr außerdem vor, daß sie als Frau praktizierte, daß sie ohne eine Anstandsperson Gespräche mit Patienten führte und daß sie die Pharmazie ausübte. Außerdem wurde ihr der Tod von Monsieur Jacques Barbéris zur Last gelegt, den sie angeblich mit Arsenicum vergiftet hatte.

Als Mélanie diesen Anklagepunkt hörte, wurde sie blaß und wußte nicht, ob sie lachen oder weinen sollte. Man hatte diesen Anlagepunkt offensichtlich in allerletzter Minute hinzugefügt, denn sie hatte nichts davon gewußt, und auch Monsieur Chaix-D'Est-Ange, ihr Anwalt, sah sie verblüfft an.

Noch immer trug sie Trauerkleidung: einen schwarzen Rock, über den sie ein schwarzes Jäckchen mit Pelzbesatz gezogen hatte, auf dem Kopf eine schwarze Schute, aufgeputzt mit einem Schleier, der ihr Gesicht halb verdeckte.

Nun schlug sie ihn zurück und löste die Bänder des Hutes.

Der Richter wollte mit seiner Befragung beginnen, doch Monsieur Chaix-D'Est-Ange bat um eine Unterbrechung, damit er sich mit seiner Klientin beraten konnte.

Man brachte Mélanie in ein kleines, dunkles Nebenzimmer, wo Monsieur Chaix-D'Est-Ange bereits auf sie wartete. Unterwegs dorthin hatte sie die Schute abgenommen und sich mit fahrigen Fingern die Haare geordnet. Als sie nun den Raum betrat, ließ ihr Chaix-D'Est-Ange nicht einmal die Zeit, sich zu setzen. »Wer war dieser Monsieur Barbéris?« wollte er wissen.

»Der Neffe des Kutschers meines Vaters. Die Sache ereignete sich vor einigen Jahren, als mein Mann noch lebte. Mit allerletzter Kraft suchte Jacques Barbéris seinen Onkel auf, weil er wußte, daß er sterben würde. Er bat den Onkel, sich um seine Frau und das kleine Kind zu kümmern. Zufällig war auch ich im Hause. Man rief mich zu Hilfe, aber ich konnte nichts mehr für Barbéris tun, als ihm das Sterben zu erleichtern. Ich gab ihm tatsächlich Arsenicum – in einer homöopathischen Aufbereitung, einer Fünfzigtausender-Verdünnung.«

Mélanie erklärte ihrem Anwalt, wie solche Arzneien hergestellt werden und daß jeder Gedanke daran, daß einige Globuli Arsenicum einen Menschen vergiften könnten, einfach absurd und lächerlich war. »Genausogut könnte man behaupten, ich hätte Monsieur Barbéris mit einer gekochten Nudel erstochen!«

Wieder im Gerichtssaal, wurde Mélanie in der Sache Barbéris befragt. Sie wies jede Schuld an seinem Tod zurück. »Es ist geradezu lächerlich – der Mann starb vermutlich an einem Magendurchbruch!«

»Nun gut, kommen wir zum nächsten Punkt.« Der Richter schob die Papiere, die vor ihm lagen, zur Seite und sah die Angeklagte an. »Es wird Ihnen vorgeworfen, daß Sie sich

Docteur en Médicine Homéopathique nennen und sowohl die Medizin als auch die Pharmazie illegal ausüben. Bitte, äußern Sie sich dazu.«

»Diesen Titel bin ich berechtigt zu führen ...«

Einer der im Publikum anwesenden Ärzte lachte hart auf, Mélanie ließ sich jedoch nicht beirren.

»... denn ich besitze ein Diplom der Allentown Academy of Homoeopathic in Pennsylvania.«

»Dieses Diplom ist in Frankreich soviel wert wie ein nasser Sack zum Feuer machen!« schrie ein anderer Arzt aus den Reihen der Zuschauer.

»Messieurs, ich bitte Sie – stören Sie die Verhandlung nicht, oder Sie müssen den Saal verlassen!«

»Zudem behandle ich nicht selbst, sondern berate lediglich von der Universität anerkannte Ärzte. Auch die Pharmazie übe ich nicht aus, dafür steht mir Monsieur Charles Lethière, ein qualifizierter Pharmazeut, zu Diensten.«

Richter Borel schüttelte entschieden den Kopf. »Sie sind eine kluge Frau, Madame, und wissen genau, daß ein ausländisches Diplom nur dann akzeptiert werden kann, wenn es von den französischen Behörden anerkannt wurde. Das ist bei Ihnen nicht der Fall. Also handeln Sie illegal und machen sich strafbar.«

Mélanie schüttelte den Kopf. »Es wäre doch vollkommen sinnlos gewesen, eine Anerkennung meines Diploms zu beantragen, denn ich hätte sie ohnehin nicht bekommen! Schließlich werden in Frankreich weder Frauen als Ärztinnen zugelassen, noch ist die Homöopathie als Medizin anerkannt.«

»Genau, Madame Hahnemann!« Die Hand des Generalstaatsanwalts fuhr auf den Tisch nieder, dann schnellte er von seinem Stuhl hoch und stieß mit dem ausgestreckten Zeigefinger in ihre Richtung. »Trotzdem haben Sie es gewagt und sich über das Gesetz erhoben! Ja, wo kämen wir denn da hin, wenn jeder täte, was er will? Wenn sich Frauen über die Männer stellten und sich Weibspersonen ermächtigt fühlten, alles zu tun, wonach ihnen gerade so der Sinn steht!«

»Ich stelle mich nicht über den Mann oder unter oder neben ihn«, antwortete Mélanie ruhig, »ich folge nur meiner Vernunft und berate anerkannte und von der Fakultät zugelassene Ärzte. Ich praktiziere auch nicht selbst beziehungsweise verlange kein Honorar für meine Dienste, und dann ist, was ich tue, erlaubt!«

»Natürlich verlangt Sie Honorare!« Einer der Ärzte aus den Reihen der Zuschauer war aufgesprungen und schwang die Faust. Einige von Mélanies Patienten, die ganz hinten standen, hielten dagegen: »Tut sie nicht! Niemals hat sie Geld von mir für die Behandlung meines Sohnes verlangt, während ihr Blutsauger einem noch das letzte Hemd vom Leibe reißt!«

»Jawohl, Blutsauger!« schrie ein anderer.

Ein Tumult entstand, so daß Richter Borel mehrmals mit seinem Hammer auf den Tisch schlug. »Noch einmal solche Unflätigkeiten, und ich lasse den Saal räumen!«

Die Befragung schleppte sich dahin. Weder die Befragung durch den Generalstaatsanwalt noch die durch Chaix-D'Est-Ange brachten den Prozeß weiter.

Am Nachmittag begann man mit der Zeugenvernehmung. Der Generalstaatsanwalt ließ eine Zeugin aufrufen, die den feigen Mordanschlag an dem armen Barbéris bestätigen sollte. Es war Minnie, das ehemalige Hausmädchen von Mélanies Vaters.

»Und Sie haben gesehen, daß Madame Hahnemann Monsieur Barbéris Arsen gab?« fragte Richter Borel.

»Ja, das habe ich!« Sie sah Mélanie trotzig an, dann wieder zu Monsieur Borel. »Auf der Flasche, aus der sie einige weiße Kügelchen direkt in Monsieur Barbéris' Mund schüttete, stand Arsenicum. Ich bin ganz sicher!«

»Und das haben Sie *selbst* gelesen?«

Minnie nickte.

Der Richter winkte sie zu sich und gab ihr ein Schriftstück. »Würden Sie mir davon bitte mal die erste Zeile vorlesen?«

Sie starrte das Papier an. »Be-fra-gung der Zeu-gin Minnie Bo-rei im Pro-zeß Mél ...«

»Danke, das reicht schon!« Borel nahm ihr das Schriftstück wieder ab und nickte dem Generalstaatsanwalt, Monsieur Sellard, zu. »Sie kann tatsächlich lesen.«

»Freilich«, sagte Minnie Borei mit hoch erhobenem Kinn. »Ich war acht Jahre Kinderfrau bei hohen Herrschaften, und da habe ich es mir von meinen Schützlingen abgeschaut.«

Richter Borel erteilte Sellard das Wort. Der Generalstaatsanwalt stand auf und wandte sich an Mélanie. »Sie haben ja gehört, was die Zeugin berichtet hat. Sie sah sehr wohl, daß Sie dem armen Mann Arsen verabreichten. Nun, was sagen Sie dazu?«

Mélanie wollte antworten, doch noch bevor sie dazu kam, sprang plötzlich ihr Anwalt auf und deutete auf den Generalstaatsanwalt. »Meine Mandantin klagen Sie an, weil Sie der Meinung sind, daß eine Frau, und sei sie noch so gebildet, unfähig ist, eine Behandlung durchzuführen. Dieser Zeugin, die nur ein einfaches Dienstmädchen ist, kaufen Sie sofort ab, daß Madame Hahnemann sterbende Menschen mit Arsen vergiftet? Nur weil sie sich ein paar Worte zusammenstammeln kann?« Chaix-D'Est-Ange zog seine rechte Augenbraue hoch. Sein aufreizender Blick trieb seinem Gegner die Zornesröte ins Gesicht.

Der Anwalt ging nun auf den Richter zu. »Vielleicht erlauben Sie Madame Hahnemann zuerst einmal zu erklären, wie eine homöopathische Arznei – denn um so eine handelte es sich bei dem Medikament – hergestellt wird.«

»Bitte.« Der Richter forderte Mélanie auf zu sprechen. Als sie mit ihrer Erläuterung fertig war, seufzte er und sah den Generalstaatsanwalt verstimmt an. »Vielleicht sollten wir in Zukunft solche Schüsse ins Leere vermeiden. Es kostet nur Zeit und macht uns alle mürbe.«

Die Männer tauschten einen Blick, und Richter Borel sah wieder zu Mélanie. »Sie geben jedenfalls zu, daß Sie Menschen behandeln?«

»Ich habe nichts für diese Behandlung verlangt«, sagte sie.

»Es hat ihn nur den Tod gekostet!« schrie einer der Zuschauer, und die anderen lachten.

Mélanie drehte sich kurz um, dann sagte sie zum Richter: »Der Mann starb vermutlich an einem Magendurchbruch. Er wurde jahrelang falsch behandelt – und das nicht von mir, meinem Mann oder sonst einem Homöopathen, sondern von einem ›angesehenen‹ Pariser Arzt.« Sie faltete ihre Hände im Schoß und sah den Richter fest an. »Ich gab Monsieur Barbéris das Medikament, um ihm das Sterben zu erleichtern – nicht körperlich, seelisch«, erklärte sie. »Es hilft loszulassen, es nimmt die Angst vor dem Tod.«

Als nächstes wurde Dr. Croserio als Zeuge gerufen. Er bestätigte, daß die Honorare für Behandlungen entweder an ihn oder an Dr. Deleau bezahlt wurden. »Madame Hahnemann beriet uns, und wir nahmen ihre Beratung gerne an, denn sie weiß mehr über die Homöopathie als irgendein homöopathischer Arzt, den ich kenne. Dr. Hahnemann, ihr verstorbener Gatte und Begründer der Homöopathie, sagte über sie, sie beherrsche die Homöopathie vollkommen und wisse ebensoviel darüber wie er selbst.«

Borel hob müde die Hand. »Nun, das mag so sein, es interessiert hier aber nicht. Wir sind an die Gesetze gebunden und können für eine Madame Hahnemann nicht plötzlich neue geltend machen!«

»Zumal die Homöopathie als Heilmethode nicht anerkannt ist!« wetterte Sellard. Dann beugte er sich zu Orfila vor und flüsterte ihm etwas zu.

»Wenn sonst keiner mehr eine Frage an den Zeugen hat,

kommen wir zum Vorwurf der illegalen Ausübung der Pharmazie.«

Richter Borel sah von Monsieur Chaix-D'Est-Ange zum Generalstaatsanwalt. Beide schüttelten den Kopf.

Borel blätterte in seinen Papieren. Plötzlich schien er gefunden zu haben, wonach er suchte, und sah Mélanie unvermittelt an. »Bei einer Vernehmung durch Monsieur Orfila gaben Sie zu Protokoll, daß Sie die Pharmazie schon deshalb nicht auszuüben brauchten, weil Sie zu jeder Zeit die Dienste des Apothekers Lethière in Anspruch nehmen konnten. Nun, dann handeln Sie illegal, denn Monsieur Lethière kann nicht als Apotheker mit voller Qualifikation angesehen werden. Zwar besitzt er alle erforderlichen Diplome, aber auch ihm fehlt die amtliche Zulassung, und er verfügt nicht über einen geregelten Bestand an handelsüblichen Medikamenten.«

»Mit Verlaub, das ist paradox!« Monsieur Chaix-D'Est-Ange stand auf und trat neben seine Mandantin. Er sah von Sellard zu Richter Borel. »Ein Apotheker kann in Frankreich nur registriert werden, wenn er die herkömmlichen allopathischen Arzneien auf Lager hält und sie verkauft. Da sich Monsieur Lethière ebenfalls der Homöopathie verschrieben hat, kommt dies für ihn nicht in Frage.«

»Überhaupt braucht Monsieur Lethière nicht registriert zu sein, denn er verkauft die homöopathischen Arzneien nicht, sondern gibt sie kostenlos ab«, fügte Mélanie an.

»Richtig!« rief jemand aus dem Publikum. »Nie habe ich dafür bezahlt!«

Der Richter ignorierte den Mann und wandte sich an Monsieur Chaix-D'Est-Ange. »Bitte klären Sie Ihre Klientin darüber auf, daß das eine nichts mit dem anderen zu tun hat, und sagen Sie ihr, daß sie in Zukunft nur sprechen soll, wenn sie gefragt wird.«

Borel lehnte sich zurück und rieb sich die Augen. Mélanie wollte etwas entgegnen, aber Monsieur Chaix-D'Est-Ange legte ihr warnend eine Hand auf die Schulter.

Plötzlich erhob sich Borel. »Für heute ist genug verhandelt. Der Prozeß wird morgen zur üblichen Stunde mit den Zeugenvernehmungen weitergeführt.«

Alle erhoben sich. Ein Murmeln ging durch den Saal. Mélanie starrte auf die Hand des Richters, an der ein Finger fehlte. Dann drehte der Mann sich um und verschwand hinter der Tür, die in die Wandvertäfelung eingearbeitet war.

Beim Frühstück las Mélanie in *Le Temps* über den Prozeß. »So viel Interesse besteht also an mir, daß sich sogar die Presse genötigt sieht zu berichten«, sagte sie, als Charles hereinkam.

Er blickte sie besorgt an und nahm ihr die Zeitung aus der Hand. »Du bist blaß und siehst müde aus. Belaste dich nicht mit diesen Artikeln! Laß uns mit einer Droschke in den Bois de Boulogne fahren und ein wenig spazierengehen.«

»Ach Charles ...« Sie stand auf, umarmte ihn und legte ihren Kopf an seine Schulter. »Wann darf ich endlich wieder ein wenig glücklich sein?«

Als sie später den Gerichtssaal betrat, erlebte sie eine Überraschung. Mehr Bänke waren aufgestellt worden, und einige ihrer prominenten Freunde und Patienten waren als Zuschauer erschienen. Der Dirigent Philippe Musard stand demonstrativ auf und verbeugte sich vor ihr – was der Richter ebenso demonstrativ übersah.

In zweiter Reihe entdeckte Mélanie Raymond Gayrard mit seiner Frau Eudonie. Gayrard, Ritter der Ehrenlegion, war Bildhauer. Er stellte seine Büsten berühmter Leute seit Jahren im Salon aus. Auch François Vincent Raspail erspähte sie unter den Zuschauern. Er saß neben Sébastien und nickte ihr mehrmals heftig zu, so als wolle er sagen: Sie schaffen das, Madame! Lassen Sie sich nicht unterkriegen!

Sellard, der Generalstaatsanwalt, hatte eine Madame Meunier als Zeugin geladen, die bestätigte, daß Mélanie Madame Broggi Arzneien geschickt hatte; sie vergaß auch nicht den

Hinweis, daß Madame Broggi bald darauf gestorben war und also Mélanie ihren Tod verursacht haben mußte.

»Solche Mutmaßungen sind nicht Ihre Sache!« fuhr Monsieur Chaix-D'Est-Ange sie scharf an.

»Und eine Zurechtweisung der Zeugin ist nicht die Ihre!« Richter Borel warf Mélanies Anwalt einen strengen Blick zu.

Madame Meunier wurde entlassen, einige andere Zeugen aufgerufen. Schließlich brachte der Generalstaatsanwalt den Vorwurf der Schicklichkeit ins Spiel.

Es kostete Mélanie einige Mühe, ruhig zu bleiben. Sie hörte sich die Vorwürfe an und versteckte dabei die geballten Fäuste in den Falten ihres Kleides.

»Mit der Schicklichkeit nimmt es Madame Hahnemann ohnehin nicht so genau.« Sellard baute sich vor ihr auf, dann sah er den Richter an. »Wie man weiß, unterhielt sie bereits zu Lebzeiten ihres angeblich so geliebten Gatten ein Verhältnis zu einem gewissen Sébastien Colbert, und ihren ›Grande Homme‹, wie sie Dr. Hahnemann so gerne nannte, verscharrte sie ohne Sitte und Anstand zusammen mit ihren beiden anderen ...«

Monsieur Chaix-D'Est-Ange war so plötzlich neben ihm, daß es für einen Moment sogar Sellard die Sprache verschlug. »Gerüchte – nichts als Gerüchte und Beleidigungen!« fauchte er. »Es erstaunt mich, daß der Generalstaatsanwalt es nötig hat, mit faulen Eiern zu werfen! Meine Mandantin hat sich niemals etwas in dieser Richtung zuschulden kommen lassen. Und selbst wenn – es hätte nichts mit dieser Sache zu tun!«

Die beiden Männer maßen sich mit Blicken. »Wenn Sie uns schon zwingen, hier über Schicklichkeiten zu verhandeln, Monsieur Generalstaatsanwalt, dann beschränken Sie sich bitte auf die Sache an sich.«

Mélanie hob die Hand und sah ihren Anwalt an. »Ich würde gerne etwas dazu sagen, wenn ich darf.«

»Meine Mandantin bittet um das Wort.«

»Bitte«, erlaubte Borel.

Blaß und gefaßt sah sie von Borel zu Sellard, dann schaute sie Orfila an, der dasaß, als ob ihn das alles nichts anginge. Man merkte Mélanie an, welche Anstrengung es sie kostete, die nötige Fassung zu wahren.

»Wenn wir Frauen als Ärztin geächtet werden, weil es angeblich unschicklich ist, daß eine Frau einen Mann befragt und ihm vorschreibt, welche Arznei er zu nehmen hat, dann möchte ich an die Schwestern in den Krankenhäusern erinnern – und an die mutigen und tapferen Frauen, die mit Kaiser Napoleon in den Krieg zogen, um die Verwundeten zu versorgen. Diese Frauen verbinden, berühren, pflegen und waschen die Kranken. Hier scheint es *keine* Schranken der Schicklichkeit zu geben. Wenn aber eine Frau gut genug ist, kranke Männer zu pflegen, dann muß sie auch gut genug sein, sie zu heilen.« Mélanie sah wieder zum Richter. »Ich verstehe natürlich, daß in der einen Sache ein Interessenkonflikt besteht und in der anderen nicht – denn welcher Mann gehobenen Standes möchte schon mit einer Krankenschwester tauschen?«

Orfila war bleich geworden. Er beugte sich zum Generalstaatsanwalt und flüsterte ihm etwas zu.

Nun stand Sellard auf. Sein Blick war haßerfüllt. Er kam um den Tisch herum auf Mélanie zu und starrte sie an. »Das eine sind untergeordnete Arbeiten, die für eine Frau durchaus in Frage kommen! Das andere, verzeihen Sie, Madame, geht weit über die geistigen Fähigkeiten einer Frau hinaus!«

»Ach!« Mélanie lachte hart auf. »Wenn Sie die Wahl hätten, zu sterben oder sich von mir behandeln zu lassen, dann würden Sie also lieber sterben, Monsieur?« Die Ironie troff geradezu aus ihren Worten.

»Mäßigen Sie sich, Madame!« wies der Richter sie zurecht.

Etwas leiser sagte Mélanie: »Wenn ein Mensch in den Abgrund zu stürzen droht, was kümmert ihn dann, ob die

Hand, die ihn zurückreißt, die einer Frau oder die eines Mannes ist?«

»Sie hat recht, verdammt, und wie sie recht hat!« schrie eine Alte aus den hinteren Reihen.

Der Hammer des Richters fuhr nieder. »Gerichtsdiener, schafft das Waschweib hinaus!« Wütend starrte er die Alte an, die sich gebärdete, als wolle man sie aufs Schafott bringen. Sie brüllte und schrie um Gerechtigkeit, und dabei fluchte sie wie ein Müllkutscher.

Erschöpft lehnte sich Borel zurück. Er zog die Stirn in Falten und dachte nach. Plötzlich klatschten seine Hände auf die Schenkel. »Alle Zeugen sind gehört, alle Anklagepunkte besprochen. Ein abschließendes Wort Messieurs, kommen wir zum Ende!« Er winkte mit der Hand, als wollte er ein paar Hühner verscheuchen. Man sah ihm an, daß ihm diese Sache nicht schmeckte. Madame Hahnemann hatte zu viele prominente Freunde, sogar den König kannte sie, wie man ihm zugetragen hatte. Und für die Armen war sie so etwas wie eine Heilige. Da war ihm ein ganz gewöhnlicher Mordfall bedeutend lieber.

Sellard stand auf. Er ging eine Weile hin und her, rieb sich dabei das Kinn. Schließlich sagte er: »Es geht hier nicht um die Vorzüge der Homöopathie oder der Allopathie. Es geht auch nicht um die Frage, ob Madame Hahnemann tatsächlich ›aus den tiefsten Brunnen der Homöopathie‹ getrunken hat und sich darum für fähiger hält als die fähigsten Männer von Paris!« Er blieb stehen und musterte sie von oben herab, mit einem abfälligen Lächeln auf den schmalen Lippen. »Es geht einzig und allein um die Frage, ob sie über die nötigen Qualifikationen verfügt, die ihr erlauben, sich als Medikus zu betätigen. Und diese Qualifikationen hat sie eindeutig nicht! Vor dem Gesetz hat sie sich also schuldig gemacht und ist darum zu verurteilen. Ich zitiere Aristoteles: ›Denn das Recht ist nichts anderes als die in der staatlichen Gemeinschaft herrschende Ordnung, und ebendieses Recht ist es auch, das darüber entscheidet, was gerecht ist!‹« Er verbeugte sich kurz vor Borel und ging dann, ohne Mélanie eines Blickes zu würdigen, zurück zu seinem Platz.

Chaix-D'Est-Ange stand auf und trat vor. Er sah zuerst den Richter an, dann Sellard. »›*Summum jus summa injuria*‹ – das höchste Recht ist das höchste Unrecht!« erwiderte er mit einem Zitat Ciceros. »Recht und Unrecht! Legalität! Was sein darf und was nicht! Das mag hier zwar die Frage sein, aber ob sie auch die richtige Antwort bereithält, das bezweifle ich. Mir scheint in diesem Fall eine tiefere Betrachtung angebracht, die über das rechtliche Problem hinausgeht.«

Monsieur Chaix-D'Est-Ange wußte, daß Borel zwei Kinder am Fieber gestorben waren. Darum sah er ihn an, als er fortfuhr: »Die Kindersterblichkeit ist hoch. Wir verlieren unsere Frauen im Kindbett, Epidemien raffen die Bewohner ganzer Städte hinweg. Die Allopathie steht dem ratlos gegenüber. Da kommt ein Dr. Hahnemann und will sich nicht mit dem zufriedengeben, was man ihm als gottgegeben hinzunehmen anträgt. Er hat den Mut zu forschen und entwickelt eine neue Heilmethode, die, das gebe ich zu, bei oberflächlicher Betrachtung etwas eigentümlich erscheint. Aber eben nur bei oberflächlicher Betrachtung. Beschäftigt man sich eingehender damit, und öffnet man seinen Geist für Erkenntnisse, die man zuvor nicht gelten lassen wollte, fügt sich alles zu einem logischen Bild.«

Er faßte die wichtigsten Regeln der Homöopathie zusammen, dann erinnerte er an Galileo Galilei.

»Dieser Mann hat vor gut zweihundert Jahren behauptet, die Welt sei keine Scheibe, sondern rund, und sie sei auch nicht das Zentrum des Sonnensystems. Er wurde von der Inquisition gezwungen, von seinen Theorien abzuschwören, und zu lebenslanger Haft verurteilt. Bis heute ist der Mann nicht rehabilitiert. Und doch, das wissen wir inzwischen, hatte er recht mit seiner Behauptung. Damit will ich verdeutlichen, daß nicht alles, was uns fremd ist und wir nicht begreifen oder beweisen können, falsch sein muß. Und halten wir stur an dem fest, was wir immer glaubten, nur weil wir zu bequem oder zu ängstlich oder zu habgierig sind, neue Wege einzuschlagen, wird sich die Menschheit nicht fortentwickeln können.«

»Monsieur, bitte kommen Sie zum Schluß!« Richter Borel wischte sich die Stirn mit einem Tuch und seufzte entnervt.

Chaix-D'Est-Ange wandte sich Mélanie zu. »Diese Frau, Messieurs, hat bewiesen, daß es ihr sehr wohl möglich ist, dasselbe zu leisten wie ein Mann. Nun gut, diese Tatsache paßt sowenig in unser althergebrachtes Bild wie die neue Heilmethode, für die Madame eintritt. Aber dürfen wir deshalb darauf beharren, daß alles nur ganz genau so zu sein hat, wie es immer war? Sollen wir zur Inquisition werden, weil die Ärzteschaft sich von einer Madame Hahnemann bedroht fühlt?«

Er sah den Richter wieder an. »Ich war überwältigt von der Vielzahl an Briefen und Besuchen bedeutender Persönlichkeiten und auch einfacher Menschen, die über diesen Prozeß empört sind und sich als Zeugen anboten, um zugunsten Madame Hahnemanns auszusagen. Darunter Lady Elgin, Henry Scheffer, die Comtesse de Rochefort, Monsieur Musard, Ernst Legouvé – um nur einige wenige zu nennen!«

Plötzlich drehte er sich um und fixierte nacheinander die auf den Besucherbänken anwesenden Ärzte mit Blicken. »Das Gesetz, nach dem Madame Hahnemann angeklagt ist«, rief er mit drohender Stimme, »wurde verfaßt, um kranke Menschen vor unfähigen Ärzten zu schützen – nicht aber, um unfähige Ärzte vor der Konkurrenz zu bewahren, die erfolgreiche Heilkundige für sie darstellen!«

Ein Raunen machte sich im Saal breit.

»Unverschämtheit!«

»Das lassen wir uns nicht bieten!«

»Ruhe!« Richter Borels Hammer trommelte auf den Tisch.

»Allein die Fähigkeit, nicht aber die von Amts wegen bestätigte Qualifikation oder gar das Geschlecht sollte darüber entscheiden, ob ein Mensch praktizieren darf«, fuhr Chaix-D'Est-Ange unbeirrt fort. Er ging zur Absperrung, hinter der die Zuschauer saßen, legte seine Hände darauf und rief: »Oder wäre etwa Christus vor dieses Gericht gestellt worden, weil er Lazarus vom Tod auferweckt hat, ohne dafür die medizinische Qualifikation zu besitzen?«

Die meisten der Zuschauer lachten, einige wenige starrten den Anwalt finster an.

Chaix-D'Est-Ange drehte sich wieder um und ließ seinen Blick auf Borel ruhen. »Das hohe Gericht sollte sich nicht zum Verbündeten einiger Neider degradieren lassen. Es ist offensichtlich, daß der Grund für diese Anklage nicht im Bedürfnis nach Schutz von Recht und Ordnung liegt. Es geht den Anklägern auch nicht um den Schutz von Patienten! Nein, hier geht es einzig um Neid! Man möchte auf diesem Wege verhindern, daß eine Frau mit einer neuen Heilmethode der Ärzteschaft Konkurrenz macht.« Leiser fügte er an. »Mehr habe ich nicht zu sagen.«

Einige Sekunden war es vollkommen still im Raum. Dann brach Beifall aus den letzten Reihen los.

Richter Borel sprang auf, griff nach seinem Hammer und schlug auf den Tisch. »Ich darf doch sehr bitten – dies ist kein Volksfest! Hier geht es um Recht und Gesetz! Also mäßigen Sie sich!«

Er nahm seine Unterlagen, starrte zuerst Sellard an, sah dann zu Mélanie. »Die Urteilsverkündung wird auf nächsten Donnerstag vertagt!« Damit verließ er den Raum.

Das Urteil

Auch Rose wollte mit zur Urteilsverkündung kommen. Weinend flehte sie Mélanie an. »Bitte, Madame, haben Sie Mitleid. Zu Hause würde ich krank werden vor Angst!« Sie wischte sich die Tränen von den Wangen, dann fiel sie Mélanie schluchzend in die Arme.

Was hatte ihre geliebte Herrin in den letzten Jahren doch alles erleiden müssen. Vor Trauer ist sie fast verrückt geworden! Belogen und betrogen hatte man sie! Freunde hatten sich von ihr losgesagt, und ihr Hab und Gut mußte sie verkaufen, um existieren zu können. Bilder, Möbel, Schmuck, sogar Dr. Hahnemanns Uhren verschwanden nach und nach aus der Wohnung, damit sie zu essen hatten. Dazu ständig die erbitterten Anfeindungen aus allen Lagern. Die Ärzte griffen sie an, weil man verhindern wollte, daß sie praktizierte. Aus den Reihen der Homöopathen wurden immer unflätigere Beschimpfungen laut. Egoistisch, selbstsüchtig und boshaft nannte man sie. Fast vier Jahre nach Dr. Hahnemann Tod sei es doch endlich an der Zeit, die Manuskripte und Patientenberichte ihres Mannes zur Veröffentlichung freizugeben. Auf die Trauer und die Gefühle ihrer Herrin nahm niemand Rücksicht.

»Na gut, dann kommst du eben mit zum Gericht!« erklärte sich Mélanie einverstanden.

Die alte Haushälterin bedankte sich. Sie wischte sich die Tränen ab, setzte ihren Hut auf, zog ihr Cape über und griff nach ihrem Regenschirm. »Dann können wir jetzt gehen, Madame!«

Charles öffnete die Tür, ließ den beiden Frauen den Vortritt. Vor dem Haus wartete Sébastien mit einer Mietdroschke. Schweigend fuhren sie zum Gericht.

Mélanie wurde bereits von ihrem Anwalt erwartet, Rose folgte Charles und Sébastien in den Gerichtssaal. An der Tür stießen sie mit einem Mann zusammen, den Rose kannte. Es war Dr. Pierre Doyen – dieser gemeine Mensch, der Madame Hahnemann und Monsieur Sébastien durch eine Intrige bloßgestellt hatte. Finster starrte sie ihn an. Auch Sébastien ging grußlos an seinem Onkel vorbei.

Als der Richter und all die anderen Männer in ihren ehrfurchtgebietenden Roben hereinkamen, konnte Rose nicht anders, sie griff nach Charles' Hand. Früher hatte sie ihn »mein Junge« genannt; seit er sechzehn war, sagte sie »Monsieur« zu ihm. Nun vergaß sie alle Konventionen und hielt sich mit klopfendem Herzen an ihm fest. Sie hatte ein halbes Leben für ihn gesorgt, nun mußte er eben einmal für sie dasein.

Von alldem, was der Richter sagte, verstand Rose nicht viel. Ihr Blick ruhte auf Mélanie. Wie sie da so stolz und doch verloren auf ihrem Stuhl saß und das alles klaglos über sich ergehen ließ, zerschnitt ihr das Herz.

Schließlich mußten die Leute im Saal aufstehen, und der Richter verkündete das Urteil. Von Recht und Gesetz sprach er, vom Staat Frankreich, dem König, den Bürgern – und dann sagte er das, wovor Rose sich so sehr gefürchtet hatte: »Madame Mélanie Hahnemann wird entsprechend der Anklage für schuldig befunden!«

Schuldig, hämmerte es in Roses Kopf nach. Schuldig! »Mon Dieu!« Ein leiser Aufschrei drang aus ihrer Kehle.

»... und zu einer Geldstrafe von 100 Francs verurteilt.«

Die Verblüffung im Saal war so groß, daß es im ersten Moment mucksmäuschenstill war. Für schuldig befunden! Das Herz raste Rose noch immer vor Angst und Empörung! Doch dann diese lächerliche Summe von 100 Francs? So viel hatte Monsieur von den reichen Leuten unter seinen Patienten für eine erste Anamnese genommen, und ein Jahresabonnement einer Zeitung kostete auch nicht mehr.

Auf einmal brach Jubel los. Es war in die Köpfe der Anwesenden durchgedrungen, daß zwar eine Strafe gegen Madame Hahnemann verhängt wurde, daß diese Strafe aber mehr symbolischer Art war. Kein Urteil – ein Kompromiß! Ein übler Kompromiß in den Augen derjenigen, die Madame am liebsten die Pest an den Hals gewünscht hätten, aber von denen gab es nicht mehr viele hier. Die anderen, die Anhänger Madame Hahnemanns, waren längst in der Überzahl.

Mélanie drehte sich um und sah zu ihnen her. Rose schlug beide Hände vors Gesicht und wußte nicht, ob sie vor Freude weinen oder lachen sollte. Plötzlich wurde sie von Monsieur Charles an sich gerissen. Er hob sie hoch und drehte sie einmal herum. Monsieur Sébastien, der vor lauter Nervosität die ganze Zeit über seinen Hut geknetet hatte, warf das malträtierte Stück hoch, juchzte dazu und fing es wieder auf. Erst Richter Borels berüchtigter Hammer machte dem Tumult ein Ende. Dreimal klopfte er auf den Tisch.

»Ru-he! Das Gericht hat noch etwas zu sagen!« Borel nahm Platz, alle anderen setzten sich ebenfalls. Dann sah er Madame Hahnemann eindringlich an. »Ich hoffe, Madame, Sie haben verstanden. Sie haben sich strafbar gemacht, und bei einer neuerlichen Mißachtung des Gesetzes wird kein Gericht Frankreichs noch einmal so viel Nachsicht mit Ihnen üben. Sie sollten sich das durch den Kopf gehen lassen. Werden Sie vernünftig – heiraten Sie, oder tun Sie sonst etwas, das Ihnen sinnvoll erscheint. Aber praktizieren Sie nicht mehr!«

Er legte den Hammer, den er noch immer in der Hand hielt, auf den Tisch, rückte kurz an seiner Perücke, stand dann auf und verließ ohne ein weiteres Wort den Saal. Rose konnte nicht anders, sie fiel Charles um den Hals und küßte ihn mitten auf den Mund.

Mélanie zog den Mantel aus, setzte die Schute ab, legte beides auf einen Stuhl und ging in den Salon. Charles und Sébastien folgten ihr, Rose verschwand in die Küche, um Tee aufzubrühen.

»Und nun?« Mélanie stand am Fenster. Als Sébastien die Tür hinter sich zugezogen hatte, drehte sie sich um und sah die beiden Männer an. »Sagt mir – was nun?«

»Aber du freust dich ja gar nicht!« Sébastien faßte sie an den Schultern und schüttelte sie sanft. »Alles ist glimpflich abgelaufen! Du hättest Grund zu feiern!«

»Feiern!« Sie lachte hart auf, dabei hatte sie Tränen in den Augen. »Man sperrt mich nicht ein, aber ich habe auch nichts mehr, was meinem Leben einen Sinn geben könnte. Nicht einmal meine geliebte Arbeit ist mir geblieben – das einzige, das mich ein wenig über Samuels Tod hinwegtrösten konnte. Wovon soll ich existieren? Wer bin ich jetzt noch? Eine Frau, der man Hände und Füße gebunden hat, um sie dann in die Wüste zu schicken!« Sie warf beide Arme hoch und äffte den Richter nach. »»Heiraten Sie! Oder tun Sie sonst etwas, das Ihnen sinnvoll erscheint!‹ Als ob es sinnvoll sein könnte, sich einem ungeliebten Mann an den Hals zu werfen!«

Sie war wütend hin und her gelaufen. Plötzlich blieb sie stehen und raufte sich die Haare. »Ach, zum Teufel mit euch Männern!«

Sébastien trat hinter sie, drehte sie zu sich um und sah ihr tief in die Augen. »Und wenn es einer wäre ... wenn es eine Verbundenheit wäre, die aus gegenseitiger Achtung bestünde? Du weißt, was du mir bedeutest.«

Mélanie öffnete den Mund und schloß ihn wieder. Lange schwieg sie, dann hob sie plötzlich die Hand und fuhr Sébastien zärtlich durchs Haar. »Nein, mein lieber, guter Freund – nein, gerade darum nicht! Weil ich dich achte. Weil du mir neben Charles das wertvollste bist. Weil man die schönste Blume im Garten nicht schneiden darf, um sie ins Haus zu holen. Denn damit zerstört man sie.«

Sébastien senkte den Kopf. Mélanie legte eine Hand in seinen Nacken und sagte: »Ich liebe dich. Du bist mein Bruder, mein Freund, mein Vertrauter, du bist Hoffnung und Kraft für mich. Würde ich dich zu meinem Mann machen, würde ich das alles zerstören.« Sie seufzte und fügte flüsternd an: »Ich weiß nicht, wie es weitergeht. Ich weiß nur, daß ich von der Homöopathie nicht lassen kann. Was wäre schon ein Adler ohne Flügel? Was wäre schon ein Anfang ohne ein Ende ...«

Politische Wirren

23. Februar 1848, ein Jahr nach dem Prozeß

Mélanie verriegelte die Tür hinter Georg Jahr und starrte auf sein blutiges Gesicht. Man sah ihm das Entsetzen an. Keuchend griff er sich an die Brust und stieß ein paar sehr unfeine Flüche aus.

»Sie waren zu Tausenden!« preßte er hervor. »Sie haben Parolen gebrüllt und mit Steinen geworfen! Sie forderten, daß der Ministerpräsident entlassen wird! Was ist nur los in diesem Land?«

Vor sieben Monaten war Jahr nach Deutschland und Belgien abgereist, um dort Ärzten und Apothekern eine Einführung in die Homöopathie zu geben und sie für ihre Sache zu gewinnen. An diesem Tag war er zurückgekehrt und unversehens in diesen Tumult geraten.

Er zerrte sich den Überzieher von den Schultern und gab ihn Rose, dann folgte er Mélanie in den Salon. »Natürlich habe ich mitbekommen, daß in Frankreich der Unmut gärt – aber mit so etwas habe ich nicht gerechnet!«

Mélanie drückte ihn auf einen Stuhl und begutachtete die Wunde an seinem Kopf. »Nur eine kleine Platzwunde – es ist nicht so schlimm, wie ich auf den ersten Blick vermutete.« Sie sah Rose an. »Bring mir eine Schüssel mit heißem Wasser, etwas Mull und Verbandszeug.«

Rose ging, und Mélanie wandte sich wieder an Jahr. »Die Unruhen gären schon länger, aber seit gestern sind sie offen ausgebrochen. Auslöser war vor allem die Politik Guizots, der sich lautstark gegen eine Verbesserung der Sozialgesetzgebung aussprach und den König mehr und mehr auf seine Seite zog. Hinzu kam, daß er Bankette verbieten ließ.«

»In Paris? Unmöglich! Warum hat er das getan?«

»Bankette waren in letzter Zeit ein beliebtes Manöver, um das Verbot politischer Versammlungen zu umgehen. Nun traf man sich eben zum Essen und zum Trinken und schwang dabei kräftig politische Reden. Zu Anfang hielt sich das noch in Grenzen, und man ließ die Betreffenden stillschweigend gewähren. Doch die Stimmen wurden durchdringender, die Verlautbarungen immer noch provokanter.« Mélanie zuckte die Schultern. »Was nützt auf der einen Seite das Verbot politischer Versammlungen, wenn auf der anderen Seite auf einem Bankett jeder ungestraft flammende Reden schwingen kann!«

Jahr nickte, und Mélanie fügte an: »Dies alles und einiges mehr brachte den brodelnden Topf zum Überkochen, und seit gestern gehen Arbeiter und Studenten auf die Barrikaden und liefern sich mit den Truppen des Königs Straßenkämpfe. Vor zwei Stunden hieß es dann, der König habe Guizot entlassen – allerdings befürchte ich, daß ihm sein Bauernopfer nicht mehr viel nützen wird. Louis-Philippe ist wohl die längste Zeit König gewesen ...«

Rose brachte das Wasser und eine Schachtel mit Verbänden und half Mélanie dabei, die Wunde zu versorgen.

Auf der Straße waren Schüsse zu hören. Rose zuckte zusammen und sah Mélanie aus aufgeschreckten Augen an.

»Haben wir genug zu essen im Hause, um uns ein paar Tage zu behelfen?«

»Ja, Madame.«

»Dann richte uns eine Kleinigkeit her – und bereite für Monsieur Jahr die Kammer vor.«

Jahr wollte abwehren, aber Mélanie fiel ihm ins Wort. »Natürlich bleiben Sie hier! Schon zu unserem eigenen Schutz! Charles ist bei einem Freund in Montrouge, und ich hoffe, er bleibt dort auch, bis das Schlimmste vorüber ist.«

Sie verließ das Zimmer und kam mit einer Decke zurück, die sie Jahr über die Beine legte. »Ruhen Sie sich aus, Monsieur, ich sehe nach, ob ich noch eine Flasche Wein für uns finden kann.«

In der Nacht hatte Mélanie kaum geschlafen. Sie war sehr früh aufgestanden und hatte damit angefangen, Samuels Manuskripte und die Krankenberichte in Kisten zu verpakken.

»Nur für den Fall, daß wir fliehen müssen oder es brennt – wer weiß, was passiert!« sagte sie zu Rose, die hinzukam und ihr helfen wollte, doch Mélanie schickte sie in die Küche zurück. »Ein Frühstück wird uns guttun, das hier kann ich auch alleine.«

Als sie die letzte Mappe aus dem Schrank zog, fielen ihr die Schmähbriefe in die Hand, mit der man sie in letzter Zeit immer öfter belästigte. Sie überflog den ersten, legte das Bündel dann beiseite.

Beim Frühstück schob sie es Georg Jahr wortlos hin, und er begann zu lesen. Hin und wieder seufzte er oder schüttelte den Kopf, oder er bedauerte Mélanie und entschuldigte sich für die Beschimpfungen und Drohungen, mit denen man sie in diesen Briefen überhäufte.

Mélanie zog irgendeinen der Briefe aus dem Stapel und las laut.

»Ein kluger Schachzug, Madame! Sie glauben, wenn Sie die Schriften Ihres Mannes so lange unter Verschluß halten, können Sie ihren Wert noch weiter steigern! Dabei vergessen Sie in Ihrem Egoismus, daß inzwischen Menschen sterben, denen vielleicht geholfen werden könnte. Sie haben kein Recht, sich der Sache Ihres Mannes noch länger in den Weg zu stellen und das Leben anderer Menschen zu riskieren! Rücken Sie endlich die Manuskripte heraus!«

Mélanie legte den Brief auf den Tisch und sah ihren Gast an. »Sie wissen, daß ich einzig den Wunsch meines Mannes befolge.«

»Ja, ich weiß, aber Dr. Hahnemann ahnte bestimmt nicht, was er Ihnen damit abverlangt. Vielleicht sollten Sie doch ins Auge fassen ...«

»Nein!« Mélanie sprang auf. »Keinesfalls!« Sie deutete mit einer fahrigen Handbewegung auf die leere, fleckige Wand zwischen den Fenstern. »Das Bild, eine Moorlandschaft – können Sie sich daran erinnern?«

»Ja, gewiß. Es hat mir immer besonders gut gefallen.«

»Nun, das habe ich vor einigen Wochen verkauft. Glauben Sie, ich tue das zu meinem Vergnügen? Die Veröffentlichung einer sechsten Auflage des *Organon* käme mir weiß Gott gelegen! Aber bevor ich den letzten Willen meines Mannes mißachte, verdinge ich mich noch lieber als Gouvernante. Nein! Ich sage Ihnen, die Zeit ist nicht reif. Man wird ihn verhöhnen und verlachen! Man wird behaupten, er sei senil gewesen oder von allen guten Geistern verlassen. Sein Andenken ist mir wichtiger als alles.«

»Bitte, Madame, beruhigen Sie sich doch.« Jahr schüttelte den Kopf. »Ich habe es nur gut gemeint. Der Kampf gegen eine neunköpfige Schlange ist zuviel für eine Frau allein. Und ich ... weiß auch nicht, wie ich Ihnen helfen kann.«

Mélanie setzte sich wieder. »Ich erwarte keine Hilfe von Ihnen, höchstens ein wenig moralische Unterstützung.«

Er wollte etwas entgegnen, aber im nächsten Augenblick wurde hart gegen die Tür gepocht.

»Madame Hahnemann! Mélanie ... bitte öffnen Sie!«

Mélanie sprang auf. »Das ist Sébastien.«

Sie lief zur Tür, Rose kam von der anderen Seite des Flures. Bleich sahen die Frauen sich an. Auch Jahr war hinzugekommen.

Entschlossen griff Mélanie zur Klinke. Sie öffnete und

starrte auf Sébastien. Er war von Blut besudelt, auf den Armen trug er Dr. Pierre Doyen.

»Er stirbt! Ich konnte ihn doch nicht einfach auf der Straße liegen lassen. Egal, was er uns auch angetan hat, er ist immer noch mein Onkel.«

»Bring ihn ins Ordinationszimmer.« Mélanie trat zur Seite und schloß hinter Sébastien die Tür, dann sah sie Rose an. »Ein paar Decken, Lappen und heißes Wasser – schnell!«

Sie legten den Sterbenden auf eine Ottomane und zogen ihm den Überzieher, die Halsbinde und die Weste aus.

Doyen fing an zu husten, Blut drang aus seinem Mund. Er schlug die Augen auf und erkannte Mélanie. »Sie?« Ungläubig starrte er sie an. »Wie kommen Sie ...«, er hustete, »wie komme ich ...«

»Leise!« Mélanie wischte ihm mit einem Tuch den Mund ab. »Sie sollten nicht sprechen. Sébastien hat Sie verletzt gefunden und hierhergebracht.«

Sie öffnete Doyens Hemd. Aus einer klaffenden Wunde unter dem linken Rippenbogen quoll Blut. Sie drückte das Tuch dagegen und rief nach Rose. »Wir brauchen mehr Tücher. Kompressen, Verbände.«

Doyen hustete erneut. »Es ist sinnlos, ich werde sterben.« Dann flüsterte er: »Der Tod ist kalt – aber daß Sie bei mir sind, wärmt mir das Herz.« Er griff nach Mélanies Hand und hielt sie fest. »Ich habe Ihnen so viel Schlimmes angetan, und trotzdem helfen Sie mir?« Sein Blick sah sie forschend an. »Ja, Sie würden mir das Leben retten, wenn Sie könnten. Jeder andere hätte mich zum Teufel geschickt und noch auf mich gespuckt.«

»Wer nicht verzeihen kann, Monsieur, kann nicht lieben.«

Er nickte. »Ja, und Sie können lieben. Wie sehr habe ich mich nach dieser Liebe gesehnt! Daß Sie mich nur ein einziges Mal so ansehen wie ihn ... wie Hahnemann.«

»Bitte, Monsieur ...«

»Ich liege hier und sterbe in Ihren Armen. Sie können mir nicht verbieten zu sagen, was mein Herz bedrückt.«

Wieder hustete er. Er bäumte sich auf vor Schmerz, ein Zittern durchzuckte seinen Leib. Als er sich wieder zurücklehnte, hielt er die Augen geschlossen, und was er sagte, war so leise, daß Mélanie ihr Ohr an seine Lippen legen mußte, um ihn verstehen zu können.

»Der Erfinder – ich habe ihn geschickt. Ich wußte ja, daß Sie Geld brauchen, und Sie sind neugierig und mutig genug, eine solche Sache anzugehen. Ich ... ich dachte, wenn Sie alles verloren haben, dann werden Sie mir endlich Ihr Jawort geben.«

»Es ist gut, Monsieur; schweigen Sie.«

»Sein Name ist Joseph Burton. Er kommt aus Southampton. Madame ...« Doyen sog röchelnd Luft ein. Der Schmerz trieb ihm den kalten Schweiß auf die Stirn. Er riß die Augen auf, der Schrecken des Todes war in ihnen, aber auch unendliche Zärtlichkeit. Nie zuvor hatte Mélanie in diesen Augen soviel Wärme und Liebe gesehen.

»Bitte, Mélanie, verzeihen Sie mir.«

»Ja, Monsieur. Ich vergebe Ihnen.«

Er lächelte und drückte ihre Hand. »Vielleicht habe ich nie wirklich gelernt, was Liebe ist, aber so gut ich es vermochte, habe ich Sie geliebt. Ich glaube, ich weiß jetzt, was zwischen uns ...« Er brach ab, rang nach Atem, fing wieder zu husten an. Mélanie tupfte seine Stirn mit einem nassen Tuch ab. »... was zwischen uns stand«, fuhr er fort. »Ich wollte Sie besitzen, aber man kann Sie nicht besitzen. Nicht Sie und nicht die Liebe. Sie ist ... ist wie ein Vogel ... wie das Leben ... nur geborgt.« Noch einmal lächelte er. »Nur geborgt«, wiederholte er, dann brachen seine Augen, und er sank in sich zusammen.

Mélanie seufzte. Eine Weile hielt sie noch seine Hand, dann drückte sie ihm die Lider zu und verließ wortlos den Raum.

Sébastien fand sie im Salon, weinend zusammengekauert vor Samuels Bild. Er setzte sich zu ihr, nahm sie in die Arme und strich ihr übers Haar.

»Seit fünf Jahren bin ich nun schon allein, und noch immer tut es so weh, an Samuels Tod erinnert zu werden«, flüsterte Mélanie. »Ich kann diese Einsamkeit in mir einfach nicht mehr ertragen.«

»Mélanie ...« Sébastien hob ihr Kinn an und sah ihr tief in die Augen. »Ich muß wieder nach England – komm mit mir!«

»Nein, ich gehöre hierher.« Sie befreite sich aus seinen Armen. »Hier ist Samuels Grab, und hier werde ich bleiben.«

Sébastien seufzte. Er stützte seinen Kopf in die Hände und starrte auf seine Schuhspitzen.

»Was war mit deinem Onkel? Wo hast du ihn gefunden?«

»Ich war unterwegs zu dir. Ich hatte mir Sorgen gemacht, weil ich wußte, daß Charles nicht bei euch ist. Nicht weit von St. Augustin geriet ich in eine Barrikade. Es wurde geschossen und mit Steinen geworfen. Ich wollte mich verstecken, da sah ich plötzlich Doyen. Er wankte auf einen Hauseingang zu, dort brach er zusammen. Es war nicht leicht, ihn da herauszuholen. Die Soldaten sind wie die Wahnsinnigen, sie schießen auf alles, was sich bewegt, aber es gelang schließlich, und ich brachte ihn hierher.« Sébastien schüttelte den Kopf. »Mehr als vierzig Tote hat der Aufstand bereits gefordert, und wie es aussieht, wird der König noch heute abdanken. Nach achtzehn ruhigen Jahren, in denen sich das Volk verblenden und verdummen ließ, haben wir nun wieder eine Revolution.«

»Ja, eine Revolution«, wiederholte Mélanie. »Vielleicht ist ein Neuanfang für Frankreich gar nicht so schlecht.«

Die Ereignisse überschlugen sich. Louis-Philippe dankte ab und floh nach England. Einige Wortführer unter den Revolutionären nutzten die Gunst der Stunde, bildeten sofort eine provisorische Regierung und riefen bereits eine Woche später zu Wahlen auf. Zu ihrem eigenen Schaden, wie sich zeigte, denn das Volk entschied sich für ein gemäßigtes Parlament aus bürgerlichen Republikanern unter dem Dichter Alphonse de Lamartine.

»Lamartine.« Mélanie schüttelte ungläubig den Kopf. Sie kannte den Dichter und wußte, er schätzte sie. Und nicht nur er – fünf weitere Politiker der neuen Regierung galten als Befürworter der Homöopathie. Sie fiel Charles um den Hals. »Es ist entsetzlich, daß fünfzig Menschen den Tod fanden, aber für mich sind diese politischen Wirren ein Glück. Guizot, Orfila und all die anderen, die zu meinen Gegnern zählten, haben nun keine Macht mehr! Das bedeutet ...« Sie brach ab und schlug die Hände vor den Mund.

»Das bedeutet, du wirst deine Praxis wiederaufnehmen?« Besorgt sah Charles sie an.

»Ja, mein Lieber – ja, das werde ich tun!«

Drittes Buch

Mélanie legte etwas Holz auf das Kaminfeuer und blies in die Glut. Nur zaghaft loderten Flammen auf und züngelten um das Fichtenscheit. Es war zu kühl für die Jahreszeit, und obwohl kaum noch Holz im Verschlag war, mußte sie heizen.

Seufzend hielt sie ihre klammen Hände über das schwache Feuer. Wie sollte sie den kommenden Winter überstehen? Schon wieder erschütterte ein Krieg das Land, und man wußte nicht, wohin das Schiff auf dem offenen Meer treiben würde. Diesmal war es Kaiser Napoleon III., der die Geschicke des Landes lenkte. Er hatte sich von Bismarck in ein undurchsichtiges Intrigenspiel verwickeln lassen. Seit sechs Wochen tobten nun die Kämpfe bereits, Tausende von Soldaten hatten dabei ihr Leben gelassen.

Sie ging zurück zum Schreibtisch und nahm den Brief auf, den sie gestern abend an Annelie Lehmann geschrieben hatte. Vielleicht würde es sie ablenken, ihn noch einmal durchzulesen.

Versailles, 1. September 1870

Meine liebe Freundin!

Es ist mehr als zwanzig Jahre her, daß ich von Ihnen hörte, um so erstaunter war ich über Ihren Brief.

Nein, ich wußte nicht, daß Ihr Mann im letzten Jahr gestorben ist, und es tut mir sehr leid, daß er – und Sie mit ihm – so lange leiden mußte.

Und nun also Ihr Enkelsohn, der dieselben Symptome zeigt. Ich habe Ihren Brief und den Bericht, den Sie mir über den Verlauf seiner Krankheit beifügten, sehr aufmerksam studiert und mich auch mit meinem Schwiegersohn besprochen.

Übereinstimmend kamen wir zu der Ansicht, daß Sie ihm Belladonna verabreichen sollten. Ich füge auf separatem Bogen eine genaue Dosierungsanweisung bei.

Nun zu Ihren Fragen, was meine Person betrifft. Nach den Wirren der Revolution von 1848 wagte ich den Schritt und fing wieder an zu praktizieren. Meine Gegner hatten keine Macht mehr, und der neuen Regierung gehörten immerhin fünf Politiker an, die zu den Anhängern oder doch zumindest zu den Befürwortern der Homöopathie zählten. Wie früher schon behandelte ich Leute aus der Unterschicht kostenlos, in anderen Fällen fungierte ich offiziell als Beraterin. Sie kennen ja das Problem: Mir fehlt die Legitimation, denn Frauen dürfen nicht als Ärzte arbeiten. Doch von den geringen Honoraren, die ich als Beraterin erhalte, kann ich mehr schlecht als recht leben.

Dann, im Frühsommer 1851 – mein Gott, das ist nun auch schon wieder fast zwanzig Jahre her! – kam Sophie Bohrer als Pflegetochter zu mir. Als kleines Mädchen, kaum daß sie mit ihrem Näschen bis zur Tischkante reichte, hüpfte sie einmal auf einem unserer Feste auf Samuels Knien herum, lachte und sang mit ihm und half die Büste einweihen, die damals der große David d'Angers von meinem geliebten Mann erschaffen hatte. Durch Sophie bekam mein Leben endlich wieder Farbe, und ich blühte ein wenig auf.

Doch kurz darauf mußte ich noch zwei weitere Schicksalsschläge hinnehmen. Zuerst starb die liebe Rose, meine Haushälterin, die mir jedoch mehr bedeutete als meine Mutter. Dann heiratet mein Ziehsohn Charles und nahm einen Lehrstuhl in Belgien an. Für mich war das eine Katastrophe. Zum einen, weil er, seit ich sechzehn Jahre alt war, an meiner Seite lebte und ich ihn sehr vermißte; zum anderen hatte er als Arzt und Apotheker meine Arbeit legitimiert. Durch sein Weggehen geriet ich wieder an den Rand der Illegalität, und meine wirtschaftliche Situation verschlechterte sich rapide. Sophie und ich lebten dadurch in relativer Armut, und um existieren zu können, war ich von neuem gezwungen, Stücke aus meinem Be-

sitz zu verkaufen. Außerdem mußte ich, um neue Patienten zu gewinnen, zusätzlich wieder einmal pro Woche in meinem Landhaus in Versailles praktizieren, in dem ich mich auch jetzt befinde.

Zum Glück blieb mir Sébastien, ein sehr guter Freund, der mir seit nunmehr fast vierzig Jahren treu zur Seite steht – doch leider hält er sich von Berufs wegen oft monatelang in England auf.

Wie Sie ja selbst in Ihrem Brief erwähnten, bleibe ich, was die Herausgabe der Manuskripte betrifft, weiterhin unerbittlich. Ich hätte durch ihren Verkauf meine wirtschaftliche Lage wesentlich verbessern können, aber ich weiß, daß die Zeit noch nicht reif ist, und ich habe meinem Mann an seinem Totenbett nun einmal versprochen, mich schützend vor seine Arbeit zu stellen. Meine Haltung bringt mir immer mehr erbitterte Feinde ein, ich werde mit Beleidigungen, Verdächtigungen und Beschimpfungen verfolgt – selbst Samuels bester Freund und Vertrauter, Clemens Freiherr von Bönninghausen, versuchte mich zuzeiten immer wieder zur Herausgabe der Manuskripte zu bewegen. Doch all das ertrage ich gerne, um Samuel und sein Lebenswerk vor den Besserwissern und Intriganten zu beschützen, denen nichts lieber wäre, als ihn endlich des Irrsinns überführen zu können.

Sie glauben es nicht, daß man diesem wunderbaren großen Mann, der soviel Gutes für die Welt getan hat, selbst jetzt noch Böses will? Dann möchte ich Ihnen folgendes erzählen:

Als Sophie siebzehn Jahre alt war, wollte ich sie mit Bönninghausens Sohn Karl verheiraten. Sie selbst hatte diesen Schritt vorgeschlagen – vielleicht war sie des ewigen Hungerleidens müde und hoffte, durch ihre Heirat nicht nur selbst in eine bessere Lage zu kommen, sondern auch mir zu einem Neubeginn verhelfen zu können. Dieser Hochzeit wegen machte ich dem Vater dann Zugeständnisse und versprach, die sechste Auflage des »Organon« im Herbst endlich zu veröffentlichen. Vorab überließ ich Bönninghausen – ausdrücklich *nur zur persönlichen Einsicht! – einiges Material aus den Krankenjournalen.* Doch er hatte nichts Eiligeres zu tun, als diese Aufzeichnungen sofort zu veröffentlichen, und prompt wurden meine schlimmsten Befürchtungen wahr. Am 28. Juli 1856 erschien in der »Leipziger homöopathischen Zeitung« ein Artikel, den Sie ja vielleicht sogar gelesen haben. Erinnern Sie sich? Man schrieb, es seien geradezu »lächerlich hohe Verdünnungen« gewesen, mit denen mein Mann in seinen letzten Jahren gearbeitet hatte, und man stellte ihn als geistesgeschwächt und alterssenil hin. Bönninghausen war ebenso entsetzt über solche Verunglimpfungen wie ich selbst und sah schließlich ein, daß ich recht hatte, die Manuskripte zurückzuhalten. Von da an bedrängte er mich in dieser Hinsicht auch nie wieder.

Trotz dieser Vorkommnisse, die mein Vertrauen zu Bönninghausen zutiefst erschüttert hatten, heiratete Sophie seinen Sohn Karl, der, wie Sie ja wissen, ebenfalls Homöopath ist. Er zog zu uns nach Paris, wo wir seit nunmehr dreizehn Jahren gemeinsam praktizieren und zu dritt ein harmonisches Leben führen.

Nein, ich muß mich berichtigen – führten! Denn nun, wo es uns menschlich und wirtschaftlich endlich wieder gutgeht und wir ein zwar bescheidenes, aber glückliches Leben führen, zwingen uns die politischen Ereignisse zu neuen Entscheidungen. So schmerzlich mir der Gedanke auch ist, letzte Nacht, in der ich kein Auge zutat, wurde mir klar, daß es wohl besser wäre, meine Sophie und ihr Mann würden Frankreich verlassen. Der Haß auf die Deutschen beseelt die Franzosen. Seit sich Bismarck und Napoleon in den Haaren liegen, ist Paris kein guter Aufenthaltsort mehr für Deutsche.

Sie sehen, liebste Freundin, auch mir erging es in den letzten Jahren, in denen wir uns aus den Augen verloren hatten, nicht besonders gut.

Nun sind wir beide siebzig Jahre alt und blicken auf ein langes Leben zurück. Unsere Männer sind tot, und all unsere Liebe richtet sich auf unsere Kinder.

Ich hoffe für Sie, daß Ihr Enkel die Krise überwindet und bald wieder auf die Beine kommt. Geben Sie die Hoffnung nicht auf. Ihm hilft die Kraft der Jugend – und Belladonna kann Wunder wirken.

Die Angaben zur Dosierung füge ich in Anlage bei und verbleibe mit meinen innigsten Wünschen Ihre ergebenste
Mélanie Hahnemann

Mord und Totschlag

Kaum hatte Mélanie den Brief gefaltet und versiegelt, als es klopfte. Es waren Monsieur Hugo und seine Tochter Monique, ein Mädchen von acht Jahren, deren Augen noch vor zwei Wochen vollkommen verklebt und deren Hände und Füße von Warzen übersät gewesen waren.

Als Mélanie sie nun untersuchte, war sie zufrieden mit dem Ergebnis der Behandlung. Sie hatte ihr Thuja gegeben, woraufhin sich die Warzen sich zu einem erheblichen Teil zurückgebildet hatten. Monique konnte ihre Augenlider wieder öffnen, und auch ihr schlechter Appetit hatte sich gebessert.

Mélanie nickte und fuhr ihrer Patientin aufmunternd durch das Haar. »Das hast du gut gemacht«, sagte sie. »Nur weiter so, dann bist du schon bald ganz gesund!«

Plötzlich war draußen Geschrei zu hören. Mélanie ging zum Fenster und sah hinaus. Es war schon fast dunkel. Eine Gruppe von Leuten strömte mit Laternen, Stangen und Knüppeln in Händen auf ihr Haus zu. Die Lichter schaukelten hin und her. Ab und an, wenn einer aus der Gruppe sich nach vorne beugte oder seine Laterne vor das Gesicht eines anderen hob, zeigten sich häßliche, von blinder Rachsucht und Haß verzerrte Fratzen. Die Szene hatte etwas Gespenstisches, und, da machte sich Mélanie keine Illusionen, der aufgebrachte Mob war gefährlich wie ein in die Enge gedrängtes Tier.

Sie ging zurück zum Tisch und setzte sich.

»Was ist los dort draußen?« fragte Monique neugierig und ängstlich zugleich.

»Aufgebrachte Männer – sie sind wütend auf mich, weil ich die Witwe eines Deutschen bin und eine deutsche Tochter habe. Am besten kümmerst du dich gar nicht darum.« Mélanie versuchte zu lächeln.

Monique legte ihre Hand auf den Arm ihres Vaters und sah ihn erstaunt an. »Ist das denn etwas Schlechtes, wenn man die Witwe eines Deutschen ist und ein deutsches Kind hat?«

Er seufzte. »Manche Menschen glauben, ja. Es gefällt ihnen nicht, was Kaiser, Könige und Minister tun, aber weil sie die nicht für ihre Fehler verantwortlich machen können, rächen sie sich an den kleinen Leuten.«

»Und du – was glaubst du?« fragte Monique weiter.

»Ich glaube, daß die Menschen sehr ungerecht sein können und die guten Dinge viel schneller vergessen als die schlechten.«

Nun war er es, der aufstand und hinaussah. Ganz vorne, unter den Anführern, erkannte er Marcel, seinen Nachbarn. Marcels Frau war nach der Geburt ihres ersten Kindes schwermütig geworden und hatte wochenlang apathisch im Bett gelegen. Mélanie hatte sie geheilt und nichts dafür verlangt. Grund genug, dankbar zu sein! Doch nun richtete er seinen Knüppel gegen sie.

»Ja, die Leute haben ein verdammt schlechtes Gedächtnis«, murmelte er.

Plötzlich klirrten Scheiben, ein Stein flog herein und schlug nur zwei Armbreit neben dem Kind auf dem Boden auf.

Entsetzt tauschten Mélanie und Monsieur Hugo Blicke. Monique lief zu ihrem Vater und klammerte sich weinend an ihn.

»Calme-toi, ma chère – ganz ruhig, mein Liebes!« Er schlang seine Arme um ihre Schultern und redete beruhigend auf sie ein.

Dann sah er Mélanie an. »Sie sollten nicht hier bleiben. Es ist zu gefährlich. Und Ihre Tochter, Ihr Schwiegersohn ... gehen Sie zusammen mit ihnen nach Deutschland.«

»Meine Kinder nach Deutschland zurückzuschicken, ja, darüber habe ich auch schon nachgedacht. Aber *ich* bin Französin, genau wie Sie und diese Leute dort draußen! Meine Familie hat einmal viel für dieses Land getan, und für diesen unglückseligen Krieg kann ich nichts.«

Monsieur Hugo schüttelte traurig den Kopf. »Vielleicht kommt eine Zeit, in der es wieder von Bedeutung sein wird, was Ihre Familie einst für Frankreich tat. Aber jetzt, wo Napoleon kapituliert hat ... die Gemüter sind zu erhitzt, Madame, um mit Vernunft rechnen zu können.«

»Napoleon hat kapituliert?« Mélanie sah den Mann fassungslos an.

»Das wissen Sie noch gar nicht?« René Hugo nickte heftig. »Ja, gestern hat er kapituliert, und heute ist er in preußische Gefangenschaft gegangen!«

Wieder zerbarst eine Scheibe, und ein Stein flog herein. Diesmal landete er mit einem dumpfen Schlag auf einer Ottomane, die vor der Wand stand.

»Ich werde versuchen, die Leute zu beruhigen!« Entschlossen schob René Hugo seine Tochter zu Mélanie, öffnete das Fenster und starrte Marcel, seinen Nachbarn, wütend an. »Schluß damit! Verdammt, ihr Bestien, hört auf!«

Einen kurzen Moment war es still, doch dann schrie einer zurück: »Die Deutschen sind die Bestien!« Und die Menge brüllte wieder los: »Bestien! Und wir werden vor ihnen nicht zu Kreuze kriechen!«

»Ach – und was habt ihr jetzt vor? Wollt ihr etwa die Frau erschlagen, die so manchem von euch das Leben gerettet hat?«

Das Gemurre wurde leiser, und René Hugo winkte seine Tochter zu sich. Er nahm sie auf den Arm und zeigte sie den Leuten. »Du, Marcel, und ihr, Anton, Pierre und Henry, habt doch gesehen, wie meine Kleine noch vor einer Woche aussah – ihre Augen waren so verklebt, daß sie sie nicht mehr öffnen konnte. Und jetzt? Schaut sie euch an!« Er küßte

Monique und zwickte ihr zärtlich in die Wange. »Wie zwei wunderbare Sterne würden sie leuchten, wenn mein Mädchen nicht solche Angst vor euch Hornochsen hätte! Und da werft ihr Steine durch Madame Hahnemanns Fenster! Und redet über die Deutschen, daß sie Bestien sind! Kein bißchen besser seid ihr!«

»Die Preußen sollen abhauen! Wir akzeptieren die Kapitulation nicht, und wir dulden keine Besatzer! Wir werden den Krieg fortführen!«

»Vive la France!« brüllten sie.

»Dann wendet euch gefälligst an die Kaiser, Könige und ihre Feldherren!« Er setzte Monique auf dem Boden ab und schob sie zu Mélanie zurück. »So, und jetzt geht nach Hause, und laßt Madame Hahnemann in Ruhe!« Damit schlug er das Fenster zu.

Tatsächlich zog die Meute ab. René Hugo sah ihnen eine Weile nach, dann drehte er sich zu Mélanie um. »Für heute sind sie beruhigt. Am besten gehen Sie zu Bett und löschen alle Lichter. Aber morgen, in aller Frühe, sollten Sie nach Paris zurückfahren ... und, wenn möglich, für eine Weile das Land verlassen.«

Er nahm Monique wieder auf den Arm.

»Danke, Monsieur Hugo. Ich werde Ihnen das nicht vergessen.«

»Wir stehen in Ihrer Schuld.« Er legte kurz eine Hand auf Mélanies Hand, dann ging er zur Tür. Auf einer Konsole stand eine Schale. Dort legte er wortlos das ganze Geld hinein, das er bei sich hatte, dann trat er hinaus und verschwand mit schnellen Schritten in der Dunkelheit.

Als Mélanie aus der Droschke stieg, wurde die Tür ihres Hauses aufgerissen, und Sophie stürmte auf sie zu. Sie war nicht besonders groß, hatte eine schlanke Taille und war auch ansonsten wohlproportioniert. Ihr Haar war brünett, ihr Gesicht hübsch, wenn auch nicht von ebenmäßiger

Schönheit – die ganze Erscheinung von vornehmer Eleganz. Mélanie war stolz auf sie und liebte sie über alles.

»Ach, Mama, daß Sie endlich da sind!« Sophie fiel Mélanie um den Hals. »Wir hätten Sie nicht alleine nach Versailles fahren lassen dürfen! Ich hatte solche Angst um Sie! Am liebsten hätte ich Karl zu Ihnen geschickt, um Sie zu holen, doch dann wäre ich vor Angst um euch beide gestorben!«

»Es ist ja gut – mir ist nichts geschehen.« Mélanie küßte Sophie und lächelte. Obwohl sie bereits 32 Jahre alt war, erschien Sophie ihr manchmal noch wie das kleine, ungestüme Mädchen, das auf Samuels Knien geritten war und ihn geküßt und geherzt hatte. Doch nun lag ein Schatten von Sorge und Trauer auf dem Gesicht der jungen Frau, und ihre Augen waren rot vom Weinen.

Mélanie sah sie forschend an. »Was ist passiert, ma chère?«

»Wir haben gehofft, der Krieg sei nun endlich überstanden, aber schon ist Paris wieder ein Hexenkessel. Es heißt, Gambetta wird Frankreich zur Republik erklären, und er will den Kampf gegen Deutschland fortsetzen. Und dann – Karl hat etwas Entsetzliches erlebt! Aber er soll es Ihnen selbst erzählen.«

Drinnen nahm Anne-Marie, das Hausmädchen, Mélanie den Mantel ab und hängte ihn zum Trocknen neben den Ofen in der Küche. Dann bereitete sie Minztee und servierte ihn im Salon.

Karl war bleich. Sein blondes Haar hing ihm wirr in die hohe, breite Stirn, seine Augenlider zuckten vor Nervosität. Er sah Mélanie an. »Michael und Sonia Landsknecht, unsere deutschen Freunde – bestimmt erinnern Sie sich an die beiden?«

Mélanie nickte. Das junge Paar wohnte ein paar Straßen weiter in der Rue Cardinet und hatte vor einem halben Jahr ein Kind bekommen. Einen kleinen Jungen, soweit sie sich erinnerte. Sophie und Karl spielten manchmal Lotto mit ihnen, oder sie gingen sonntags zusammen in den Bois de Boulogne. »Was ist mit ihnen?«

Karls Lippen zitterten, er rang sichtlich nach Fassung. »Ich war gestern am Nachmittag zu ihrem Haus unterwegs, denn der kleine Michael hatte Fieber, und ich habe ihn behandelt. Es ging ihm bereits wieder besser, aber ich wollte doch noch einmal nach ihm sehen.«

Karl stockte. Die Worte kamen ihm nur schwer über die Lippen.

»Vom Arc de Triomphe zog eine aufgebrachte Menge nach Norden, Richtung Clichy. Sie brüllten Parolen gegen uns Deutsche und sangen die Marseillaise. Plötzlich kamen preußische Soldaten dazu. Schüsse fielen, ein Handgemenge entstand. Um nicht gesehen zu werden, drückte ich mich in einen Hauseingang und wartete ab. Die Soldaten nahmen einige Franzosen gefangen, andere liefen weg oder versteckten sich. Einer der Soldaten hetzte zu Pferde einem Mädchen nach. Er stieß mit dem Gewehrkolben nach ihr und schimpfte sie Hure. Ein Mann kam der Kleinen zu Hilfe, es fielen wieder Schüsse. Am Ende lagen das Mädchen, der Mann und drei andere tot da. Als die Soldaten abgezogen waren, kamen die aufgebrachten Menschen aus allen Löchern. Sie zerrten die Leichen weg und schworen den Deutschen Rache. Eine Horde junger Männer bog in die Rue Cardinet ein. Ich folgte ihnen in einigem Abstand und sah, daß sie in das Haus stürmten, in dem unsere Freunde wohnen. Ich hatte Angst um sie, doch ...«

Karl brach ab. Er wischte sich die Tränen aus den Augen und rang nach Fassung.

»... doch ich wußte nicht, wie ich ihnen beistehen könnte. Wäre ich hineingegangen, hätte ich ihnen vielleicht helfen können. Aber andererseits ... was kann ich schon ausrichten gegen sechs oder sieben aufgebrachte junge Kerle, die nichts als Rache und Vergeltung im Sinn haben?«

Karl schluchzte auf, und Sophie nahm ihn in die Arme. »Es ist doch nicht deine Schuld, mein Liebster!«

Er atmete tief durch, dann sprach er so leise weiter, daß

Mélanie ihn kaum verstehen konnte: »Als sie abgezogen waren und ich das Haus betrat, fand ich Michael und Sonia ... fand sie erhängt am Balken auf dem Dachboden. Den kleinen Michael haben die Männer in seinem Bettchen mit einem Kissen erstickt.«

»O Gott!« Mélanie schlug die Hände vors Gesicht. »So viel Grausamkeit!« Sie umarmte Sophie und Karl und drückte sie beide an sich. »Warum nur tun Menschen sich so etwas an?«

»Wir müssen fliehen, Mama!« Sophie sah Mélanie beschwörend an. »Hier ist kein Platz mehr für uns. Und Sie müssen mitkommen – bitte! Ich könnte keine Minute mehr ruhig sein, wenn Sie alleine in Paris blieben!«

»Aber ich ...« Mélanie brach ab und schüttelte mehrmals den Kopf. »Wie könnte ich diese Stadt verlassen, in der mein Mann begraben liegt?«

»Es geht nicht um die Toten – es geht um die Lebenden, Mama! Und es geht auch um die Manuskripte. Sie müssen die Aufzeichnungen fortschaffen. Hier ist nichts und niemand mehr sicher, solange deutsche Soldaten französische Bürger ermorden und französische Männer sich an unschuldigen Deutschen rächen!«

Mélanie dachte lange nach. Dann nickte sie. »Ja, da hast du recht, mein Kind. Die Manuskripte ...« Sie legte die Handflächen aneinander und die Fingerspitzen an den Mund. »Ich muß sie in Sicherheit bringen, aber ich kann nicht einfach so überstürzt abreisen. Ich brauche eine Weile, um meine Angelegenheiten zu ordnen. Die Manuskripte und Journale müssen verpackt werden, der Haushalt aufgelöst. Ich möchte Sébastien noch einmal wiedersehen, und – ich muß mich von meinem Mann verabschieden.« Ihre Augen füllten sich mit Tränen. »Versteht ihr, ich brauche ein Weilchen, eine Zeit für mich. Aber ihr beide, ihr müßt noch heute losfahren.«

Sophie umarmte Mélanie. »Ich reise nur, wenn Sie mir ganz fest versprechen, daß Sie uns folgen werden.«

»Ich verspreche es. Spätestens in drei Tagen!« Sie sah Sophie fest an. »Ganz bestimmt, aber jetzt packt das Nötigste, und macht euch auf den Weg.«

Eine Stunde später stiegen die jungen Leute in eine Kutsche, die sie aus der Stadt bringen sollte. An eine Bahnreise war nicht zu denken, denn Züge fuhren in diesen Tagen nicht.

Mélanie sah ihnen mit Tränen in den Augen nach. »Bis bald, ihr Lieben«, flüsterte sie.

Nun waren Mélanie nur noch Anne-Marie, das Mädchen, und Joachim, der Hausdiener, geblieben. Joachim war seit dreißig Jahren bei ihr in Diensten und ein alter Mann. Er kannte Samuel und Rose noch, er hatte ein paar der guten Jahre miterlebt und sehr viele schlechte, in denen er zu ihr gehalten hatte, auch wenn sie kaum genug Geld hatten, um Essen und Kohle für den Winter zu kaufen. Nun würde sie ihn entlassen müssen, und das zerriß ihr das Herz. Um Anne-Marie allerdings machte sie sich keine Sorgen, sie war jung, kräftig und intelligent und würde bald eine neue Stellung finden.

Abschied von Paris

Joachim holte die Kisten und Koffer aus dem Keller, und Mélanie begann mit Anne-Maries Hilfe, die Krankenjournale einzupacken. Das Mädchen nahm sie der Reihe nach aus dem Regal, staubte sie ab und gab sie an ihre Herrin weiter.

Die Journale waren nach Jahren geordnet – 54 große Lederbände, die Ecken zum Teil durchgestoßen, bei manchen zeigten sich Schrammen im Einband, oder die vergilbten Blätter waren eingerissen.

Der erste Band stammte aus dem Jahre 1801. Mélanie schlug ihn lächelnd auf. Als Samuel sich über diese Blätter gebeugt hatte, um zu notieren, was seine Patienten quälte, war sie noch nicht einmal ganz ein Jahr alt gewesen, und doch war schon das Schicksalsband für sie gewoben. Ein feiner, silberner Faden, leuchtend wie das von Tau benetzte Gewebe einer Spinne im Mondlicht, das von hier nach da gespannt wurde, um ihre Herzen zu verbinden.

Sie stellte den Band in die Kiste und nahm aus Anne-Maries Hand den nächsten entgegen. So arbeiteten die Frauen still vor sich hin. Manchmal schlug Mélanie eines der Journale auf, um ein wenig darin zu lesen. Dann bewegte sie murmelnd die Lippen, und ihr Finger fuhr zärtlich über die Zeilen, als könnte sie so Kontakt zu Samuel aufnehmen. Ihn berühren und liebkosen, indem sie über die Buchstaben strich, die seine Hand geschrieben hatte.

Je weiter die Aufzeichnungen in den Jahren fortschritten, desto öfter entdeckte sie Berichte über Patienten, die sie selbst kannte. Patienten, die Samuel bereits in Köthen aufgesucht hatten und später auch nach Paris kamen. Schließlich hielt sie den ersten der Bände im Schoß, an denen sie selbst mitgewirkt hatte. Ihre steile, akkurate Schrift, ihre erste Annäherung an die Homöopathie.

Mélanie legte eine Hand auf das Buch und schloß die Augen. Ein Gefühl von Wärme stieg in ihr auf, ein Gefühl des Glücks und der Trauer. Ihre schönsten Jahre waren die wenigen an Samuels Seite gewesen. In diesem Band und in den siebzehn folgenden aus ihrer gemeinsamen Pariser Zeit waren sie festgehalten. In all den Minuten, Stunden und Tagen, an denen sie dies geschrieben hatte, gab es auch Blicke zwischen ihnen, Berührungen, Gedanken, die sie verbanden. Gemeinsame Erlebnisse, von denen sie beseelt wurden. Nächte, die sie am Morgen noch zwischen ihren Schenkeln spürte. Vorbereitungen zu Festen. Paganini oder Sébastien – hier waren nicht nur die Krankheiten ihrer Patienten festgehalten, sondern, wie hinter einem Schleier verborgen, auch ihr eigenes Leben.

»Aber Madame, Sie weinen ja ...« Anne-Marie legte eine Hand auf Mélanies Arm. »Wenn es zu anstrengend für Sie ist, könnten wir auch morgen weitermachen.«

Mélanie sah das Mädchen an. »Nein, die Zeit drängt! Eine Tasse Kaffee würde mir allerdings jetzt guttun. Haben wir noch Kaffee im Haus?«

»Für ein oder zwei Tassen reicht es gerade noch.«

»Dann mach drei Tassen draus und schenk dir und Joachim auch eine ein. Und frag Joachim, ob er Monsieur Colbert erreichen konnte.«

»Ja, Madame – danke, Madame!«

Als Mélanie allein war, ging sie zu dem großen Spiegel, der über dem Kamin hing, und starrte hinein. Sie war alt geworden. Siebzig Lebensjahre, nicht wenige voller Entbehrungen und Kummer, hatten Spuren in ihrem Gesicht hinterlassen. Ihr Haar war grau, ihre Haut dünn geworden, und doch galt sie immer noch als elegante Erscheinung. Es war ihre aufrechte Haltung, ihr hoch erhobenes Kinn –

niemand hat es geschafft, daß sie sich unter der Last, die man ihr aufbürdete, klein machte und duckte.

Sie hob ihre Hand und strich versonnen über die Uhr, die auf dem Kaminsims stand, die einzige, die ihr aus Samuels Sammlung geblieben war. Alle anderen hatte sie in Notzeiten verkaufen müssen. Sie würde sie einpacken lassen und mitnehmen, um auf ihr die letzten Jahre, Tage, Stunden zu zählen, die sie noch von Samuel trennten.

Im Tod wieder vereint sein mit ihm! Es gibt so viele Tode im Leben, da ist der letzte nicht der schlechteste!

Sie ging zum Bücherschrank, zog den Band mit Samuels Manuskripten zur sechsten Auflage des *Organon* heraus, setzte sich damit ans Fenster und blätterte darin. Tränen verschleierten ihren Blick. Weil sie dieses Manuskript gegen alle Widrigkeiten bewahrt hatte, für eine Zeit, in der Samuels Saat auf fruchtbaren Boden fallen konnte, hatte man sie angefeindet und beschimpft. Man hatte sie stur, selbstsüchtig, verantwortungslos genannt. Man hatte sie ausgeschlossen und sogar verspottet, hatte den ganzen Haß auf ihren Schultern abgeladen, mit dem man zu Samuels Lebzeiten auf ihn losgegangen war. Vor allem hatte man sie vollkommen allein gelassen mit all den Ungeheuerlichkeiten, die Samuel noch nach seinem Tod angetan worden waren. Dr. Lutze und Samuels Enkel Leopold hatten eigene Überarbeitungen als sechste Auflage des *Organon* herausgebracht. Lutze hatte dabei gar die Behauptung aufgestellt, Samuel hätte vorgehabt, die Gabe von zwei Arzneien zur gleichen Zeit anzuraten. Er hatte sich erdreistet, Samuels Namen für sich und sein Werk zu benutzen und Geld daraus zu schlagen. Schließlich hatte man sie sogar der Lüge bezichtigt! Sie hätte ja gar kein Manuskript, es gäbe gar keine neue Überarbeitung.

»Ach Samuel!« Mélanie seufzte auf und wischte sich die Tränen ab. »Soviel Leid hat mir der Auftrag gebracht, den du mir am Sterbebett gabst – hättest du es geahnt, vielleicht hättest du diese Schrift hier in die Seine geworfen, um mich vor ihr zu beschützen. Und doch bin ich froh, daß du es nicht getan hast. Ich habe das Manuskript so lange auf meinen schmalen Schultern mit durch mein Leben geschleppt, und jetzt werde ich es auch noch vor dem lodernden Feuer eines neuen Krieges retten. Die Menschen tun einander unendliches Leid an. Immer war es so, und es wird wohl nie anders werden. Früher habe ich mich danach gesehnt, daß du wieder mit mir leben könntest. Jetzt sehne ich mich mehr und mehr danach, mit dir in der Stille des Todes vereint zu sein. Ich bin alt geworden. Und doch bin ich noch nicht einmal so alt, wie du warst, als ich dich kennen- und liebenlernte.«

Mélanie zuckte zusammen, denn plötzlich stand Anne-Marie vor ihr. »Madame, der Kaffee.«

»Danke, stell ihn auf den Tisch.«

»Monsieur Colbert läßt ausrichten, er kommt noch heute Abend.«

»Ja.« Mélanie nickte. »Das ist gut – très bien.«

Anne-Marie hatte Sébastien Überzieher, Zylinder und Stock abgenommen und ihn in den Salon gebracht. Als er den Raum betrat, stand Mélanie auf und kam ihm mit ausgebreiteten Armen entgegen.

»Da bist du ja!« Sie küßte ihn auf die Wange, dann sah sie ihn forschend an. Noch immer war er ein gutaussehender Mann. Groß und schlank, mit sprechenden blauen Augen, die den Blick der Frauen fesseln konnten. Doch sein dunkles Haar war grau geworden, und seine Hände zitterten manchmal ein wenig, wenn er die Schreibfeder hielt oder rauchen wollte und sich Feuer gab.

»Ich wäre ohnehin gekommen, auch wenn du nicht nach mir geschickt hättest«, begann er ohne Einleitung, setzte sich auf das Sofa, das vor dem Kamin stand, und zog sie neben sich. »Ich erfuhr von den beiden Deutschen, die sich erhängt haben, nachdem sie ihr Kind ermordeten – es sind doch Freunde von Sophie?«

»Aber es war kein Selbstmord – es war ein feiger, verabscheuungswürdiger Meuchelmord!« Mélanie erzählte ihm, was Karl erlebt hatte und daß sie nun nach Westfalen unterwegs waren, um dort für eine Weile auf dem Gut von Karls Familie zu leben.

»Das ist ja entsetzlich!« Sébastien starrte Mélanie an. Dann seufzte er. »Es gab auch in unserer Straße Übergriffe. Ich wollte es dir eigentlich nicht sagen, um dich nicht zu ängstigen: Man hat eine Frau aus dem Fester geworfen, aus dem dritten Stock. Eine Nachbarin hat es beobachtet. Die Frau war Französin, jedoch mit einem Deutschen verheiratet. Der Krieg wird weitergehen, der Haß gegen die Deutschen ist abgrundtief. Ich mache mir Sorgen um dich! Du mit deinem deutschen Namen! Warum bist du nicht mit Sophie und Karl nach Deutschland gefahren?« Er nahm sie an den Schultern, drehte sie zu sich und sah ihr eindringlich in die Augen. »Du solltest das Land verlassen. Wenigstens für eine Zeit, bis sich die Wogen geglättet haben!«

»Ja, du hast recht. Ich werde den Kindern folgen, aber es geht nicht allein um mich. Ich muß die Krankenjournale und Manuskripte mitnehmen. Hier wären sie nicht sicher.«

»Mitnehmen? Die Krankenjournale?« Sébastien schüttelte den Kopf. »Das ist unmöglich – sie füllen mehrere große Kisten! Du müßtest sie als Frachtgut aufgeben, aber ...«

»Niemals würde ich sie unbeaufsichtigt auf den Weg schicken!«

»Anderfalls brauchtest du eine Kutsche. Wie willst du das alleine bewerkstelligen? Es wäre viel zu gefährlich.« Er brach ab. Es war Wahnsinn! Eine Frau alleine! Mit einem deutschen Namen! Und schweres Gepäck im Wagen! Spätestens an der Grenze würde man sie aus der Kutsche zerren und ihrer Reise oder gar ihrem Leben ein Ende setzen.

Andererseits war ihm klar, daß Mélanie Samuels Vermächtnis wichtiger war als ihr eigenes Leben. Um die Journale außer Landes zu schaffen, würde sie alles riskieren.

Er seufzte. »Ich weiß, man kann dich nicht umstimmen, deshalb werde ich mit dir reisen.« Er dachte kurz nach, dann beschloß er: »Wir nehmen meine Kutsche und fahren noch heute nacht!«

»Nein.« Mélanie schüttelte den Kopf. »Nein, nicht heute. Ich kann Paris nicht verlassen, ohne noch einmal bei Samuel gewesen zu sein. Ich möchte auch nicht, daß du dich meinetwegen in Gefahr bringst. Du bleibst hier, und ich werde eine Kutsche mieten.«

Sébastien nahm ihr Gesicht in beide Hände und sah sie zärtlich an. »Du weißt, ich habe dich immer geliebt, und ich habe immer getan, was du von mir verlangt hast, aber dieses eine Mal tust du, was ich von dir verlange. Wir nehmen meine Kutsche, und ich begleite dich. Wenn es nicht anders geht, dann eben morgen früh, und ich bringe dich vorher noch zum Friedhof. Ich komme mit dir nach Deutschland und reise erst zurück, wenn ich dich in Sicherheit weiß!«

Lange und schweigend sahen sie sich in die Augen. Dann nickte Mélanie. »Gut. Ich bin einverstanden.«

Er ließ sie los, und ihr Kopf sank auf seine Brust. »Ich liebe dich auch, Sébastien, aber mein Herz war nie frei. Ich gehöre zu Samuel, und es wäre nicht richtig gewesen, wenn ich deine Frau geworden wäre.«

Er legte seine Hand auf ihren Rücken. Sie war groß und warm, und Mélanie schloß die Augen und lächelte. Für einen kleinen Moment war sie ganz und gar glücklich.

Als Sébastien gegangen war, schickte sie Anne-Marie, damit sie Joachim holte.

Es klopfte leise, und die beiden betraten den Salon.

Mélanie deutete auf das Polster neben sich. »Kommt, setzt euch zu mir an den Kamin.«

Joachim wollte lieber stehen bleiben, doch Mélanie beharrte darauf.

»Daß ich Frankreich für eine Weile verlassen werde, wißt ihr. Ich habe darüber nachgedacht, was mit meinen Sachen geschehen soll – und mit euch.« Sie sah Anne-Marie an. »Ich war sehr zufrieden mit dir und entlasse dich nur ungern aus meinen Diensten, aber ich weiß nicht, wann ich wiederkommen werde, und muß deshalb meinen Hausstand auflösen. Ich schreibe dir eine Referenz, so daß du eine gute Stellung finden wirst.«

Dann sah sie Joachim an. »Dich wollte ich bitten, all das, was ich hier lassen muß, in mein Haus nach Versailles zu bringen und dort zu wohnen und für alles zu sorgen, bis ich zurückkommen kann. Wenn du lieber eine andere Arbeit annehmen möchtest, bin ich dir natürlich nicht böse, doch es wäre mir recht, du würdest das Haus bewohnen und hegen, als ob es dein eigenes wäre.«

Joachim sah sie erschrocken an. »Aber, Madame, ich kann doch nicht in Ihrem Haus leben wie ein Herr.«

»Ach, was ist schon ein Herr!« Mélanie lächelte müde. »Ich habe in meinem Leben viele Herren gesehen, denen es gut angestanden hätte, einmal für ein Weilchen zu dienen. Warum also solltest du, der ein ganzes Leben lang treu gedient hat, nicht für ein paar Monate in meinem Haus leben wie ein Herr.«

Joachims Augen füllten sich mit Tränen. Seine runzligen Hände mit den von der Gicht gekrümmten Fingern zitterten, als er nach seinem Taschentuch griff und sich damit über das Gesicht fuhr.

Mélanie wandte sich wieder an Anne-Marie. »Ich werde ein paar Kleider und persönliche Gegenstände herauslegen, die du mir bitte einpackst. Auch die Uhr auf dem Kaminsims will ich mitnehmen. Von den Kleidern, die hierbleiben, sollst du dir nehmen, was du brauchen kannst. Wenn morgen sehr früh die Kutsche von Monsieur Colbert kommt, schafft das Gepäck und die Kisten mit den Journalen hinaus, und sorgt dafür, daß alles sicher verladen wird. Diese

Kiste – « Mélanie deutete auf eine kleinere Kiste, in der sich Samuels Briefe und das überarbeitete Manuskript zur sechsten Auflage des *Organon* befanden – »möchte ich im Wageninneren bei mir haben.«

»Ja, Madame.« Anne-Marie knickste. »Ich werde dafür sorgen.«

Das Mädchen hatte Tränen in den Augen. Mélanie legte ihr die Hand auf den Arm. »Na, nun weine doch nicht. Bald scheint die Sonne wieder über Paris, und du wirst deinen Weg schon finden.«

»Weiß nicht, vielleicht. Aber der Krieg ... und ich wäre viel lieber bei Ihnen geblieben.«

»Ja, der Krieg.« Mélanie seufzte. Sie nahm das Mädchen und den alten Mann in den Arm.

Am Grab

Mélanie stieg aus der Kutsche. Das letzte Stück bis zu Samuels Gruft wollte sie zu Fuß gehen. Es regnete. Sie spannte ihren Schirm auf, trat zur Seite und ließ die Kutsche wenden. Am Fenster saß Sébastien. Sie sahen sich für einen kurzen Moment in die Augen, dann drehte sich Mélanie um und ging über die Friedhofsallee davon.

Eine Weile lang hörte sie noch den Schritt der Pferde und das Rattern der Räder, das von den Gräbern widerhallte, dann war es still, und sie war mit den Toten allein.

Ihr Blick fiel auf einen lebensgroßen Marmorengel, der seine Hände gen Himmel streckte. Tropfen rannen über sein Gesicht, als würde er weinen. Daneben saßen in einer Gruft drei Katzen und starrten sie an, eine vierte hatte sich in einen kleinen Schrein gezwängt und leckte sich das nasse Fell. Der Anblick tröstete Mélanie. Auch wenn sie nicht mehr auf den Friedhof kommen und Samuel besuchen konnte, würde er nicht alleine sein.

Obwohl es regnete und kühl war, ging sie ohne Hast und sah sich ein letztes Mal die Gräber an. Die Jahre waren auch an ihnen nicht spurlos vorübergegangen. Manche, die anfangs gepflegt wurden, waren mit der Zeit mehr und mehr verwildert. Auf anderen waren Grabsteine ausgetauscht worden, oder neue Namen waren hinzugekommen, und andere Menschen als zuvor pflanzten Blumen und weinten an ihnen.

So früh am Morgen und bei strömendem Regen war jedoch außer Mélanie und den Katzen niemand hier.

Sie hatte die Gruft erreicht, öffnete das Schloß und schlüpfte hinein. Ein Vogel flatterte aufgeschreckt davon, dann war es still – nur noch der Regen plätscherte leise vor sich hin.

Vier Männer lagen hier, die in ihrem Leben eine Bedeutung gehabt hatten. Ihr Vater Joseph d'Hervilly, ihr Pflegevater Guillaume Lethière, ihr Mentor und Freund Louis-Jérôme Gohier und ihr Mann. Sie ging von einem zum anderen, legte kurz eine Hand auf den kalten Stein der Sarkophage und blieb dann vor Samuel stehen.

»Da bin ich, Liebster«, flüsterte sie, »und heute vielleicht zum letzten Mal, bevor wir uns in deiner Welt wiederbegegnen. Die Zeiten sind düster, die Menschen bekriegen sich, und ich bin gezwungen, dein Lebenswerk in Sicherheit zu bringen. Diesmal nicht vor dem Haß und dem Neid deiner Widersacher, sondern vor den Menschen, die die Liebe verloren haben und darum nach dem Vaterland schreien.«

Mélanie seufzte. »Vielleicht wäre auf dieser Welt alles viel besser, wenn man ein Land ein Mutterland sein ließe, aber immer noch gelten die Frauen nichts, obwohl Männer doch ohne sie verloren wären. Wer sonst würde ihre Kinder gebären? Ihre Seelen vergolden? Ihre Körper streicheln? Wen würden sie lachen hören, bei all den Kriegen, die sie führen? Wer würde Haus und Hof bestellen, während sie sich die Köpfe einschlagen und anderer Männer Häuser anzünden und Frauen schänden?«

Plötzlich lachte sie auf. »Ja, du hörst es, Liebster, so alt bin ich nun schon und noch immer nicht bereit, dem Manne untertan zu sein, wie man es ein Leben lang von mir gefordert hat. Sie haben mich verklagt und vor Gericht gezerrt. Sie haben mir verboten, das zu tun, was ich besser konnte als sie selbst. Sie haben mich ausgeschlossen und bekämpft, beschimpft und gedemütigt und sich sogar erdreistet, mich in deinem Namen mit Füßen zu treten! Wenn du wüßtest, haben sie gesagt, wie ich mit deinem Vermächtnis umgehe, du würdest dich im Grabe umdrehen! Dabei tat ich doch nur, was mir von dir aufgetragen wurde. Und das alles mußte ich erleiden, nur weil ich eine ... *deine* Frau bin.«

Ihre Worte hallten von den Wänden der Gruft wider wie

das Flüstern des Windes in einem halbverfallenen Haus. Sie seufzte und wischte sich mit dem Handrücken die Tränen aus den Augen.

»Und doch bin ich dankbar, Liebster, daß ich dich traf und von dir geliebt wurde, denn du warst das Beste in meinem Leben und gabst mir mehr, als mir je ein anderer hätte geben können. Ich danke dir, Samuel, und ich liebe dich auf ewig.«

Sie ging vor dem Sarkophag in die Hocke und legte ihre Wange auf den Stein, so als wollte sie hineinhorchen in die grausame Stille des Todes. »Und jetzt kommt ein neues Leid hinzu«, flüsterte sie, »ich muß dich verlassen und dieses Land, in dem ich und all meine Ahnen geboren wurden. Und wer weiß, ob mein Besitz über den elenden Krieg hinweg gerettet werden kann. Nicht mehr viel ist mir geblieben, aber es war doch immer noch genug, daß ich mich mühevoll am Leben erhalten konnte, solange ich bescheiden war. Doch jetzt scheint auch das noch verloren. Und ich selbst bin ausgezehrt an Leib und Seele und müde von einem Leben voller Arbeit, für die ich doch nie erhalten durfte, was mir zustand. Weder Geld noch Achtung oder Anerkennung.«

Sie richtete sich wieder auf. Ihre Hand lag auf dem Sarkophag, ihren Blick hatte sie auf den Stein gerichtet, als könnte sie durch ihn hindurch auf die verworrenen Jahre ihres Lebens blicken. Erst als das Trappeln von Pferden zu hören war und ein leiser, mahnender Ruf nach ihr, schreckte sie auf und lauschte hinaus.

»Du hörst es selbst, Liebster, ich muß gehen. Sébastien wird mich begleiten, und er befürchtet das Schlimmste.« Sie küßte den kalten Stein. »Dein auf immer«, flüsterte sie. Tränen liefen über ihre Wangen, als sie sich wieder aufrichtete.

Ein letzter Blick auf die anderen Särge, ein letztes Adieu, dann verließ Mélanie die Gruft.

Sébastien war bereits ausgestiegen und wartete neben der Kutsche. Er öffnete für sie die Tür, half ihr hinein und setzte sich dann neben sie. »Damit die Pferde nicht auskühlen, haben wir eine kleine Runde gedreht. Am Jardin du Calvaire bei St. Pierre trafen wir auf eine Gruppe von Soldaten, die nach Aufständischen suchten, und wir hörten, daß es wieder Straßenkämpfe gibt. Vom Louvre herauf hallten Schüsse, und wir sahen ein Feuer in der Nähe der Place de la Concorde. Die Situation wird stündlich gefährlicher! Wir müssen sehen, daß wir möglichst schnell aus der Stadt kommen.«

Mélanie hatte schweigend zugehört. Nun legte sie ihren Kopf an Sébastiens Schulter und schloß die Augen. »Mag Gott uns beistehen, wenn es einen gibt«, sagte sie leise.

Sie konnten die Stadt über den Montmartre unbehelligt verlassen. Doch als sie gegen Abend bei Mouy die Thérain überqueren wollten, gerieten sie in einen Hinterhalt von Aufständischen.

Es war eine Gruppe junger Männer in zerfetzten Kitteln und Hosen, dreckverschmiert und außer Rand und Band. Ein Rothaariger sprang so plötzlich vor die Kutsche, daß der Kutscher sich in die Zügel stemmen mußte, um das Gefährt anzuhalten.

»Los, aussteigen!« brüllte ein anderer und riß den Wagenschlag auf. Er war noch jung, kaum siebzehn Jahre alt.

Mélanie hatte mit ihren langen Röcken Mühe, ohne helfende Hand aus der Kutsche zu kommen. Weil es dem Kerl nicht schnell genug ging, packte er sie am Arm und zerrte an ihr, daß sie fast zu Fall gekommen wäre. »Papiere her!« Er fuchtelte mit einem Bajonett vor ihrer Nase herum.

Mélanie sah Sébastien an, griff dann zögernd in ihren Beutel, um das Ausweispapier zu suchen. Ihre Hände zitterten dabei, die Angst trieb ihr kleine Schweißperlen auf die Stirn. Ihr war klar, dieser Junge hatte keinerlei Respekt und würde, wenn er ihren deutschen Namen las, nicht lange fackeln und sie aufspießen wie einen armseligen Wurm.

Schon fühlte sie das Papier zwischen den Fingerspitzen, als plötzlich Sébastien vorsprang und den Kerl am Kragen packte. »Du scheinst nicht zu wissen, wen du da vor dir hast«, fauchte er ihn an. »Es ist die Marquise Mélanie d'Hervilly-Gohier, die Witwe Louis-Jérôme Gohiers, eines Politikers, der in Frankreich bereits für Recht und Freiheit eintrat, noch bevor du Lümmel in die Hosen machen konntest! Und du erdreistest dich, dir von einer Dame wie ihr die Papiere vorführen zu lassen? Schäm dich, verdammter Windbeutel!« Er ließ den verdutzten Jungen so plötzlich wieder los, daß der ins Wanken kam und gegen einen seiner Kumpane taumelte.

Vielleicht waren es Sébastiens Worte, vielleicht seine wilde Entschlossenheit oder die unerwartete Kraft, mit der ein alter Mann sich gegen einen jungen Bewaffneten stellte – jedenfalls drängte sich der Rothaarige dazwischen und signalisierte mit einer Kopfbewegung, daß die beiden wieder in die Kutsche steigen konnten.

Der Junge ließ sie nur widerwillig gehen. Er stieß einige wilde Flüche aus und schoß, kaum daß Mélanie und Sébastien in den Polstern saßen, zweimal in die Luft.

Die Pferde stiegen im Geschirr und suchten in wildem Galopp das Weite. Der Kutscher hatte alle Mühe, sie wieder zu bändigen. Erst als er sich und seine Herrschaften in Sicherheit wähnte, legte er sich ins Zeug und hielt an.

Sébastien beugte sich aus dem Fenster. »Was ist los, Jacques?«

»Entschuldigung, Herr, aber die Pferde sind am Ende ihrer Kraft, und außerdem wird es bald dunkel sein. Für heute können wir nicht weiter.«

»Du hast recht, wir brauchen ein Quartier.«

»Mit Verlaub – nicht weit von hier hat mein Schwager einen Hof. Er ist ein rechtschaffener Mann und wird Sie bestimmt bewirten, Herr. Wenn Sie erlauben, fahre ich zu ihm.«

»Wenn wir ihm vertrauen können, dann bringe uns hin.«

»Ja, Herr, ich lege meine Hand für Félix ins Feuer, Herr.«

Die Liebesnacht

Félix hob seine Lampe und schien Mélanie und Sébastien ins Gesicht. »Dein Herr, sagst du?« Er sah Jacques an.

»Ja, mein Herr – Monsieur Sébastien Colbert. Und das ist ...«

»... und das ist meine Frau Mélanie, geborene d'Hervilly und Witwe von Monsieur Louis-Jérôme Gohier«, fiel Sébastien seinem Kutscher eilig ins Wort.

Jacques starrte auf seine Schuhspitzen. Man merkte ihm an, daß es ihm nicht gefiel, seinen Schwager anlügen zu müssen, dennoch hielt er zu Sébastien. »Ja, und Madame«, murmelte er.

»Wir sind unterwegs nach Darup, an der holländischen Grenze. Dort lebt die Tochter meiner Frau.« Daß Darup ein deutscher Ort war, verschwieg Sébastien.

Jacques ergriff wieder das Wort. »Es ist zu dunkel, um weiterzufahren. Wir brauchen ein Nachtlager und einen sicheren Platz für die Kutsche. Im Namen der Jungfrau Maria – du hast ein gutes Herz, Schwager, und du hast Platz in deinem Haus. Nimm uns für eine Nacht bei dir auf.«

Félix trat zurück und rief ins Haus hinein nach seiner Frau. »Susanne, dein Bruder ist da, und er hat seine Herrschaft dabei!« Dann zu Jacques: »Kommt herein, Susanne wird euch ein Lager richten.«

Susanne erschien auf der Treppe. Sie war klein und dick und hatte rote Apfelbäckchen wie ein vom Spielen erhitztes Kind. Als sie Jacques sah, schlug sie die Hände vors Gesicht. »Daß du lebst! Daß du gesund bist und lebst!« Sie fing vor Freude zu weinen an. »Du weißt es bestimmt noch nicht, aber unsere Brüder Maurice und Adrien sind in der Schlacht bei Sedan umgekommen! Die verdammten Preußenhunde haben sie erschossen!«

Sie fiel ihrem Bruder um den Hals und küßte ihn mehrmals, dann knickste sie unbeholfen vor Sébastien und Mélanie. »Ich richte gleich etwas zu essen für Sie her – und eine Kammer. Kommen Sie nur!«

»Danke, wir sind Ihnen sehr dankbar für Ihre Gastfreundschaft.« Mélanie sah von Susanne zu Jacques, dem sie eindringlich in die Augen blickte. »Aber viel wichtiger als wir selbst ist unser Gepäck.« Sie wandte sich an Félix. »Es sind Kisten mit Krankenjournalen. Für Fremde ist es nichts als beschriebenes Papier, aber für uns haben sie einen unwiederbringlichen Wert.«

Félix nickte. »Wir könnten die Kutsche in die Scheune stellen und den Heuwagen davor. So kommt keiner dran, ohne einen Höllenlärm zu veranstalten.«

Er führte die Gäste in die Stube. Dann wollte er zu Jacques hinaus, um zusammen mit ihm Pferde und Kutsche zu versorgen, Mélanie hielt ihn jedoch zurück. »Bitte richten Sie Jacques aus, er soll die kleine Kiste, die wir auf dem Sitz in der Kutsche untergebracht haben, mit hereinbringen.«

»Ja, Madame, ich werde es ihm sagen.«

Als sie alleine waren, wandte sich Mélanie an Sébastien. »Warum hast du gesagt, ich sei deine Frau?«

»Damit ich die Nacht über bei dir sein kann. Wir sollten uns nicht trennen, ich kann dir sonst nicht helfen, wenn etwas geschieht. Falls die jungen Kerle, die uns überfallen haben, hier auftauchten, könnten zwei verschiedene Geschichten fatal sein.« Er küßte Mélanies Hände und lächelte. »Was macht es außerdem schon, wenn zwei alte Menschen in einem Bett schlafen.«

»Wir beide wissen, daß Alter nicht vor Liebe schützt.«

Sie versuchte ihm ihre Hände zu entziehen, aber er hielt sie fest. »Dann befürchtest du also, du könntest dir und deinen Grundsätzen nach all den Jahren doch noch untreu werden?«

Sie sagte nichts, sondern lehnte sich zurück und schloß die Augen. Sie war zu müde, um Einwände zu bringen, und wenn sie ehrlich war, war es ihr durchaus recht, nicht allein in einem Zimmer schlafen zu müssen. Der Überfall hatte ihr Angst gemacht.

Als man später bei Tisch zusammen saß, brachte Félix Apfelschnaps und erzählte, was man ihm und Susanne über Maurices und Adriens Tod berichtet hatte.

Jacques hatte Tränen in den Augen, aber er schluckte sie mit dem Schnaps hinunter und ließ sich einen zweiten einschenken. »Der Krieg«, murmelte er, »hat noch nie was Gutes gebracht.«

»Die Preußen sind Schweine!« begann Susanne wieder.

Da schrie Jacques seine Schwester plötzlich an: »Glaubst du denn, es macht etwas aus, ob eine Kugel aus einem Preußengewehr kommt oder aus einem französischen? Der Tod ist für alle gleich, hüben wie drüben. Und die Kinder und Frauen der Männer, die unser Vater anno dazumal totgeschossen hat, weil Kaiser Napoleon die Welt erobern wollte, die werden sagen, die Franzosenschweine! So geht es hin und her wie mit Lothringen und dem Elsaß, das man nun auch schon wieder den Deutschen versprechen will, und am Ende sind alle Schweine, und jeder haßt jeden, und niemals wird es Frieden geben. Also gib Ruhe jetzt, Susanne!«

Die Frau war bleich geworden. Mit zitternden Lippen starrte sie ihren Bruder an. Auf einmal sprang sie auf und lief hinaus, wo man sie weinen hörte.

Nach diesem Vorfall wollte kein Gespräch mehr aufkommen, und daher ging man zu Bett.

Es gab nur einen kleinen Kerzenstummel im Zimmer. Mélanie zündete ihn sogleich an. Sie zog ihr Kleid aus und hängte es sorgsam über den Stuhl, das Unterkleid aus weißem Leinen ließ sie an. Dann setzte sie sich aufs Bett, öffnete ihr Haar und begann es zu bürsten.

Sébastien stand an der Tür. Der Schein der Kerze reichte nicht bis zu ihm, so konnte Mélanie nicht sehen, daß er sie zärtlich lächelnd beobachtete.

Wie verlegen sie war und wie schön dabei! Daß die Jahre kleine Falten in ihre Haut gegraben hatten, störte ihn nicht. Etwas anderes war ihm viel wichtiger: die Kraft, die sie noch immer ausstrahlte und ohne die sie die Widrigkeiten ihres bewegten Lebens niemals hätte durchstehen können. Ihre hohe, intelligente Stirn, ihre immer noch sinnlichen Lippen, das Strahlen ihrer blauen Augen, wenn sie für einen kurzen Moment ihr Leid vergaß.

Immer hatte Sébastien schöne Frauen geliebt, aber nie hatte eine dieser Schönen ihn so tief bewegen können, wie Mélanie es vermochte. Sie war wie der Mond bei Nacht – wenn ihn die Sonne beschien, dann konnte er mit seinem Leuchten Licht ins Dunkel der Welt bringen.

Er liebte diese wunderbare, eigensinnige, faszinierende Frau. Er mußte sie nicht besitzen, wie man ein besonderes Schmuckstück besitzen wollte. Aber nah sein wollte er ihr. Im Herzen, im Geiste und vielleicht in dieser Nacht auch einmal ihrem Körper – so nahe sein, daß er ihre Wärme spüren und sie in sich aufnehmen, daß er ihren Duft riechen und sie streicheln konnte. Was war schon die Liebe der jungen Jahre – ein heftiger Impuls, der fordernd sich holte, was ein Körper zu brauchen glaubte. Die reife Liebe lag im Geben. Sich halten und tragen, sich wärmen und einander gut sein aus tiefster Seele.

Als die Hand, in der sie die Bürste hielt, nach dem letzten Strich in ihren Schoß sank, seufzte sie leise. »Na, nun komm schon her«, sagte sie, »ich weiß doch, daß du dort an der Tür stehst und mich beobachtest und mich umarmen möchtest – mein liebster Freund, das Beste, was mir geblieben ist.«

Er trat nach vorne, ging vor ihr auf die Knie und legte seinen Kopf in ihren Schoß. Ihre Hand glitt langsam durch sein graues Haar, und sie fühlte seine Tränen auf ihren Schenkeln.

Kurz vor Mitternacht schreckte Mélanie plötzlich auf. Sie hörte Geräusche vor dem Haus, ein Knacken und Flüstern. Sie schlüpfte aus dem Bett und schlich zum Fenster. Erst als sie eine Weile angestrengt ins Dunkle gestarrt hatte, konnte sie die Gestalten erkennen, die sich an dem Wagen zu schaffen machten, den Félix als Barrikade vors Scheunentor gestellt hatte.

Auf einmal stand auch Sébastien neben ihr.

»Vielleicht versuchen sie in die Scheune zu kommen, um unser Gepäck zu stehlen!« Mélanies Stimme klang panisch. »Kannst du sehen, wer es ist? Ist Félix dabei?«

»Nein.« Sébastien schüttelte den Kopf. »Ich kann niemanden so recht erkennen. Ich sollte Jacques wecken.«

Er ging zur Tür, Mélanie folgte ihm. Es war dunkel auf dem Flur, und wo eine Lampe war, wußten sie nicht. Sie tasteten sich an der Wand entlang zum nächsten Zimmer. Sébastien klopfte und rief leise nach Jacques. Niemand rührte sich.

»Jacques!« Sébastiens Stimme wurde lauter.

Plötzlich wurde die Tür aufgerissen, und Susanne stand vor ihnen. Sie hielt eine Kerze in der Hand und starrte die beiden an. »Jacques schläft in der Scheune bei der Kutsche. Mir war's nicht recht, aber er wollte es so.«

»Draußen sind Männer«, sagte Mélanie.

»Es ist Félix mit zwei von unseren Knechten.«

»Aber was tun sie dort?«

»Sie werden schon etwas zu besprechen haben«, antwortete Susanne barsch und schloß die Tür wieder.

Mélanie schüttelte ratlos den Kopf. »Sie ist böse auf uns, oder man hat hier etwas zu verbergen. Vielleicht wollen sie tatsächlich unsere Sachen ...«

»Leise.« Sébastien legte eine Hand auf ihren Mund. »Da ist jemand ins Haus gekommen. Geh zurück ins Zimmer.« Er flüsterte so leise, daß sie ihn kaum verstehen konnte. »Ich werde nachsehen.«

»Sébastien – « Mélanie hielt seine Hand fest. »Sei vorsichtig!«

»Ja, natürlich.«

Mélanie zog leise die Tür hinter sich zu und ging wieder zum Fenster. Es war nun ruhig vor dem Haus, und sie konnte auch keine Gestalten mehr erkennen. Sie preßte die Hände gegen die Schläfen und lauschte auf das Pochen ihres Herzens. Sie hatte Angst!

Dieses Warten schien eine Ewigkeit zu dauern. Dann waren plötzlich Schritte auf dem Flur zu hören, die Tür wurde aufgerissen, und Sébastien trat herein.

»Zwei von den Knechten kamen erst spät vom Markt zurück. Sie fanden etwa eine Meile von hier zwei tote Männer und eine Frau neben dem Weg. Ihre Kleider und die Kutsche mit allem Gepäck waren gestohlen. Die Knechte wollten den Heuwagen holen, um die Leichen zum Kirchhof zu schaffen, doch dann kam Félix dazu und hat es verboten. Jetzt haben sie eine Wache bis zum Morgen eingeteilt, damit kein Unbefugter den Hof betritt. Die Knechte sagen, daß die preußische Armee bereits auf Paris vorrückt, um die Besatzungstruppen gegen die Aufständischen zu unterstützen.« Sébastien seufzte. »Wie es scheint, hat das Morden noch lange kein Ende.«

»Das alles ist so schrecklich!« Mélanie sank auf das Bett, und Sébastien setzte sich neben sie.

»Es wird stündlich gefährlicher zu reisen, und auch die belgische Grenze wird mehr und mehr besetzt. Wenn wir die Manuskripte und Journale in Sicherheit bringen wollen, müssen wir schnellstens das Land verlassen.« Er legte den Arm um Mélanie, und sie ließ ihren Kopf auf seine Schulter sinken. »Ich dachte, wir könnten den Weg über St.Quentin nach Mons nehmen, aber jetzt halte ich es für klüger, Richtung Calais zu fahren.«

Plötzlich griff Mélanie nach seiner Hand und führte sie an ihre Wange. »Ich habe keine Angst vor dem Tod, aber vor dem, was man mir antun könnte. Ich habe Angst, daß man mir die Würde nimmt, daß man mir möglicherweise die Kleider vom Leibe reißt, daß ich im Straßengraben verrekken muß wie ein Tier und nicht neben Samuel begraben werden kann. Und ich habe Angst, schreckliche Angst um die Manuskripte!«

Sébastien legte sich hin und zog Mélanie in seine Arme. Er deckte sie zu und hielt sie fest. »Wer uns auch immer begegnet – ich werde nicht zulassen, daß dir so etwas angetan wird.«

Sie richtete sich auf, beugte sich über ihn und sah ihn fest an. »Ich habe gesehen, daß du eine Pistole im Gürtel unter der Weste trägst. Versprich mir, daß du meinem Leben ein Ende setzen wirst, bevor man mich quält oder schändet.«

»Aber ...«

»Bitte, versprich es.«

Sie sahen sich lange und schweigend in die Augen, und endlich nickte Sébastien. »Ja, ich verspreche es.«

Mélanie beugte sich über ihn und küßte seine Lippen. »Was sind das nur für Zeiten! Es ist unsere erste gemeinsame Nacht, und wir denken an den Tod.«

»Du denkst an den Tod – ich denke an die Liebe.«

»Ach, Sébastien ...« Sie schmiegte sich an ihn. Seine Nähe, seine Wärme, die Liebe, die er für sie empfand, gaben ihr Trost – wenigstens bis zum Morgengrauen.

Jacques klopfte an die Tür, kaum daß es dämmerte. »Monsieur, ich habe angespannt, wir können abfahren, sobald Sie es wünschen. Ein Frühstück steht auch schon bereit.«

»Danke, Jacques, wir kommen.«

Sébastien strich Mélanie eine Haarlocke aus der Stirn, küßte sie und stand auf. Er goß Wasser in die Schüssel und wusch sich das Gesicht, kämmte sich das Haar, schor sich das Kinn und schlüpfte in seine Kleider. »Ich werde unten auf dich warten«, sagte er, dann zog er die Tür hinter sich zu.

Als Mélanie sich angekleidet hatte und ans Fenster trat, sah sie ihn mit Jacques einen Korb im Wageninneren verstauen. Sie lächelte, als er sich die Haare aus dem Gesicht strich, mit dieser Geste, die ihr so vertraut war, wie ihr alles an ihm vertraut war. Ein halbes Leben kannte sie ihn, und immer war er ihr treu zur Seite gestanden. Der Gedanke, daß sie bald auf dem Gut ihres Schwiegersohnes sein und Sébastien nach Paris zurückkehren würde, machte sie plötzlich traurig. Wenn sie auch nicht miteinander lebten und sich manchmal monatelang nicht sehen konnten, weil er in England war oder in Belgien oder in Südfrankreich, so gehörte er doch zu ihr, wie ein Paar Handschuhe zusammengehörten, die ohne einander nutzlos wären.

Sie ließ den Vorhang sinken, nahm die Kiste mit dem Manuskript und ging hinunter. Susanne kam ihr aus der Stube entgegen. »Ich habe Speck und Eier gebraten, und einen Kuchen habe ich auch«, sagte sie. »Und Milchsuppe, wenn Sie möchten.«

»Vielen Dank, Susanne. Etwas Ei und ein Stück Kuchen nehme ich gerne.«

Mélanie aß und trank etwas von dem Kräutertee, dann ging sie hinaus.

Jacques nahm ihr die Kiste mit den Manuskripten ab und befestigte sie mit einem Riemen im Wageninneren. Susanne stand daneben und sah ihrem Bruder zu. »Ob ich dich je wiedersehe?« fragte sie mehr sich als ihn, und schon wieder füllten sich ihre Augen mit Tränen. »Zwei Brüder habe ich bereits verloren!«

»Rede doch keinen Unsinn, Susanne. Warum solltest du mich denn nicht wiedersehen.«

»Weil es nicht gut ist für einen Franzosen, nach Deutschland zu fahren.«

Erstaunt sah er sie an. »Woher weißt du, wo Darup liegt?«

»Ich weiß es eben. Und ich weiß noch viel mehr, als du glaubst. Ich habe Madame Hahnemann erkannt.« Trotzig sah sie von ihm zu Mélanie.

»Mach dir keine Sorgen, Schwester. Wir fahren über Belgien und die Niederlande. Deutschen Boden betreten wir kaum, das Gut liegt nicht weit von der Grenze.«

»Er hat recht.« Mélanie gab Susanne die Hand. »Wir werden alle aufeinander aufpassen, das verspreche ich. Ich danke für die Gastfreundschaft, und verzeihen Sie uns die Lüge. Es war, um Sie zu schützen. Gott behüte Sie wohl – und mag der Krieg bald ein Ende haben.«

Susanne seufzte. »Ja, das wünsche ich auch!«

Mélanie und Sébastien stiegen in die Kutsche, Félix schloß die Tür hinter ihnen. Ein letztes Mal umarmten Bruder und Schwester sich, dann knallte Jacques mit der Peitsche, und die Rösser zogen an.

Ein Stück weiter bog die Kutsche auf den Hauptweg ein. Als Mélanie aus dem Fenster sah, stand Susanne noch immer an der Haustür und sah ihnen nach. Sie winkte, und Mélanie winkte zurück. »... und daß der Krieg bald ein Ende haben möge«, flüsterte sie.

Das Gehöft

Sie kamen nur langsam voran. Die Pferde waren erschöpft, und es gab kaum Futter für sie. Die Herbergen waren von Flüchtlingen überfüllt, und für ein Essen, das schlecht war, wurden horrende Preise verlangt. So gut es ging, ernährten sich Mélanie, Sébastien und Jacques darum aus dem Korb, den Susanne ihnen mitgegeben hatte. Geräucherten Schinken und Käse, Obst, Kuchen und Brot und etwas Wein hatte sie eingepackt. Am vierten Tag jedoch waren die Vorräte aufgebraucht, und sie mußten froh sein, wenn sie irgendwo eine verkochte Kohlsuppe bekamen. Nun waren es höchstens noch ein paar englische Meilen bis zur Grenze. Bald würden sie in Sicherheit sein.

Die letzte Nacht hatten sie in einer Scheune bei einem Dorf namens Wormhout verbracht. Kaum erholt und hungrig machten sie sich in den frühen Morgenstunden wieder auf den Weg. Als sie an einem Einödhof vorbeikamen, hielten sie an, und Sébastien klopfte, um nach dem Weg zu fragen.

Die Bäuerin, die ihm öffnete, war jung und hübsch. Sie hatte blondes Haar und dralle Brüste, die halb aus der Bluse quollen.

Die Frau grinste ihn wissend an, als Sébastian den Blick wieder hob und in ihre Augen sah. »Was ist, Herr – wir haben nichts zu essen, falls Sie das wollen!«

»Nein, wir brauchen nichts. Ich will nur nach dem Weg fragen. Und wenn Sie Hafer für die Pferde hätten – natürlich bezahle ich dafür.«

»Hafer – so, so.« Es war ihm, als würde die Frau ins Dunkel des Flures lauschen. Ein mulmiges Gefühl beschlich

Sébastien. Er wollte sich schon bedanken und gehen, als sie plötzlich nickte. »Warten Sie hier, Herr, ich hole den Hafer!«

Sie schloß die Tür. Sébastien trat ein paar Schritte zurück und starrte auf das Fenster neben dem Eingang. Er spürte, daß ihn jemand beobachtete.

»Verschwindet von hier«, warnte ihn eine innere Stimme, doch im selben Moment wurde wieder geöffnet, und die junge Bäuerin reichte ihm einen Eimer.

Jacques füllte den Inhalt in die beiden Futtersäcke, die er den Pferden umhing, damit sie fressen konnten.

»Wohin wollen Sie denn?« fragte die Frau, während Sébastien ihr ein paar Münzen in die Hand zählte.

»Nach Belgien hinüber.«

Sie nickte. »Ja, das dachte ich mir schon, aber es gibt zwei Wege.«

»Welcher ist sicherer?«

Sie schien nachzudenken. »Der Weg dort.« Sie deutete mit einer Kopfbewegung nach links. »Sie müssen über einen Bach, aber dort gibt es eine Brücke. Der andere Weg ist kürzer, doch er führt durch das Bachbett, und das ist versandet. Man bleibt leicht stecken, wenn man die Fahrrinne nicht kennt.«

»Und die Grenze?« fragte Sébastien.

»Grenze?« Sie zuckte die Schultern. »Fragt ein Reh oder ein Hase nach einer Grenze, wenn drüben oder herüben das Gras besser schmeckt?«

Sébastien nickte. »Dann danke ich für die Auskunft und für den Hafer.«

»Den Hafer haben Sie bezahlt.« Sie sah die Münzen in ihrer Hand an. »Dafür kann ich Ihnen auch noch ein paar Äpfel mitgeben. Wasser können Sie aus dem Brunnen nehmen.«

Sébastien sah sich nach Mélanie um, die in der Kutsche geblieben war und sie beobachtete. Sie hatten seit gestern nichts mehr gegessen und waren alle hungrig und durstig. Doch ihm war dieses Gehöft nicht geheuer, er wollte so schnell wie möglich weg. »Danke, wir müssen weiter«, sagte er deshalb.

Unvermittelt mischte sich Jacques ein. »Die Pferde brauchen dringend Wasser, Herr. Sie haben seit gestern nachmittag nicht mehr getrunken.«

Sébastien nickte. »Ja, du hast recht.« Er wandte sich an die Bäuerin. »Wenn wir also Wasser für die Pferde nehmen dürften.«

»Der Brunnen ist dort drüben.«

Jacques holte einen Ledersack aus dem Kutschbock und tränkte die Pferde, während Sébastien sich umsah. Hinter dem Hof stand der Mais, er reichte bis zum Wald hinüber. Ein Tier schien im Feld zu sein, denn die Blätter bewegten sich. Plötzlich flogen zwei Rebhühner auf und mit Gekrächze Richtung Wald davon, und ein paar Hunde bellten hinterm Haus. Dann war es wieder still.

Endlich war Jacques fertig. »Wir können fahren, Herr.«

Sébastien wandte sich an die junge Frau. »Noch einmal danke, und Gott beschütze Sie.«

»Den Gruß an Sie zurück, Herr.« Ein Grinsen zuckte um ihre Mundwinkel.

Als er in der Kutsche saß und Jacques die Pferde antreten ließ, atmete Sébastien erleichtert auf.

»Sie hat etwas Verschlagenes«, sagte Mélanie.

Das Ende

Eine halbe Stunde hatten sie schweigend nebeneinander gesessen und aus dem Fenster gestarrt.

Auf einmal legte Mélanie ihre Hand auf Sébastiens Arm und sah ihn an. »Worüber denkst du nach? Etwas bedrückt dich, ich spüre es.«

»Über das Glück dachte ich nach.« Er nahm ihre Hand und küßte sie. »Darüber, daß jeder glückliche Augenblick mit einem Abschied verbunden ist, denn kein Moment, und sei er noch so schön, kehrt je wieder. Trotzdem werden wir nimmer satt, dem Glück nachzureisen, solange wir auf Erden sind.«

»Also leben wir auch für den Abschied so sehr wie für das Glück?«

»Wir müssen beides nehmen, das ist alles, was ich sagen wollte.«

Plötzlich zog er sie an sich. Er küßte ihre Stirn, ihre Augen, ihre Lippen. Dann legte er eine Hand auf die Kiste, die neben ihr stand und die sie seit ihrer Abreise nicht einen Moment aus den Augen gelassen hatte. »Hierin ist Samuels Lebenswerk aufbewahrt. Du hast es verteidigt wie eine Löwin ihre Jungen, hast darin deine Lebensberechtigung gesehen, doch wofür wir tatsächlich gelebt haben, wissen wir doch erst im Augenblick des Todes.« Er sah sie zärtlich an. »Ich liebe dich, Mélanie. Ich weiß, dein Herz gehört allein Samuel, aber das schmälert meine Liebe nicht. Im Gegenteil – vielleicht liebe ich dich gerade darum so sehr, weil du dir und ihm ein Leben lang treu geblieben bist. Selbst in jener Nacht, als du in meinen Armen vielleicht ein ganz klein wenig glücklich warst, bist du ihm treu geblieben.« Er nickte.

»Ich glaube, das war es auch, was deine Widersacher so sehr gegen dich aufgebracht hat. Neid wächst aus der Sehnsucht nach Liebe und wird zu Haß, wenn sie unbefriedigt bleibt. Haß, der sich gegen diejenigen wendet, von denen man spürt, daß sie haben, was man vergeblich sucht.«

»Und du – warum warst du nie neidisch, wo du mich doch vergeblich geliebt hast?«

»Aber ich habe dich nicht vergeblich geliebt. Meine Liebe zu dir war immer in meinem Herzen. Nicht du und nicht Samuel hat sie mir je verboten, und ihr hätte sie mir auch gar nicht verbieten können. Lieben ist etwas, das bei dir geschieht. Und ich wußte ja immer, du liebst mich auch ... so sehr du es eben konntest.«

Sébastien hätte noch mehr zu sagen gehabt, doch draußen war Geschrei zu hören. Die Kutsche hielt an.

»Aussteigen!« brüllte jemand.

Die beiden sahen nach draußen und erkannten ihre mißliche Lage. Sie waren am Bach angelangt. Ein junger Bursche von höchstens sechzehn Jahren stand, mit einer Mistgabel bewaffnet, vor der Kutsche, ein anderer, älter und mit einem Gewehr im Anschlag, seitlich dahinter. Sie waren beide blond wie die Frau auf dem Hof, und auch ihre Gesichter verrieten ihre Ähnlichkeit mit der Frau. Die Kutsche stand auf der Brücke, die so schmal war, daß rechts und links höchstens noch eine Elle Platz blieb und man sich nur mit äußerster Mühe herauszwängen konnte. Jeder Gedanke an Flucht war vollkommen aussichtslos.

Auf einmal sah Sébastien alles klar vor sich. Daß das blonde Miststück ihm diesen Weg gewiesen hatte, war eine Falle gewesen. Die beiden Männer, vermutlich ihre Brüder, hatten sich, während sie die Pferde tränkten, aus dem Haus geschlichen, um ihnen hier aufzulauern und sie auszurauben.

Noch etwas wurde Sébastien sekundenschnell klar. Er kannte den Hof, er würde ihnen die Polizei auf den Hals hetzen, damit mußten sie rechnen. Also konnten die Männer sie unmöglich laufenlassen. Sie würden sie umbringen, so oder so.

Sébastien öffnete die Tür und zwängte sich aus der Kutsche. »Tut mir leid, aber meine Frau kann hier nicht aussteigen, sie hat nur ein Bein. Ich müßte sie aus der Kutsche heben, doch dafür ist es auf der Brücke zu eng.«

Der ältere schien nachzudenken. »Merde«, zischte er. Dann deutete er mit dem Gewehr nach den aufgeladenen Kisten. »Was habt ihr da drin?«

»Nur Papiere – Krankenjournale.« Sébastien ging langsam nach hinten auf den Mann zu.

»Erzähl keinen Mist, verdammt!« Der Mann spuckte aus. »Und bleib stehen! Warum hättet ihr ein paar blöde Krankenjournale wohl mit Schlössern und Ketten gesichert?«

Sébastien zuckte die Schultern. »Damit wir sie nicht jede Nacht abladen müssen.« Er drehte sich kurz um. Immer noch stand der junge Bursche vor der Kutsche und hielt die Mistgabel auf die Pferde gerichtet.

»Schlüssel her!« schrie der ältere und fuchtelte wieder mit seinem Gewehr herum.

»Den Schlüssel hat mein Kutscher. Ich hole ihn.« Sébastien hob die Hände zum Zeichen, daß er nicht vorhatte, irgend etwas zu unternehmen.

»Aber laß dir ja nichts einfallen, sonst säbeln wir deiner Frau auch noch das zweite Bein ab und werfen es unseren Hunden zum Fraß vor!« Er fing an zu lachen. »Und sag deinem verdammten Kutscher, daß ich dich genau im Visier habe. Eine unbedachte Bewegung, und ich mache kurzen Prozeß mit dir!«

Sébastien behielt die Hände oben. Er fixierte Jacques mit Blicken und sagte so laut, daß der Junge ihn verstehen konnte: »Gib mir die Schlüssel; reich sie mir vorsichtig herunter, denn wenn du sie wirfst, könnten sie ins Wasser fallen.«

»Ja, Herr.« Jacques zitterte, als er die Tasche öffnete, die er umhängen hatte. Er holte einen Bund heraus und beugte sich zu Sébastien hinab, der nun sehr leise sprach.

»Wenn ich schieße, dann fährst du, verstanden? Du fährst einfach los, egal, was vor oder hinter dir geschieht. Und du bringst Madame Hahnemann nach Deutschland.«

»Ja, Herr.«

»Was flüstert ihr da!« schrie der mit dem Gewehr.

Sébastien hielt die Hand hoch. »Nichts – ich habe die Schlüssel.« Er ging noch einen Schritt weiter nach vorne auf den Jungen zu, und dann holte er plötzlich aus und warf den Bund weit von sich in den Bach.

Ein paar Schrecksekunden lang starrten die Brüder dem Schlüsselbund nach. Es war wie ein Reflex, sie mußten sehen, wohin er fiel, denn wie sollten sie ihn sonst wiederfinden. Diese Sekunden der Unachtsamkeit nutzte Sébastien. Er zog die Pistole, die er unter der Jacke im Gürtel stecken hatte, und schoß auf den Jungen. Zugleich schrie er: »Los – fahr, Jacques! Los!«

Der Junge war am Arm getroffen. Er ließ die Mistgabel fallen und taumelte zur Seite. Jacques knallte mit der Peitsche. Eines der Pferde stieg im Geschirr, doch dann preschten sie los.

»Hüh – hüh-hot!« Jacques schlug erbarmungslos auf die Tiere ein.

Der ältere der Männer, aufgeschreckt und voller Haß, schoß zuerst der Kutsche nach, dann auf Sébastien. Die Kugel traf ihn über dem Herzen. Er brach zusammen und blieb auf dem Rücken liegen.

Durch das Blattwerk der Bäume sah Sébastien über sich den Himmel. Er war wolkenlos und blau. Die Bäume drehten sich; ein rasendes Kaleidoskop. »Kein Glück ohne Abschied«, dachte er. Dann wurde es schwarz um ihn. Ein Lächeln lag auf seinem Mund – er hatte sein Leben für Mélanie geopfert.

Eine schier endlos scheinende Ewigkeit raste die Kutsche dahin, bis Jacques es endlich wagte, sich in die Zügel zu stemmen und die Rösser anzuhalten. Zitternd und mit schäumender Brust standen die Pferde da und atmeten stoßweise aus geblähten Nüstern. Jacques drehte die Bremse ein und kletterte vom Bock, dann öffnete er die Tür des Wagens, um nach Mélanie zu sehen.

»Gott sei's gedankt, es ist Ihnen nichts geschehen!« Er zog den Hut und schlug ein Kreuz. »Wir sind in Belgien, Madame.«

Mélanie starrte ihn kreidebleich an. »Warum bist du ohne ihn gefahren?«

»Er hat es so befohlen.«

»Er hat es so befohlen ...«, wiederholte Mélanie flüsternd.

Sie legte ihre Hand auf die Kiste, in der das Manuskript aufbewahrt war, und schloß die Augen. Tränen rannen über ihr Gesicht. »Kein Glück ohne Abschied«, sagte sie leise, »– wie kann ich dir je danken, Sébastien.«

Nachwort

Nicht nur zu Lebzeiten, auch heute noch wird Mélanie Hahnemann vorgeworfen, sie sei eine Querulantin gewesen und habe die Manuskripte ihres Mannes böswillig und aus Habgier zurückgehalten. Letzteres ist schon deshalb unsinnig, weil sie sich durch den Verkauf der Manuskripte ihr schweres Leben bedeutend hätte erleichtern können.

Ihre Kritiker stützen sich auf alte Zeitungsberichte, Dokumente und Briefe von Zeitzeugen. Sie vergessen dabei aber, in welcher Epoche Mélanie Hahnemann lebte und daß all diese Schriftstücke entweder von Männern oder von voreingenommenen Familienmitgliedern verfaßt wurden. Eine Frau wie Mélanie Hahnemann, die sich nicht nur gegen die Ärzteschaft stellte, sondern auch für die Rechte der Frau eintrat, weckte zu ihrer Zeit Empörung und zog sich den Unmut und die Feindschaft der Öffentlichkeit zu. Ich hoffe, es ist mir mit dieser Romanbiographie gelungen, ihre Situation so darzustellen, wie sie der Zeit entspricht, und das schlechte Licht, in das Mélanie Hahnemann von ihren voreingenommenen Kritikern gestellt wurde, zurechtzurücken.

Ich habe mich bei meiner Arbeit in großen Zügen an die Tatsachen gehalten. Mélanie reiste allein und als Mann verkleidet nach Köthen, auch die Rückreise nach Paris unternahm sie wieder in Männerkleidung. Es entspricht der Wahrheit, daß ihr Dr. Samuel Hahnemann bereits nach drei Tagen einen Heiratsantrag machte, Mélanie konvertierte und die Hochzeit aus den genannten Gründen heimlich vorbereitet wurde. Den Gesprächen im Pariser Wartezimmer liegen Patientenberichte zugrunde, die Berühmtheiten, die ich erwähne, waren tatsächlich Freunde oder Patienten der

Hahnemanns und gingen bei ihnen ein und aus, und auch die Behandlung Paganinis brach Samuel aus Eifersucht ab.

Vor allem um Samuels Tod wurde ein Netz von Gerüchten gewoben. Böse Zungen behaupteten, Mélanie hätte ihren Mann »zusammen mit ihren ehemaligen Liebhabern« lieblos verscharrt. Das Gegenteil war der Fall. Sie zerbrach beinahe an Samuels Tod, ließ seine Leiche einbalsamieren und behielt sie so lange wie irgend möglich bei sich. Weil sie sich nicht in der Lage fühlte, eine große Beerdigung mit all dem damals üblichen Tamtam auszurichten, beerdigte sie ihn frühmorgens und heimlich in engstem Kreise in ihrer Familiengruft.

Es wurde auch tatsächlich ein Prozeß gegen sie angestrengt, weil sie als Frau und ohne Erlaubnis praktizierte, und sogar die Geschichte mit dem Erfinder entspricht den Tatsachen. An ihn verlor sie das wenige, das von ihrem Besitz noch geblieben war.

Sehr erstaunt war ich, als ich bei meinen Recherchen entdeckte, daß Hahnemann eine Enkelin hatte, die, wie ich, Angeline hieß, und ich konnte es nicht lassen, ihr in meinem Buch eine kleine Rolle zuzuschreiben.

Natürlich gibt es auch Handlungsstränge und Figuren, die Fiktion sind. Dazu gehören Sabine Delacroix, Dr. Pierre Doyen und Sébastien. Diese Figuren habe ich symbolisch gesetzt. Sabine steht für die vielen Patienten, die an den damals gängigen Behandlungsmethoden starben, Dr. Pierre Doyen für die Ärzte- und Apothekerschaft, die sich feindschaftlich gegen Samuel und seine neue Heilmethode stellte, Sébastien für den kleineren Kreis derer, die sich trotz aller Intrigen und unlauterer Machenschaften nicht von der Homöopathie abbringen ließen.

Tatsächlich mußten Mélanie, Sophie und Karl 1871, in den Wirren des Krieges, Paris verlassen. Zusammen lebten sie eine Weile auf dem Gut in Darup, das Karls Familie gehörte, dann kehrte Mélanie allein nach Frankreich zurück.

Die Manuskripte ließ sie bei ihrem Schwiegersohn in Deutschland. 1920 wurden sie dann von dem Arzt und Homöopathen Dr. Richard Haehl erstanden. Er veröffentlichte einen Teil davon sofort, aber die gesamte Bearbeitung der sechste Auflage des *Organon* dauerte noch einmal fast vier Jahrzehnte und erschien erst einige Jahre nach Ende des zweiten Weltkrieges.

Obwohl seit Hahnemanns Tod inzwischen mehr als hundert Jahre vergangen waren und obwohl in Amerika seit Kent bereits erfolgreich mit sehr hohen Potenzen behandelt wurde, fand in Europa die breite Öffentlichkeit auch da noch keinen Weg zu Hahnemanns letzter Arbeitsweise. So zeigte sich, daß Mélanies Mißtrauen mehr als berechtigt gewesen war.

1872 erhielt Mélanie Hahnemann aufgrund ihres amerikanischen Diploms doch noch die amtliche Zulassung als homöopathische Ärztin und konnte nun endlich unbehelligt arbeiten. Am 27. Mai 1878, fast genau 35 Jahre nach Samuel, starb sie im Alter von 78 Jahren an Lungenkatarrh und wurde auf dem Friedhof von Montmartre im Grab neben ihm beigesetzt.[*]

So waren *le grand homme* und seine ihn so hingebungsvoll liebende Frau im Tode endlich wieder vereint.

> Alles beginnt
> und alles endet
> zur rechten Zeit
> am rechten Ort

---

[*] Hahnemann wurde später jedoch umgebettet und liegt heute auf dem Pariser Friedhof Père-Lachaise.

Zum besseren Verständnis ein erklärendes Wort zur Wirkungsweise der Homöopathie – verfaßt von René Prümmel, Ehemann der Autorin und Heilpraktiker für Klassische Homöopathie

Die Homöopathie ist eine Heilmethode, deren Prinzip »heile Ähnliches mit Ähnlichem« schon in der Antike erwähnt wurde. Ihr experimentell erforschtes wissenschaftliches Fundament fand sie aber erst gegen Ende des 18. Jahrhunderts. Begründer der modernen Homöopathie war Samuel Hahnemann (1755-1843), ein unermüdlich suchender und brillant denkender Arzt und Forscher auf dem Gebiet der Chemie und Medizin. In unzähligen Versuchen bestätigte sich die von ihm formulierte Theorie immer wieder, daß ein Stoff, der bei gesunden Menschen bestimmte Symptome hervorrufen kann, diese im Krankheitsfall zu heilen vermag. Hahnemann nannte dieses Naturgesetz das «Ähnlichkeitsprinzip».

Fast noch wichtiger als die Entdeckung dieser homöopathischen Grundregel waren seine Versuche zur Herstellung sanft und trotzdem effektiv wirksamer Arzneien. Denn obwohl sich die Richtigkeit des Ähnlichkeitsprinzips immer wieder bestätigen ließ, war die Wirkung der zuerst nur roh verabreichten arzneilichen Stoffe häufig viel heftiger, als Hahnemann sich das wünschte. Erst das von ihm in langwierigen Experimenten entdeckte Verfahren des Potenzierens brachte darin Veränderung.

Homöopathische Arzneien werden häufig als Verdünnungen abqualifiziert, aber diese Bezeichnung ist nicht korrekt. Nicht die Verdünnung an sich ist für ihre Wirksamkeit bestimmend, sondern eine aufwendige Prozedur von Verreiben, Verdünnen und Verschütteln. Erst dieses Dynamisieren oder Potenzieren, wie die Prozedur genannt wird, läßt ein homöopathisch wirksames Heilmittel entstehen.

Man kann fast alle handelsüblichen homöopathischen Arzneien als D-Potenz, C-Potenz oder als LM-Potenz kaufen, wobei jede dieser Aufbereitungsformen ihre eigene Qualität besitzt. Die meisten homöopathischen Arzneien sind pflanzlicher oder mineralischer Natur, ein Teil ist metallischen Ursprungs, während eine kleine Gruppe, die sogenannten Nosoden, krankem Gewebe entstammt.

Um eine homöopathisch wirksame Arznei herzustellen, wird der Ausgangsstoff zuerst verrieben und anschließend in einem Gemisch aus Wasser und Alkohol aufgelöst. Diese Lösung nennt man die Urtinktur einer Arznei. Zur Herstellung der C-Potenzen wird nun 1 Tropfen dieser Urtinktur in 99 Tropfen einer Wasser-Alkohol-Lösung gegeben und mehrmals mit kräftigen Schüttelschlägen vermischt. So entsteht die Potenz C-1. Mischt man 1 Tropfen der C-1 mit wiederum 99 Tropfen der Wasser-Alkohol-Lösung und verschüttelt auch diese Mischung, entsteht eine C-2 und so weiter. Wird nicht ein Mischverhältnis von 1:99, sondern von 1:9 eingehalten, spricht man von D-Potenzen. Bei den sogenannten LM- oder Q-Potenzen liegt das Mischverhältnis bei 1:50000.

Bei diesem sehr arbeitsintensiven Prozeß des Potenzierens werden dem Ausgangsstoff nach und nach die materiellen Bestandteile entnommen, während sich sein energetisches Potential gleichzeitig um so mehr verstärkt. So entwickelt sich aus einer Pflanze, einem Metall, einer Mineralie Stufe für Stufe ein immer kräftiger werdender Energieträger, der dort, wo die Steuerung der Organfunktionen stattfindet, nämlich im energetischen Bereich unseres Körpers, Einfluß nimmt.

Literaturnachweis

Boerick, William, Homöopathische Mittel und ihre Wirkungen, Leer/Ostfriesland 1995

Dinges, Martin, Weltgeschichte der Homöopathie, München 1996

Geschichte der Frauen im 19. Jahrhundert, Frankfurt am Main 1997

Geschichte des privaten Lebens, Band 4, Augsburg 2000

Hahnemann, Samuel, Organon der Heilkunst, Heidelberg 1987

Handley, Rima, Eine homöopathische Liebesgeschichte, München 1993

Streuber, Inge, Auf dem Pfad der Köthener Homöopathen, Köthen 2003, Veröffentlichung der Bach-Gedenkstätte Schloß Köthen, Historisches Museum für Mittelanhalt

Tötschinger, Gerhard, Ach, wer da mitreisen könnte – Reisen im Biedermeier, München 2001

Weber-Kellermann, Ingeborg, Die Familie, Frankfurt am Main 1976

www.buecher-von-angeline-bauer.de
www.homoeopathie-infoline.de
www.delia-online.de

Danksagung

Mein Dank gilt an erster Stelle meinem Mann, René Prümmel, der, selbst Homöopath, dieses Buch in fachlicher Hinsicht redigiert hat. Auch Rima Handley und ihrer Übersetzerin Corinna Fiedler möchte ich unbekannterweise ganz herzlich danken, denn ihr wunderbares Buch *Eine homöopathische Liebesgeschichte* diente mir als Recherchengrundlage. Ich kann diese Biographie über Mélanie und Dr. Samuel Hahnemann aus dem C. H. Beck Verlag nur jedem Interessierten weiterempfehlen. Ebenso danke ich den Autorinnen und Autoren von DeLiA (Vereinigung deutschsprachige Liebesroman-Autoren) für die bereitwillige Unterstützung meiner Recherchearbeiten. Dr. Aichner, Leiter des Bayerischen Armeemuseums Ingolstadt, half mir in Kriegsfragen weiter, Petra Pesin übersetzte die französischen Einwürfe. Heinz Kern aus Ingolstadt erzählte mir einiges über Münzen und Geldwerte, Barbara Schweiger beriet mich in Modefragen des 19. Jahrhunderts, Sophia Farago klärte mich über Prozeßordnungen auf, Werner Eichelberger, der in Mägenwil in der Schweiz einen Kutschenbetrieb leitet, beantwortete mir diverse Fragen übers Kutschieren, und mein Freund und Kollege Dieter Walter war schließlich bereit, das fertige Manuskript gegenzulesen.
Euch allen vielen herzlichen Dank!

»Man muß sich die Kunden des Aufbau-Verlages als glückliche Menschen vorstellen.«

Süddeutsche Zeitung

Streifzüge mit Büchern und Autoren:
Das Kundenmagazin der Aufbau Verlagsgruppe erhalten Sie kostenlos in Ihrer Buchhandlung und als Download unter www.aufbau-verlag.de.

Homöopath, Mystikerin, Päpstin: Legendäre Leben der Vergangenheit

GUIDO DIECKMANN
Die Gewölbe des Doktor Hahnemann

Der erste Roman über den legendären Begründer der Homöopathie Sachsen im Jahre 1765: Auf der Albrechtsburg träumt der junge Samuel Hahnemann, Sohn eines Porzellanmalers, davon, ein berühmter Arzt zu werden. Schon früh ist er von den dunklen Seiten der Medizin fasziniert und unternimmt alles, um an eine verschollen geglaubte Schrift des Paracelsus zu gelangen.
Roman. 473 Seiten. AtV 2011

GABRIELE GÖBEL
Die Mystikerin – Hildegard von Bingen

Am Allerheiligentag des Jahres 1106 wird ein kleines Mädchen in einem weißen Kleid auf den Disibodenberg bei Bingen geführt. Hier, wo einst irische Mönche ein Kloster errichteten, soll die kränkliche Hildegard, das zehnte Kind eines Adelsfamilie, ihr Leben Gott weihen. Schon wenig später hat die junge Frau einen legendären Ruf als Heilerin und Seherin.
Roman. 448 Seiten. AtV 1993

INEZ VAN DULLEMEN
Die Blumenkönigin
Ein Maria Sibylla Merian Roman

Maria Sibylla Merian (1647–1717) war schon als Kind von Blumen und Schmetterlingen fasziniert. Der Stiefvater erkannte die künstlerische Begabung des Mädchens und bildete sie in der Malerei aus. Im Aquarellieren erlangte Sibylla Meisterschaft: Sie hielt die Wunder der Natur auf Pergament fest. Die Krönung ihres Lebenswerkes war eine Reise in den tropischen Regenwald, wo sie die Flora und Fauna studiert hat.
Aus dem Niederländischen von Marianne Holberg. 255 Seiten. AtV 1913

INGEBORG KRUSE
Johanna von Ingelheim

Eine Statue, die der Vatikan 1550 in Rom entfernen ließ, zeigte eine Frau mit einem Neugeborenen im Arm. Im Volksmund wurde sie »Päpstin Johanna« genannt. Wer war diese legendäre Johanna von Ingelheim, die als junger Mönch in das Kloster Fulda eintrat und die sich anmaßte den Papstthron zu besteigen, der ausschließlich Männern vorbehalten war?
Eine Biographie. 265 Seiten. AtV 8074

Mehr Informationen erhalten Sie unter www.aufbau-verlag.de oder bei Ihrem Buchhändler

Starke Geschichten.
Historische Romane bei AtV

DONNA W. CROSS
Die Päpstin
Donna Woolfolk Cross entwirft mit großer erzählerischer Kraft die faszinierende Geschichte einer der außergewöhnlichsten Frauengestalten der abendländischen Geschichte: das Leben der Johanna von Ingelheim, deren Existenz bis ins 17. Jahrhundert allgemein bekannt war und erst dann aus den Manuskripten des Vatikans entfernt wurde.
Roman. Aus dem Amerikanischen von Wolfgang Neuhaus. 566 Seiten. AtV 1400. Audiobuch: Hörspiel mit Angelica Domröse, Hilmar Thate u. a. DAV 069

FREDERIK BERGER
Die Geliebte des Papstes
Italien im ausgehenden 15. Jahrhundert. Der römische Adlige Alessandro Farnese, dem seine Familie eine kirchliche Laufbahn zugedacht hat, befreit in einem blutigen Kampf die junge Silvia Ruffini aus der Hand von Wegelagerern. Doch die Liebe, die zwischen beiden aufkeimt, wird jäh unterbrochen. Alessandro wird vom Papst in den Kerker geworfen.
Roman. 568 Seiten. AtV 1690

PHILIPPA GREGORY
Die Farben der Liebe
Frances, mittellose Lady und ungeliebte Ehefrau eines Bristoler Kaufmanns, soll für ihren Gatten Sklaven von der Westküste Afrikas zu Hausmädchen und Butlern ausbilden, die er später verkaufen will. Unter Frances' ersten Schülern ist ein Schwarzer vornehmer Herkunft, viel gebildeter und sensibler als ihr rauhbeiniger Ehemann. In seinen Armen findet sie Zärtlichkeit und Leidenschaft.
Roman. Aus dem Englischen von Justine Hubert. 544 Seiten. AtV 1699

HANJO LEHMANN
Die Truhen des Arcimboldo
Nach den Tagebüchern des Heinrich Wilhelm Lehmann
In den Kellergewölben des Vatikans stößt im Jahre 1848 ein junger Schlosser auf eine mysteriöse Truhe mit uralten Pergamenten, die den Machtanspruch des Papstes untergraben. Als er zwanzig Jahre später seine Aufzeichnungen darüber einem Eisenbahningenieur übergibt, bringt er ihn damit in Lebensgefahr und löst eine Kette unerklärlicher Ereignisse aus. »Spannender Thriller, vorzüglich recherchiert.« BILD
Roman. 699 Seiten. AtV 1542

Weitere Informationen erhalten Sie unter www.aufbau-verlag.de oder in Ihrer Buchhandlung

Immer wieder lesen: Lieblingsbücher bei AtV

MARC LEVY
Solange du da bist
Was tut man, wenn man in seinem Badezimmerschrank eine junge hübsche Frau findet, die behauptet, der Geist einer Koma-Patientin zu sein? Arthur hält die Geschichte für einen Scherz seines Kompagnons, er ist erst schrecklich genervt, dann erschüttert und schließlich hoffnungslos verliebt. Und als er eines Tages begreift, daß Lauren nur ihn hat, um vielleicht ins Leben zurückzukehren, faßt er einen tollkühnen Entschluß.
»Zwei Stunden Lektüre sind wie zwei Stunden Kino: Man kommt raus und fühlt sich einfach gut, beschwingt und glücklich und ein bisschen nachdenklich.« Focus
Roman. Aus dem Französischen von Amelie Thoma. 277 Seiten.
AtV 1836

LISA APPIGNANESI
Die andere Frau
Maria d'Este ist eine klassische Femme fatale. Die Männer umschwärmen sie, sobald sie nur einen Raum betritt – und den anderen Frauen erscheint sie unweigerlich als Rivalin. Als Maria aus New York nach Paris zurückkehrt, beschließt sie, daß die Zeit ihrer Affären vorbei ist. Doch dann begegnet sie dem Mann, bei dem sie all ihre guten Vorsätze vergißt. Zum ersten Mal lernt Maria die wahren Abgründe der Liebe kennen.
Roman. Aus dem Englischen von Wolfgang Thon. 444 Seiten.
AtV 1664

KAREL VAN LOON
Passionsfrucht
Der Vater des 13jährigen Bo erfährt zehn Jahre nach dem Tod seiner Frau, daß er nie Kinder zeugen konnte. Diese Entdeckung stellt sein gesamtes Leben in Frage. Die Suche nach dem »Täter« wird eine Reise an den Beginn seiner großen Liebe.
Roman. Aus dem Niederländischen von Arne Braun. 240 Seiten.
AtV 1850

NEIL BLACKMORE
Soho Blues
Melancholisch und geheimnisvoll wie ein Solo von John Coltrane, unverwechselbar wie die Stimme von Billie Holiday: »Soho Blues« ist die bewegende Geschichte einer leidenschaftlichen, lebenslänglichen Liebe zweier Menschen, die sich in einem Netz von Abhängigkeit und Verrat, Hoffnung und Desillusion, Liebe und Haß befinden.
»Eine herzzerreißende Lektüre, die große Gefühle weckt.«
Osnabrücker Zeitung
Roman. Aus dem Englischen von Kathrin Razum. 286 Seiten.
AtV 1733

Mehr Informationen erhalten Sie unter www.aufbau-verlag.de oder bei Ihrem Buchhändler

A^{t}V